L'ÉGYPTE
ACTUELLE

SON AGRICULTURE

ET

LE PERCEMENT DE L'ISTHME DE SUEZ

PAR

A. GUILLEMIN

Délégué par la Société d'agriculture et des arts de Seine-et-Oise
pour la visite des travaux du canal maritime de Suez

PARIS

CHALLAMEL AÎNÉ, LIBRAIRE-ÉDITEUR

30, rue des Boulangers et rue de Bellechasse, 27.

—

1867

LIBRAIRIE DE CHALLAMEL AÎNÉ ÉDITEUR,

COMMISSIONNAIRE POUR LA MARINE, LES COLONIES, L'ALGÉRIE ET L'ORIENT,

30, rue des Boulangers et rue de Bellechasse, 27.

L'ÉGYPTE ACTUELLE

SON AGRICULTURE

ET

LE PERCEMENT DE L'ISTHME DE SUEZ

Par A. GUILLEMIN

Délégué par la Société d'agriculture et des arts de Seine-et-Oise
pour la visite des travaux du canal maritime de Suez.

1 volume in-8° avec un plan général du percement de l'isthme de Suez.

PRIX : 6 FRANCS.

En envoyant un bon sur la poste ou des timbres-poste pour la valeur de ce livre, on le recevra *franco* par retour du courrier.

TABLE DES MATIÈRES DE CET OUVRAGE.

L'Égypte. — La Religion. — Les Coptes. — Chronologie égyptienne. — La Famille de Méhémet-Ali. — Les Merveilles de l'Égypte. — Les Pyramides de Gizeh. — La Justice ancienne. — Les Mamelouks. — L'État militaire. — Le Monopole sous Méhémet-Ali. — Le Gouvernement actuel. — Les Postes. — Les Monnaies. — Les Poids et Mesures. — Le Delta. — Alexandrie. — Le Lac Maréotis. — Les Courses de chevaux. — Le Caire. — Le Vieux Caire. — Les Étrangers. — Le Salut des Égyptiens. — Les Jeunes filles. — Les Chiens. — Les Saints. — Les Moustiques. — Le Khamsin. — La Peste. — Le Choléra. — Les Médecins. — Les Chemins de fer. — La Corvée. — Les Impôts. — L'Agriculture. — Le Nil. — Les Canaux. — Le Barrage du Nil. — Les Irrigations. — Les Instruments aratoires. — Le Blé. — L'Orge. — Le Doura. — Les Fèves. — Le Riz. — Le Trèfle blanc. — Le Coton. — La Canne à sucre. — Le Tabac. — Le Henné. — Le Lin. — L'Indigo. — Les Plantes potagères. — Les Pastèques. — Les Plantes d'assaisonnement. — Le Sésame. — Le Chanvre. — Le Lupin. — Plantes particulières. — Les Moulins. — Les Oliviers. — La Vigne. — Le Palmier. — Le Sycomore. — Le Sant. — Le

Lebah. — La Soie. — Les Abeilles. — Les Animaux nuisibles. — Les Serpents. — Les Psylles. — Le Cheval. — L'Ane. — Le Buffle. — Le Chameau. — Les Brebis. — Le Bœuf. — Le Chauffage. — Les Engrais. — Le Porc. — Les Volailles. — L'Incubation. — Le Gibier. — Le Fellah. — La Nourriture. — Le Climat. — Le Service militaire. — Les Vêtements. — Les Fellahines. — Le Caractère. — Les Maisons. — Les Cimetières. — Considérations sur l'Agriculture. — Percement de l'isthme de Suez. — L'Ancien Canal. — Le Nouveau Canal.

1852. Abbas-Pacha.

1854. Saïd-Pacha. — Actes de concession.

1855. Opposition anglaise. — Commission internationale.

1856. Deuxième Acte de concession. — Statuts de la Compagnie. — Journal *l'Isthme de Suez*.

1858. Souscription des actions. — Conseil supérieur des travaux. —Chemin de fer du Caire à Suez. — Organisation de la Compagnie.

1859. Traité Hardon. — Intrigue anglaise. — Lord Palmerston. — Le Premier coup de pioche. — Port Saïd. — Ostacles aux travaux. — Suspension des travaux. — L'Empereur Napoléon III. — Études et Explorations. — Le Lac Menzaleh.

1860. Première assemblée des actionnaires. — Travaux d'installation. — Le Lac Maxama. — Damiette.

1861. Tranchée d'El-Guisr. — La Corvée pour la Compagnie. — Acquisition du Ouady. — Société artistique. — Le Comte de Chambord.

1862. La Rigole de service. — Le Canal d'eau douce de Timsah. Les Carrières de Mex. — Les Carrières de Géneffé. — Ilot en mer. — Magasins de Boulak. — Commission consultative. — Village d'El-Guisr. — Timsah. — Saïd-Pacha à Paris. — Les Sables. — Contingents d'ouvriers égyptiens. — Habitations, Magasins, etc. — La Santé dans l'isthme. — Les Actions cotées à la Bourse. — Ligne télégraphique. — La Méditerranée à Timsah.

1863. Mort de Saïd-Pacha. — Ismaïl-Pacha. — Traité Hardon résilié. — Ville d'Ismaïlia. — Ismaïlia, centre de la direction des travaux. — Musée égyptien à Boulak. — Nouvelles conventions du 18 mars. — Le Sultan Abdul-Aziz, en Égypte. — Le Prince Napoléon. — Note turque du 6 avril. — Mortalité dans l'isthme. — Traité Lasseron. — Traité Couvreux. — Traité Dussand frères. — Accroissement des travaux. — Consultations d'avocats. — L'eau douce à Suez.

1864. Traité Aiton. — Banquet au Palais de l'Industrie. — Discours du Prince Napoléon. — Arbitrage de Napoléon III. — Traité

Borel et Lavalley. — Eau douce à Pord-Saïd. — Retrait des contingents égyptiens. — Sentence arbitrale de Napoléon III. — Acquisition de deux hôtels à Paris. — Résiliation du Traité Aiton. — Nouveau Traité Borel et Levalley.

1865. Les Délégués du Commerce. — Itinéraire de la visite des travaux. — Alexandrie, le Caire, Choubrah, etc. — Découvertes, Mariette. — Liste des Délégués. — Parcours du canal d'eau douce, de Zagazig à Tell-el-Kébir et Ismaïlia. — Ramsès. — Ismaïlia. — Écluses sur le canal d'eau douce. — Visite aux travaux du Sérapéum. Bir-Abou-Ballah. — Chalet du Vice-Roi. — Visite de la tranchée d'El-Guisr. — Parcours du canal maritime d'Ismaïlia à Port Saïd. — Campement d'El-Ferdane. — Le Lac Ballah. — Kantara-el-Krasné. — La Ville de Port-Saïd. — Village arabe. — Les Almées. — Ateliers et matériel. — Blocs artificiels. — Conférences sur le canal maritime. — Retour à Ismaïlia. — Parcours du Canal d'eau douce d'Ismaïlia à Suez. — Le Désert. — Gébel-Géneffé. — Les lacs Amers. — Chalouf-el-Terraba. — La Ville de Suez. — Le Mont Attaka. — La Rade de Suez. — Le Bassin de Radoub. — L'écluse de Suez. — Retour au Caire. — Médaille commémorative. — Voyage à Saccarah. — Statue colossale de Sésostris. — Les Cryptes antiques. — Les Tombes des bœufs Apis. — L'Opposition anglaise ravivée. — Le Choléra. — Les Effets du choléra dans l'isthme. — Le Service de bateau entre Zagazig et Port-Saïd. — Navigation continue du Port-Saïd à Suez. — État d'avancement des travaux.

1866. Service sanitaire. — Convention entre le Vice-Roi et le Président de la Compagnie. — Délimitations de terrains. — Seconde convention. — Firman de la Sublime Porte. — Dernier versement des actionnaires. — Situation financière de la Compagnie. — État des Travaux. — Élargissement du Canal maritime. — Organisation du système de touage. — Chemin de fer de Zagazig à Ismaïlia. — Salubrité de l'isthme. — Dragues de l'invention des ingénieurs Borel et Lavalley. — Nomenclature de leur matériel. — Conclusion. — Tableau de la température de l'Isthme de Suez. — Carte de l'Isthme de Suez.

En vente. — Chez M. CHALLAMEL AÎNÉ. — Paris.

LES TOUAREG DU NORD. Exploration du Sahara, par HENRI DUVEYRIER. Dans ce volume il y a un supplément composé de : les **Mollusques terrestres et fluviatiles** recueillis dans le Sahara, par M. DUVEYRIER, et décrits par M. J. B. BOURGUIGNAT, et d'une **Description des plantes nouvelles**, découvertes aussi par M. H. DUVEYRIER, par M. le docteur E. COSSON. — (Cet ouvrage a valu à son auteur la grande médaille de la Société de Géographie.) 1 vol. grand in-8, avec 31 planches et une magnifique carte. . . . . . . 25 fr.

ESSAI SUR L'HYDROLOGIE DU NIL, par Élie LOMBARDINI, ingénieur, ancien directeur des constructions publiques de la Lombardie, membre de l'Institut des sciences de Milan, etc., etc. Ouvrage traduit de l'italien par l'auteur; in-4 avec planches. . . . . 6 fr.

LA RÉGENCE DE TUNIS AU XIXᵉ SIÈCLE, par A. DE FLAUX. 1 vol. in-8. . . . . 6 fr.

ONZE MOIS DE SOUS-PRÉFECTURE EN BASSE-COCHINCHINE, contenant, en outre, une Notice sur la langue cochinchinoise, des phrases usuelles françaises et annamites, des Notes nombreuses, pièces justificatives; avec une belle Carte de la Basse-Cochinchine, par L. DE GRAMMONT, capitaine au 44ᵉ de ligne. 1 fort vol. in-8. . . . . 12 fr.

RÉFLEXION SUR LA POLITIQUE DE L'EMPEREUR EN ALGÉRIE, par JULES DUVAL. In-8. . . . . 2 fr. 50 c.

LES KABYLES ET LA COLONISATION DE L'ALGÉRIE, par le baron HENRY AUCAPITAINE. In-18. . . . . 2 fr. 50 c.

LES MYSTÈRES DU PEUPLE ARABE, par CHARLES RICHARD, commandant du génie. In-18. . . . . 3 fr.

EXPLORATION SCIENTIFIQUE DE L'ALGÉRIE, publiée par ordre du gouvernement. (*Consulter le Catalogue de* **M. CHALLAMEL**, *aîné.*)

SOUVENIRS D'UN VOYAGE EN PERSE, par M. le comte JULIEN DE ROCHECHOUART. 1 vol. in-8. . . . . 7 fr.

ÉTUDES SUR L'INDUSTRIE HUITRIÈRE DES ÉTATS-UNIS, faite sur l'ordre de S. Exc. M. le ministre de la marine et des colonies; suivie de Divers aperçus sur l'industrie de la glace en Amérique, les bateaux de pêche pourvus de glacières, les réserves flottantes à poissons, etc., par P. DE BROCA, lieutenant de vaisseau. In-18. . . . . 3 fr. 50 c.

TOULON (port militaire de la France), par M. CALVÉ, commissaire général de la marine. In-8, avec un grand plan de la ville et du port et des vues gravées. . . . . 3 fr. 75 c.

BREST (port militaire de la France), par MM. EMYN et DONNEAUD. In-8, accompagné d'un grand plan et de planches gravées. . . . . . . 9 fr. 75 c.

L'ORIENT (port militaire de la France), par J. HÉBERT, commissaire de la marine. In-8, accompagné d'un grand plan et de planches gravées. 3 fr. 75 c.

ANNALES DES VOYAGES

Dirigées par M. V.-A. MALTE-BRUN,

Paraissant régulièrement le 15 de chaque mois par livraison de 8 feuilles. Trois livraisons font un volume de 400 pages, orné de cartes et planches quand les sujets l'exigent.

Prix de l'abonnement annuel : Pour Paris, 30 fr.; pour les départements, 36 fr.; pour l'étranger, 42 fr.

N. B. Le montant des abonnements, les réclamations, ainsi que les lettres, les journaux, les livres, les gravures, les cartes, etc., doivent être adressées, *francs de port*, à M. CHALLAMEL aîné, éditeur des *Annales des Voyages*, 30, rue des Boulangers (5ᵉ arrondissement) et 27, rue de Bellechasse.

Les auteurs ou les éditeurs de livres, français ou étrangers, les marchands de gravures, de cartes géographiques, de lithographies, ou de musique, peuvent faire annoncer, dans les *Annales des Voyages*, les ouvrages qu'ils publient, en déposant un exemplaire.

Il sera rendu compte des ouvrages dont il sera déposé deux exemplaires.

Paris. — Imprimé par E. THUNOT et Cᵉ, 26, rue Racine.

L'ÉGYPTE

ACTUELLE

Paris. — Imprimé par E. Thunot et C°, rue Racine, 26.

L'ÉGYPTE

ACTUELLE

SON AGRICULTURE

ET

LE PERCEMENT DE L'ISTHME DE SUEZ

PAR

A. GUILLEMIN

Délégué par la Société d'agriculture et des arts de Seine-et-Oise
pour la visite des travaux du canal maritime de Suez.

PARIS

CHALLAMEL AÎNÉ, LIBRAIRE-ÉDITEUR,

30, rue des Boulangers et rue de Bellechasse, 27.

1867

PREMIÈRE PARTIE

L'ÉGYPTE

L'ÉGYPTE

L'Égypte moderne, qui s'était révélée il y a un demi-siècle, sous le génie plus hardi et plus intelligent que cruel de Méhémet-Ali, pour s'éclipser ensuite, vient de nouveau de jouer un rôle important sur la scène du monde et de faire sentir qu'il fallait désormais compter sérieusement avec elle.

Deux événements qu'elle n'avait point pressentis ont donné lieu à sa récente résurrection, la rapprochent en quelque sorte de l'Europe et l'y rattachent par de puissants liens.

Ces deux événements ont été :

La disette du coton et le percement de l'isthme de Suez, le premier ne devant avoir qu'un effet passager ; le second, au contraire, se distinguant par son caractère éminemment durable.

Il est intéressant d'en suivre la marche, d'en signaler les progrès et d'étendre les études jusqu'aux détails de l'agriculture de cette contrée d'une part, et de l'autre jusqu'à ceux des immenses travaux entrepris et poursuivis avec un succès croissant pour la création d'un canal maritime joignant la Méditerranée à la mer Rouge.

Idée grandiose renouvelée des anciens temps, magnifique projet, s'inspirant des créations gigantesques de ce peuple perdu dans la nuit des siècles, et dont la conception s'embellit d'une brillante auréole... de celle d'un bienfait apporté à l'humanité tout entière!

Tel est le but de ce livre, ne visant à d'autre mérite qu'à celui d'être vrai. Il est écrit principalement pour ceux qui, tout en portant un vif intérêt au percement de l'isthme de Suez, ne peuvent avoir aucune idée des nombreuses péripéties de cette entreprise, et pour lesquels l'Égypte elle-même est en grande partie ignorée.

Il est difficile de parler de la moderne Égypte sans dire quelques mots de l'ancienne et sans la faire bien connaître.

Dans les temps les plus reculés, l'Égypte était nommé *Aëria*. En hébreu, elle s'appelait *Mezor*, *Mezraim* ou *Mizraim*, du nom du fils de Cham qui est prétendu avoir peuplé ce pays. Celui-ci est appelé *y gypt* dans la langue éthiopienne et un égyptien *gypt*. *Y gypt* signifie le pays des canaux. Homère a donné au Nil le nom d'*Egyptos*. Les Grecs lui conservèrent ce nom, et les Latins en ont fait *Ægyptus*.

Il est peu de contrées où la religion, les mœurs, les usages, le genre de nourriture, etc., se soient autant modifiés et méritent davantage d'être étudiés.

Sa configuration est particulière. Bornée au nord par la Méditerranée, elle n'a pas de limites aussi certaines du côté du midi. C'est cependant à Assouan, village qui a remplacé l'ancienne ville de Syène, sur la rive orientale du Nil, que finit l'Égypte proprement dite et que commence l'antique Éthiopie, aujourd'hui la Nubie, c'est-à-dire entre le 32e et le 22e degré de latitude.

La charmante île d'Éléphantine ou l'île Fleurie est en face d'Assouan; un peu au-dessus se trouve l'île de Philæ, puis on rencontre la première cataracte.

La superficie de l'Égypte est de 3 millions et demi d'hectares.

A l'exception du Delta, nom emprunté à la lettre grecque Δ, lequel forme un triangle presque équilatéral, ayant 250 à 270 kilomètres de côté, dont la base est sur la Méditerranée et le sommet au Caire, l'Égypte est une longue vallée donnant cours aux sinuosités du Nil dans tout son parcours d'environ 800 kilomètres ne représentant guère que le tiers de tous les pays arrosés par ce fleuve.

Cette vallée n'a, sauf à la hauteur du Faïoum, pas plus de 12 à 15 kilomètres de largeur. Elle est donc très-resserrée, à l'est par la chaîne arabique, formée de montagnes assez élevées et escarpées qui la séparent de la mer Rouge, et à l'ouest par la chaîne libyque, dont les collines de nature calcaire sont d'une faible élévation; c'est sur les crêtes de ces dernières que les anciens habitants du pays avaient établi leurs pyramides et autres édifices funèbres.

Ces deux chaînes sont absolument nues et incultes. Plus au midi, elles sont composées d'un grès servant aux constructions de la Thébaïde, puis en remontant encore le Nil, on trouve ces carrières de granit rose tant fouillées pour les anciens monuments de l'Égypte.

Le sol de cette longue vallée affecte une forme légèrement convexe dont le lit du Nil, qui en occupe à peu près le milieu, est la partie la plus haute, en sorte que lors de la cessation du débordement, les eaux n'étant point sollicitées, par la déclivité du terrain, de retomber dans le fleuve, séjournent plus longtemps sur la terre cultivable, et celle-ci en s'en imbibant davantage est plus capable de résister à la prolongation de la sécheresse ; car les pluies font complétement défaut pendant tout le temps de la végétation.

Ce sont les anciens peuples de cette contrée qui, après de longues, minutieuses et judicieuses remarques sur le cours des astres, ont les premiers composé l'année de 365 jours, divisés en 12 mois de 30 jours chacun, plus 5 jours complémentaires. Ils ont aussi formé la semaine de 7 jours. Il entre aisément dans l'esprit que ce peuple se soit livré à l'étude de l'astronomie ; un ciel sans nuages, des nuits toujours pures, de brillantes constellations, les invitaient aux observations astronomiques, et rien ne s'opposait à en vérifier la justesse au retour de chaque année.

On se rend néanmoins difficilement compte du degré d'élévation des sciences et des arts en Égypte, quand on considère la position de ce pays. Séparés par la mer et des déserts immenses, on cherche en vain de quels peuples les Égyptiens ont pu recevoir les connaissances qui les distinguaient. Privés de toute espèce de modèles, il faut qu'ils aient puisé jadis dans leur propre fond, dans leur travail, leur intelligence, leur génie, et aussi dans le bienfait d'une longue pacification, les moyens d'acquérir un savoir immense.

Les plus célèbres philosophes de la Grèce, tels que Solon, Thalès, Platon, Eudoxe et tant d'autres hommes illustres, sont allés s'instruire auprès d'eux. Leur science dans tous les genres s'est traduite en découvertes astronomiques, en travaux magnifiques, en monuments grandioses, impérissables, et qui excitent encore aujourd'hui l'étonnement et l'admiration du monde entier.

LA RELIGION.

En Égypte, à côté du beau, presque de la perfection, pourquoi a-t-on vu marcher parallèlement le mal et le ridicule? Pourquoi ceux-ci sont-ils venu rabaisser cet esprit créateur et paralyser l'enthousiasme que ses productions font naître? Pourquoi la vérité historique force-t-elle à ajouter que ces hommes, doués de sagesse et de génie, que ces esprits supérieurs, se ravalaient jusqu'à adorer comme des divinités des bœufs, des crocodiles, des chats, des oiseaux et même des légumes!

Le développement de leurs facultés intellectuelles et la hauteur à laquelle elles étaient parvenues, ne devaient-ils pas leur inspirer la pensée d'un dieu unique et immatériel? Leurs prêtres avaient sans doute quelques motifs secrets à cacher sous le voile de la plus absurde idolâtrie.

Cependant des auteurs de cet ancien temps se sont occupés de théologie, ont fait de profondes recherches sur l'essence du souverain créateur, et un roi même, nommé Ammon, a écrit un traité sur Dieu.

Les premiers Égyptiens adoraient Dieu sous les noms de *Phtha*, de *Neith* et de *Cneph*, qui désignaient sa puissance, sa sagesse et sa bienfaisance.

Puis les prêtres, voulant offrir des objets matériels à l'idolâtrie du peuple, lui présentèrent la divinité sous des figures symboliques; elles reçurent un culte vivace, et ce peuple ignorant, craintif et superstitieux leur adressa des prières et des offrandes.

Les Égyptiens adorèrent le soleil sous les différents noms de *Phré*, d'*Osiris* (auteur du temps), d'*Ammon*, d'*Hercule*, de *Horus* (ses emblêmes), de *Sérapis* (soleil d'automne), de *Mendès* (très-fécond). Ils eurent la plus grande vénération pour la lune, sous les noms d'*Ioh*, d'*Isis* (source de l'abondance), de *Bubaste* (lune nouvelle) et de *Butis* (mère de la rosée), quand elle est pleine. Leur adoration pour le Nil, qu'ils regardaient comme un Dieu tutélaire, fut portée jusqu'au délire.

Les prêtres et les hommes éclairés de ces anciens temps vénérèrent peut-être le Dieu créateur donnant la vie à l'univers. Mais le peuple, qui ne croit guère qu'aux choses sensibles, fut toujours induit à adorer comme des dieux des astres, des animaux, des plantes et des objets grossiers.

Les chrétiens tentèrent d'introduire leur nouvelle religion en Égypte. Dès l'an 52 de notre ère, saint Marc, qu'il ne faut pas confondre avec l'un des disciples de Jésus-Christ, fut envoyé fonder une église à Alexandrie, dont il est considéré comme le premier patriarche. Ses prédications pour combattre le culte absurde et par trop licencieux des Égyptiens firent de rapides progrès ; mais il périt martyr de son zèle.

Par un contraste frappant, ces mêmes Égyptiens fervents, prêtres et peuple, asservis à l'idolâtrie et imbus du fanatisme des images, s'étant convertis plus tard par la séduction ou par la force à une nouvelle religion, se trouvèrent dirigés par un autre fanatisme, exclusif de toute représentation de la divinité et qui les porta à en renverser partout les images.

C'est sur cette terre d'Égypte, ou non loin d'elle, que sont nées les diverses et principales religions qui ont régné et règnent encore sur le monde : celle des Égyptiens, des Juifs, des chrétiens et des mahométans. La première seule s'est éteinte en quelque sorte de vieillesse.

Il appartenait toutefois à ces contrées, berceau de créations grossières et ridicules, devenues des convictions et portées jusqu'au fanatisme, d'offrir à la postérité les restes impérissables des plus grandes merveilles enfantées par le génie et le travail des hommes. Cette petite partie du globe semble avoir été électrisée par un rayon de la divinité; elle a été créatrice.

LES COPTES.

Lorsque les mahométans s'emparèrent de l'Égypte, les chrétiens qui ne voulurent pas se convertir à l'islamisme se réfugièrent à Cophtos, ville de la Haute-Égypte, d'où ils reçurent, suivant quelques auteurs, le nom de Coptes. D'autres prétendent que ce nom leur vient de *Cobtos* (coupé), parce qu'ils ont toujours conservé l'usage de la circoncision. Ils étaient de la secte des jacobites. Cependant, vivant au milieu de leurs vainqueurs, étant en relations continuelles avec eux, leur religion s'altéra graduellement et leurs cérémonies devinrent moitié mahométanes, moitié chrétiennes. Ils furent longtemps exclusivement employés comme écrivains comptables par les administrateurs de l'Égypte; mais ils perdirent ce monopole sous Méhémet-Ali, qui donna une partie de leurs fonctions aux musulmans.

Le Copte a une existence qui lui est particulière; il ne possède qu'une femme, mais il la traite à la turque; il ne divorce pas, mais il l'abandonne pour en épouser une autre toute jeune. Il est généralement impérieux, méchant, jaloux, cupide; sa meilleure et peut-être sa seule qualité est d'instruire ses enfants mâles afin qu'ils puissent un jour occuper les mêmes emplois que leur père; quant aux filles, il les laisse dans la plus complète ignorance. Il use des liqueurs fortes, en abuse même lui et toute sa famille sans distinction de sexe. Les Coptes ne sont ni aimés ni estimés par les Égyptiens, sur lesquels ils exercent quelquefois un certain ascendant; car c'est parmi eux que se trouvent les devins et les magiciens auxquels la superstition fait une réputation souvent très-étendue.

Les femmes coptes, que l'on circoncit dans leur enfance comme toutes les égyptiennes, sont en général très-voluptueuses et très-débauchées.

Ce sont les coptes, ces hommes soi-disant chrétiens, qui ont l'infâme privilége de mutiler leurs semblables; ce sont eux qui font les eunuques.

CHRONOLOGIE ÉGYPTIENNE.

La chronologie des rois d'Égypte est non-seulement très-longue, mais encore imparfaitement connue. Elle comprend déjà 330 rois depuis Ménès jusqu'à Mœris, mort environ 1400 ans avant l'ère vulgaire. Hérodote rapporte que les Égyptiens et leurs prêtres lui ont appris que depuis leur premier roi jusqu'au prêtre de Vulcain (*Phthas*) il y a eu 341 générations et que ces 341 générations forment 11,340 années.

Cette chronologie égyptienne est peut-être la plus

diffuse de toutes celles qui sont parvenues jusqu'à nous. Et pourtant ces Africains, dont le savoir remonte à l'antiquité la plus reculée, avaient apporté les plus grands soins à ce que l'histoire de leurs rois fût connue de la postérité.

Afin que cette histoire ne se perdît pas, pour en perpétuer à jamais le souvenir, ils l'avaient gravée profondément sur la pierre la plus dure, sur le granit, matière impérissable, dont les morceaux épars attestent de nos jours avec quel art ils savaient conserver la mémoire de leurs princes, de leurs grands hommes, et des gigantesques travaux qu'ils avaient exécutés.

Les hommes, bien plus que les siècles, ont presque tout détruit, et ce pays, berceau des sciences et des arts, assailli par des peuples plus ou moins barbares, dévasté, écrasé, est tombé jusqu'au degré le plus bas de l'échelle de la civilisation.

Néanmoins ces ruines admirables, incompréhensibles, qu'on voit avec étonnement poindre de la poussière qui leur sert de linceul, sont là comme des membres mutilés montrant ce que devait être le corps auquel elles appartenaient, et cherchant encore à s'élever au-dessus des ravages du temps et de la souillure de la barbarie.

Après avoir été gouvernée théocratiquement depuis l'antiquité la plus reculée, l'Égypte subit une révolution qui eut pour résultat l'établissement d'un gouvernement monarchique. Celui-ci conserva sa forme sous plus de vingt-cinq dynasties, dont on suppose que la première fut celle des Thinites, ayant eu pour premier roi Ménès ou Ménas, lequel monta sur le trône 14,940 ans avant notre ère, et dont les suivantes sont celles, un peu incertaines, des Memphites, des Éléphantines, des Héracléopolites, des Diospolites ou Thébains, sous lesquels fleurirent les Rhamsès, des Pharaons, des Xoïtes, des Hyksos ou rois pasteurs, plus de 2000 ans avant Jésus-Christ, des Tanites, des Bubastites, des Éthiopiens pendant quarante-quatre ans, des Saïtes.

L'Egypte fut ensuite soumise par les Perses l'année 525 avant l'ère vulgaire, par les Mendesiens l'an 405, par les Sebennytes l'an 381, de nouveau par les Perses l'an 343, par les Macédoniens, sous la conduite d'Alexandre le Grand, l'an 332. Puis elle fut gouvernée par les Ptolémées pendant près de trois cents ans, jusqu'à la conquête que César en fit, et elle fut réduite à une simple province romaine en l'an 30 avant Jésus-Christ.

Le premier des Ptolémées, surnommé *Soter* (sauveur) par les Rhodiens, rechercha avec soin les cendres d'Alexandre, les fit d'abord transporter à Memphis, ensuite dans la ville que ce grand capitaine avait fondée et à laquelle il avait donné son nom. Rien n'égala, dit-on, la pompe et la magnificence de cette cérémonie. Ptolémée fit bâtir un temple dans Alexandrie et renferma dans un cercueil d'or les restes de son glorieux prédécesseur.

Un cercueil d'or ! Il fallait que les hommes de ces anciens temps eussent une confiance bien fortement trempée dans la vertu de la postérité, ou que l'amour du luxe et de l'ostentation fût encore plus profondément enraciné dans les esprits. Quelle folie ! avoir prétendu conserver les restes, même d'un héros, dans une tombe faite d'un métal aussi précieux ! Ne devait-il pas bien plus exciter la cupidité que le respect des hommes ?

Aussi cette riche enveloppe a-t-elle subi le sort auquel elle était destinée ; elle a été la cause de la violation puis de la dispersion des cendres de ce grand homme.

En effet, moins d'un demi-siècle avant notre ère, Seleucus, époux de Bérénice, que sa monstruosité au physique comme au moral avait fait surnommer Cybiosacte, s'empara de l'urne d'or et la remplaça par une de verre. Bérénice, irritée de cette action cupide et sacrilége, fit étrangler cet odieux mari.

En l'année 640 de l'ère chrétienne, Alexandrie fut subjuguée par les Mahométans, sous la conduite d'Amrou, général d'Omar. Les califes Ommiades, Abbassides, Fatemites, Aïoubites, en 1189, Mamelouks Baharites, en 1250, Mamelouks circassiens, environ cent ans après, régnèrent sur l'Égypte jusqu'à l'année 1517, qu'elle tomba au pouvoir du sultan Sélim. Depuis cette époque, cette belle contrée est restée sous la domination des Turcs.

Les Français s'en sont rendus maîtres, sous le général Bonaparte, en 1798, ont été forcés, par les Anglais, de l'abandonner en 1801, et des vice-rois la gouvernent aujourd'hui sous la suzeraineté de la Turquie.

Méhémet-Ali, l'un d'eux, est parvenu à rendre

a vice-royauté héréditaire dans sa famille, par un firman de l'année 1841, qui établit la succession dans l'ordre de primogéniture parmi tous les membres de cette famille, suivant la loi en vigueur en Turquie.

Et le 27 mai 1866, sur la demande, accompagnée de beaucoup d'or, d'Ismaïl-Pacha, le sultan Abdul-Aziz, de l'avis de ses ministres, a définitivement décidé que la succession de la vice-royauté d'Égypte se transmettrait dorénavant de père en fils en ligne directe et non plus en ligne collatérale.

LA FAMILLE DE MÉHÉMET-ALI.

MÉHÉMET-ALI, 1er vice-roi de 1803 à 1848, mort en 1849, à l'âge de 80 ans, a eu 84 enfants, dont il resta :							
IBRAHIM Pacha, 2e vice-roi, mort le 10 novembre 1848 après quelques mois de règne, laissant pour enfants			TOUSSOUM Pacha, mort au Hedjaz, père de ABBAS Pacha, 3e vice-roi, mort en juillet 1854 après 5 ans de règne, frère de EL-HAMY Pacha, gendre du sultan Abdul-Medjid, mort en 1861.	SAID Pacha, 4e vice-roi, mort le 18 janv. 1863, père de TOUSSOUM Pacha, âgé de 13 ans.	ISMAIL Pacha, mort.	MÉHÉMET-ALI Pacha, mort en 1861.	HALIM Pacha, âgé de 32 ans.	Et 2 FILLES : Une mariée à un pacha et peu connue. Une autre, la fameuse princesse NASLÉ-HANEN, mariée au defterdar Achmet Bey.
ACHMET Pacha, mort noyé dans le Nil en 1856, père de IBRAHIM Pacha, âgé de 9 ans.	ISMAIL Pacha, 5e vice-roi, âgé de 36 ans, père de MÉHÉMET Pacha, âgé de 13 ans, HUSSEIN Pacha, âgé de 12 ans, HASSAN Pacha, âgé de 11 ans.	MUSTAPHA Pacha, ayant 40 jours de moins qu'ISMAIL Pacha, père de OSMAN Pacha, âgé de 13 ans.					

LES MERVEILLES DE L'ÉGYPTE.

Parmi toutes les merveilles offertes par la vieille Égypte, les trois plus remarquables et plus prodigieuses étaient :

1° Les Pyramides;

2° Le Labyrinthe, construit 3500 ans avant l'ère chrétienne, suivant les uns par le roi Labarys, dont il tira son nom, suivant d'autres par les douze rois que les Égyptiens s'étaient donnés. Labyrinthe politique et temple de justice. Douze palais somptueux le composaient et servaient aux réunions de toutes les autorités de l'Égypte, alors partagée en douze nomes ou provinces qui, 1900 ans plus tard, furent portées à trente-six par Sésostris.

3° Le lac Mœris, voisin du Labyrinthe et que Pline a considéré comme le plus étonnant ouvrage que le génie humain ait produit.

Mais les deux premiers monuments, témoins irrécusables de la puissance des princes qui les ont fait élever, n'étaient que de magnifiques chefs-d'œuvre d'ostentation, tandis que le lac Mœris offrait un caractère d'utilité qui a immortalisé le génie bienfaisant de son créateur.

La postérité a conservé à cette œuvre le nom de Mœris, qui régnait dix-sept siècles avant Jésus-Christ, et que l'histoire a désigné aussi sous celui de Thutmosis III. Un obélisque avait été érigé en son honneur; il décore aujourd'hui la place Saint-Jean de Latran à Rome.

Ce lac, de 200 kilomètres de tour autrefois, réduits aujourd'hui à 100 environ, et de 100 mètres de profondeur, a été creusé de main d'homme, dit-on, pour être le régulateur des eaux du Nil. Il en recevait une immense quantité pendant l'inondation, la conservait au moyen d'écluses, et la rendait au fleuve lorsqu'il venait à baisser et qu'il ne suffisait plus à l'alimentation des canaux.

Ce travail prodigieux et presque incroyable fut le plus grand bienfait dont le roi Mœris dota l'agriculture de l'Égypte. Il avait bien jugé que la présence continue de l'eau dans les canaux et les rigoles des terres de cette contrée y jouait le même rôle que le sang dans les artères et les veines des animaux; que l'une et l'autre y portent la vie.

Et cependant depuis plus de douze siècles ce lac a successivement perdu la plus grande partie de son utilité; les écluses détruites par le temps ou par les hommes n'ont pas été rétablies; la vase a comblé les canaux, et l'insouciance des gouvernements à l'égard de l'entretien des monuments les plus précieux de l'antiquité s'est étendue jusqu'aux œuvres les plus avantageuses aux cultures du pays.

Un inconvénient a pu influer sur l'abandon des ressources offertes par ce gigantesque réservoir appelé *Birket-el-Karoun* en arabe; c'est que l'eau du Nil y devient salée, très-salée même, propriété qu'elle acquiert des nombreux filons de sel gemme contenus dans le terrain sur lequel elle repose.

Depuis bien des siècles aucun travail n'a encore été fait pour préserver le pays des désastres d'une crue extraordinaire du fleuve, ni pour la conservation des eaux après une faible inondation, plutôt que de les laisser aller se perdre à la mer.

LES PYRAMIDES DE GIZEH.

Pour aller visiter les pyramides de Gizeh, on prend généralement de bon matin un âne et son jeune guide au Caire. Il suffit de dire à ce dernier : *aux Pyramides*. Le prix fait, il tient l'étrier de gauche pour aider à enfourcher la bête, et il la met aussitôt au galop, la suivant à toutes jambes et l'excitant sans cesse.

On chemine ainsi pendant une heure environ, d'abord sur un chemin raboteux couvert de boue et de flasques d'eau, par la raison qu'il a été copieusement arrosé, et ensuite dans une épaisse poussière, par cette autre raison que le système d'arrosage ne dépasse pas les promenades de la ville et une partie de sa banlieue. On passe ainsi tout d'un coup de la poussière à l'état de mortier, noir comme de l'encre, à de la poussière sèche et seulement noirâtre.

On parcourt la grande rue si curieuse du vieux Caire, puis, arrivé au bord du Nil, une barque reçoit hommes et bête ; cette dernière est plus habile à y sauter que les premiers. Le fleuve traversé, on renfourche maître aliboron et l'on reprend la galopade.

Cet exercice dure environ une heure et demie, plus ou moins, suivant les facultés musculaires du quadrupède ; quant à celles du bipède qui suit, elles sont inépuisables.

On ne passe point du tout dans le village de Gizeh (qui signifie *extrémité*), distant de huit kilomètres des pyramides, auxquelles il a donné son nom. Le chemin qui réunissait ces dernières à Gizeh était, il n'y a pas un siècle, bordé des deux côtés par des palmiers-dattiers offrant aux voyageurs leur ombre salutaire. Après avoir suivi un sentier tortueux et étroit au milieu des plus riches cultures, le pauvre bourriquet grimpe avec peine une colline de trente mètres environ de hauteur, enfonçant jusqu'aux genoux dans des sables jaunes et arides, et amène son cavalier au pied même de la grande pyramide, à environ huit kilomètres du Nil.

Le village le plus proche se nomme Bousir (autrefois Busiris). C'est de là que partent les Arabes qui servent de guide pour gravir les grandes pyramides, ou pénétrer dans leur intérieur.

Il s'en trouve à toute heure un certain nombre n'ayant d'autre occupation que de guetter les étrangers qu'ils harcellent impitoyablement pour en obtenir quelque argent. Les visiteurs n'ont pas même le loisir de faire tranquillement leurs observations des lieux sans être assaillis par une nuée de quémandeurs insatiables, jamais contents de ce qu'on leur donne, et qui s'attachent à eux comme des teignes.

Quelques-uns demandent avec une insistance fatigante une pièce d'or dont ils offrent l'équivalent en monnaies d'argent diverses et étrangères, qu'ils savent parfaitement ne pas avoir la même valeur. C'est un petit trafic qui leur est profitable toutes les fois qu'ils rencontrent quelque âme charitable ou plutôt quelque dupe.

L'ascension de la plus grande pyramide, faite avec l'aide de quatre Arabes, est assez pénible; la visite de l'intérieur l'est beaucoup plus encore. Presque tous ceux qui ont exécuté l'une ou l'autre se sont accordés à dire qu'ils ne recommenceraient certainement pas une aussi fatigante entreprise.

L'ascension de la seconde des deux plus grandes pyramides, laquelle est presque aussi haute que la première, présente beaucoup de difficulté et même de danger. Cette pyramide a conservé, vers sa pointe, une partie du revêtement en granit rose dont elle était entièrement ornée, et que le temps détruit successivement; on en rencontre des blocs qui ont roulé jusqu'à sa base. Ceux qui restent encore en place font avant-corps sur le massif, paraissent suspendus, sans soutien, et sur le point de s'écrouler. Très-peu de personnes ont hasardé de grimper sur la petite plate-forme très-irrégulière de son sommet, en cherchant des points d'appui pour les mains et les pieds entre les joints du revêtement, offrant toujours une surface unie, mais dépolie par l'action séculaire de l'air et du soleil. La descente est encore plus dangereuse.

La grande pyramide a environ 200 mètres d'élévation et est composée de 208 à 212 degrés différant entre eux de hauteur depuis 75 centimètres jusqu'à 1 mètre 40 centimètres.

Hérodote assure qu'elle était revêtue de marbres polis et parfaitement joints ensemble, dont le moindre avait 30 pieds de long. Il ajoute qu'elle s'était conservée jusqu'alors sans être aucunement endommagée.

Ces pyramides sont orientées vers les quatre points cardinaux du ciel. L'inclinaison des entrées est uniforme. Ces dernières sont toutes tournées vers le Nord.

On attribue la construction de la plus grande à Chéops ; celle de la seconde, qui n'en est pas très-éloignée, à Céphren, son frère et successeur, et celle de la troisième, beaucoup plus petite, à Micerinus, dont Strabon rapporte qu'on lisait le nom inscrit sur la face exposée au nord. Les Arabes ont appelé cette dernière pyramide l'*antique édifice de la fille*, probablement d'après le récit d'Hérodote que la fille de Chéops, en se livrant à ses amants, exigea de chacun d'eux une pierre de taille, et que de la multitude de ces dons, elle fit construire cette pyramide.

Toutes les pyramides ont été violées, tant celles de Gizeh que les autres. Depuis longtemps on était parvenu à découvrir leur entrée et à pénétrer dans l'intérieur.

Le Sphinx, monument hiéroglyphique, moitié femme, moitié lion, était l'emblème de la fécondation du Nil, qui croît et inonde l'Égypte sous les signes de la Vierge et du Lion.

Son image était reproduite partout. Celui qu'on voit auprès des pyramides de Gizeh est colossal ; il présente seulement la tête qui a été sculptée à même la carrière dont il fait partie.

Les Arabes, fidèles à leur religion interdisant toute représentation de figure humaine, en ont brisé plusieurs portions de la face.

On voit encore autour des trois pyramides de Gizeh les bases plus ou moins élevées, en pierres énormes, d'une infinité de petites pyramides, dont les matériaux les plus faciles à transporter ont été employés à la construction des murs et de la citadelle du Caire par Salah-Eddin l'an 572 de l'hégire et par différents autres califes.

A peu de distance de la grande pyramide, on va visiter les cryptes d'un temple, découvertes par M. Mariette. Les parois sont faites d'immenses blocs de beau granit rose dont les joints sont imperceptibles. De gros piliers carrés d'un seul morceau de la même matière et de 4 à 5 mètres de hauteur se trouvent au milieu des salles et en supportaient sans doute le plafond. On suppose que ces galeries souterraines étaient destinées à recevoir des tombeaux ; ce qui en reste est encore admirable.

En parcourant ces antiques sépultures, on est frappé du luxe, du grandiose avec lesquels elles ont été construites, et l'on reconnaît l'exactitude du récit de Diodore de Sicile.

« Tous ces peuples d'Égypte, dit cet historien,
« regardant la durée de la vie comme un temps
« très-court et de peu d'importance, font au con-
« traire beaucoup d'attention à la longue mémoire
« que la vertu laisse après elle ; c'est pourquoi ils
« appellent les maisons des vivants des hôtelleries
« par lesquelles on ne fait que passer ; mais ils don-
« nent le nom de demeures éternelles aux tombeaux
« des morts, d'où l'on ne sort plus. Ainsi les rois ont
« été comme indifférents sur la construction de
« leurs palais, et ils se sont épuisés dans celles de
« leurs tombeaux. »

Mais ces rois, dont les restes mortels ont été partout violés et dispersés, n'avaient pas cru à l'irréligieuse cupidité des hommes.

LA JUSTICE ANCIENNE.

Les anciens Égyptiens, naturellement doux, humains et animés de sentiments de justice, qui, pour éviter l'entraînement de l'art oratoire dans les plaidoiries, avaient voulu que les débats judiciaires fussent soumis aux juges par écrits, se faisaient cependant remarquer par la sévérité de quelques-unes de leurs lois.

Par exemple, on punissait de mort non-seulement l'homicide, mais encore celui qui, ayant pu l'empêcher, ne l'avait point fait. — La même peine était appliquée au parjure — à ceux qui négligeaient de faire connaître par écrit, tous les ans, quels étaient leurs moyens légitimes d'existence.

Il est vrai que Sabbacon, roi de la dynastie éthiopienne, qui régna sur l'Égypte après l'avoir conquise dans les commencements du viiie siècle avant notre ère, abolit la peine de mort en matière criminelle et la remplaça par celle des travaux publics forcés à perpétuité.

Le faux monnayeur avait les deux mains coupées. — Le témoin d'un crime, qui ne le dénonçait pas, était battu de verges et privé de nourriture pendant trois jours. — Les hommes qui attentaient à l'honneur des femmes subissaient le supplice de la mutilation. — On coupait le nez à la femme infidèle. — La langue était arrachée à quiconque trahissait son pays en révélant aux ennemis les secrets de l'État.

Une loi ordonnait la circoncision comme prescription hygiénique. — Une autre autorisait les emprunteurs à donner en gage la momie de leur père, sans cependant pouvoir la déplacer du tombeau qui la renfermait ; les emprunts étaient ainsi rendus sacrés et il arrivait très-rarement que les dettes ne fussent point acquittées.

Et, à côté de cette jurisprudence, il existait un usage inconcevable. Diodore de Sicile, qui vivait dans le siècle précédant Jésus-Christ, rapporte que le vol était érigé en profession, ceux qui voulaient l'embrasser n'avaient qu'à se faire inscrire chez le chef reconnu des voleurs ; une composition s'établissait entre les citoyens volés et ce dernier, lequel se contentait ordinairement du quart de la valeur des objets soustraits.

Dans le moyen âge l'existence des individus était comptée pour peu de chose, pour rien même ; en Égypte comme ailleurs, les grands du pays, les hommes ayant quelque pouvoir, disposaient à leur gré de la vie de leurs esclaves ; aucune recherche n'était faite à cet égard, aucune punition infligée. On dit qu'il existait au Caire des puits, appelés *Ghipes*, tout hérissés de pointes de fer, dans lesquels on précipitait les esclaves, hommes ou femmes, dont on voulait se défaire.

Il est vrai que la barbarie régnait en Égypte ; mais dans l'Europe, contrée chrétienne et civilisée, n'avait-on pas les oubliettes ?

LES MAMELOUKS.

Le peuple égyptien, occupant un pays plat et un sol fertile, n'est point fait pour guerroyer, son rôle doit se borner à cultiver la terre. On ne remarque point chez lui l'énergie, le courage et l'esprit d'indépendance des habitants des montagnes.

Il y a un demi-siècle environ que brillait en Égypte une troupe remuante, guerrière, pleine d'audace et de bravoure, distinguée surtout par la beauté du corps. Elle était presque seule capable d'entrer en campagne et de tenir tête à l'ennemi.

Cette troupe était composée de Mamelouks, cavaliers d'élite, habiles dans le maniement des armes et d'une valeur à toute épreuve ; mais ces hommes ardents à la guerre, comme à toutes les jouissances de la vie, n'étaient point Égyptiens.

Les Mamelouks, ou Mameluks, dont le nom signifie *acquis*, *possédés*, étaient recrutés tous les ans dans la Georgie, la Circassie, la Mingrélie, la Natolie. Achetés dans leur enfance de parents chrétiens, on les obligeait à embrasser la religion mahométane, ils étaient circoncis, puis instruits avec soin, et ils acquéraient le savoir nécessaire pour occuper tous les emplois du gouvernement jusqu'aux fonctions même les plus élevées.

C'était dans cette milice qu'on prenait les vingt-quatre beys, gouverneurs des provinces égyptiennes.

Mais ce corps, cette sorte d'aristocratie, livrée à un luxe effréné, toujours disposée à la mutinerie, ne voulant se plier à aucune discipline, se croyant plutôt faite pour commander que pour obéir, et dévorée d'ambition, faisait le désespoir des Pachas, lieutenants en Égypte de l'empereur de Turquie. Ces fonctionnaires, ne jouissant d'aucune espèce de considération, demeuraient comme prisonniers dans la citadelle du Caire, sans initiative et sans autorité.

Les Mamelouks les renvoyaient les uns après les autres suivant leur caprice. Jamais le Sultan ne leur refusait une demande de changement du Pacha qui gouvernait en son nom.

Ce fut Méhémet-Ali qui eut l'énergie et la gloire

de débarrasser son pays de ces maîtres despotes et gênants. Il usa d'un moyen violent, il est vrai, en les faisant tous massacrer, comme chacun sait, le 1ᵉʳ mars 1811.

On montre sur les remparts de la citadelle du Caire l'endroit où fut effectuée cette boucherie, et la place où l'un de ces Mamelouks, Anym ou Hassan-Bey, sauta avec son cheval d'une hauteur de plus de 15 mètres. Le cheval resta mort sur le coup, et l'homme fut le seul qui échappa au massacre. Mais ce malheureux devint fou et, dans ses accès, croyait toujours voir les Albanais de Méhémet-Ali massacrant ses compagnons. L'égorgement de toute cette race s'étendit aux diverses provinces de l'Égypte.

Il est bien remarquable que ces Mamelouks, dont la belle et forte constitution se perpétuait dans leur pays natal, ne pouvaient pas se reproduire en Égypte. Leur génération s'y appauvrissait, et tous leurs enfants périssaient en bas âge. Cependant ce même climat d'Égypte a été bien favorable à la multiplication des Hébreux. Cette race blanche s'y était acclimatée, suivant la Bible, et avait habité pendant plus de 400 ans la vallée de Gessen.

Sous le joug des Mamelouks l'Égypte était en proie à l'anarchie de la féodalité; sous celui de Méhémet-Ali elle souffrit des rigueurs du despotisme. Le fellah fut en définitive aussi malheureux après la réforme du massacreur des Mamelouks qu'il l'avait été sous le pouvoir de ces vampires.

Le massacre des Mamelouks ne fut pas seulement une boucherie, mais aussi une magnifique opération financière. Celui qui le fit exécuter s'empara, bien entendu, de tous les biens de ces aristocrates indépendants, et ils étaient aussi considérables que l'avaient été leurs exactions, le plus souvent atroces.

Mais bourreau de leur argent comme il le fut de leur personne, Méhémet-Ali se livra à l'exécution de grands travaux d'amélioration pour son pays et ne tarda pas à voir diminuer son trésor. Des emprunts forcés lui parurent alors un moyen simple et facile de remédier à l'épuisement de sa caisse. Il ne se fit pas faute d'en user, d'en abuser même ; et il faut rendre à sa mémoire la justice de dire qu'il agit avec impartialité, car il puisa indistinctement à pleines mains dans toutes les poches de ses sujets.

Cette productive méthode a été volontiers mise en usage par quelques-uns de ses successeurs.

Mais ce qui ne sera pas imité, il faut l'espérer, c'est la manière dont il s'acquitta envers ses prêteurs. A ceux qui n'osèrent pas lui demander le remboursement de leur argent, il ne rendit rien ; mais quant à ceux qui eurent la maladresse de lui faire des réclamations, il obtint aisément quittance de leurs créances en ordonnant qu'on leur tranchât la tête. Moyen certain de faire taire toutes les criailleries.

L'ÉTAT MILITAIRE.

Ce n'était certes pas un petit royaume celui qui pouvait mettre sur pied 400,000 soldats, non pas levés à l'improviste, pour une expédition momentanée, mais continuellement entretenus.

Chaque homme de guerre recevait du gouvernement, en outre d'une nourriture abondante pour lui et sa famille, douze *azures* (environ trois hectares) de terres labourables.

L'état militaire était une profession des plus honorées et se transmettait de père en fils. On rapporte que lorsque Sésostris, fils de Ménephtha Ier, entreprit son expédition contre les Éthiopiens, son armée montait à 600,000 hommes d'infanterie et 24,000 de cavalerie, sans compter 27,000 chars armés en guerre.

Malgré tout cet apparat militaire, l'Égypte n'ayant point donné naissance à un peuple guerrier, s'est souvent vue conquise sans jamais chercher beaucoup à se défendre. C'est ainsi que les Égyptiens se sont trouvés successivement soumis aux Perses, aux Macédoniens, aux Grecs, aux Romains, aux Arabes, aux Géorgiens, aux Turcs et momentanément aux Français.

Méhémet-Ali avait compris la nécessité de discipliner ses troupes, et il fut parfaitement secondé à cet égard par un Français qu'il avait pris à son service, le commandant Selve devenu Soliman-Pacha. Cet officier, chargé d'instruire les soldats à la manière européenne, reçut du vice-roi l'avis que ne répondant pas de l'obéissance de ces hommes, il eut à prendre ses précautions.

En effet, un jour que Soliman-Pacha faisait exécuter l'exercice à feu par les troupes égyptiennes, les armes chargées seulement à poudre, quelques balles vinrent siffler à ses oreilles. Sans se déconcerter, Soliman s'approche aussitôt des soldats en les traitant de canailles, de gredins, et autres équivalents en langue arabe ; il les sabre à coups de cravache en s'écriant : « Comment, voilà six mois que je vous « apprends à tirer le fusil, et vous manquez un « homme à vingt-cinq pas, vous êtes des misérables, « des maladroits ; voyons, rechargez les armes et « recommençons cela. » Les soldats étonnés, stupéfaits du courage de leur chef, font succéder aux griefs qu'ils pouvaient avoir contre lui l'admiration et le dévouement.

Une autre fois, sur le point de combattre les Turcs, il demande au chef de l'artillerie de combien de pièces de canon il peut disposer ; de 120, lui répond ce général. Eh bien, dit Soliman, placez-en 60 derrière mes Égyptiens, elles seront là pour apprendre aux lâches qu'il ne faut pas fuir devant l'ennemi.

Aujourd'hui, les troupes égyptiennes ne sont ni remuantes ni indisciplinées. Les soldats s'occupent fort paisiblement dans les casernes et devant leurs postes à tricoter des bas.

LE MONOPOLE SOUS MÉHÉMET-ALI.

Méhémet-Ali voulait semer les germes d'une instruction étendue et élever son pays au niveau de la civilisation européenne; mais s'il a eu le désir des innovations utiles, il n'a pas possédé la persistance indispensable à leur développement et à assurer leur conservation. Il a passé comme un météore et après lui l'ombre s'est produite d'autant plus forte que la lumière avait été plus vive.

Des nombreuses institutions dont il avait réuni les éléments dans les sciences, les arts, la mécanique, l'industrie, il n'est rien resté.

Il avait cependant nourri cette belle pensée que c'est avant tout par le perfectionnement de l'agriculture qu'il parviendrait à enrichir son pays et à le civiliser. L'introduction des méthodes nouvelles aurait, en effet, eu pour résultat celle des idées nouvelles. Mais il a eu le tort d'exagérer son système.

Devenu maître du pays et des esprits qu'il avait fascinés par son audacieux génie, il voulut l'être des personnes, de leurs actions, de leur travail. Le fellah, s'étant soumis aux seules cultures qu'il convenait au gouvernement de lui imposer, semait et récoltait pour le compte du vice-roi, qui lui faisait apporter les divers produits de la terre dans ses vastes magasins. Le cultivateur en recevait un prix, non point établi sur celui de revient, non point débattu, mais fixé sous le bon plaisir du souverain, lequel s'arrogeait ainsi dans toute l'Égypte le plus despotique monopole.

Dans le cas où pour sa subsistance, celle de sa famille et de ses bestiaux, ses provisions n'étaient pas suffisantes, le fellah allait acheter du blé, de l'orge et des fèves dans les magasins du gouvernement. Celui-ci lui vendait ces grains d'autant plus volontiers, qu'il les lui faisait payer plus cher que ce même fellah, tombé depuis dans le besoin, n'avait été forcé de les lui abandonner. Victime sur le prix, le malheureux l'était sur le poids et la qualité, car le peseur qui avait reçu primitivement ses grains, ayant eu soin de les faire passer préalablement au crible, ne lui avait payé que ceux parfaitement nettoyés, ce qui en diminuait considérablement la quantité. Mais lorsqu'il les revendait il ne négligeait pas un autre soin, c'était d'y faire remettre toutes les parties de terre et les impuretés que le crible en avait séparées; en sorte que le poids se trouvait augmenté et la qualité altérée.

Cet inique monopole s'étendait également à tous les produits de l'industrie égyptienne, aux tissus, aux poteries, aux chaussures, aux incubations artificielles des poulets, etc., etc.; les toiles emmagasinées étaient revendues très-chères à ceux-là mêmes qui les avaient tissées.

Une autre vexation venait en outre frapper le cultivateur et le fabricant, c'était de voir sans cesse surgir à leur côté l'agent du fisc, tel qu'un spectre, tenant d'une main une escarcelle béante et de l'autre un fouet comme moyen simple et infaillible d'accélérer le travail, de faire acquitter le prix des locations, et l'impôt toujours arbitrairement établi.

Ce fut le règne de Méhémet-Ali qui causa en grande partie la dépopulation de l'Égypte. Tous les hommes valides étaient enlevés pour ses guerres où le plus grand nombre trouvait la mort. Les cultivateurs vieux, infirmes, incapables de se livrer aux travaux des champs et restés seuls cependant pour y suffire, ne purent obtenir des produits rémunérateurs et se virent dans l'impossibilité d'acquitter les impositions élevées qui les frappaient impitoyablement, sans que les exigences du fisc tinssent aucun compte du manque de bras.

La misère, la famine, s'étendirent sur les villages, puis les maladies qui en sont le cortége inséparable. Une mortalité effrayante vint dépeupler le pays, et les terres restèrent incultes.

Ces champs ainsi délaissés, devenus improductifs, firent dès lors partie du domaine privé de Méhémet-Ali, et ce fut l'origine des *Chiflikes* (villages dépeuplés).

Ce vice-roi les distribua parmi les membres de sa famille, lesquels devinrent ainsi propriétaires d'immenses territoires que par la suite ils surent bien faire mettre en valeur.

Mais les impôts ne devant pas subir la moindre diminution, les cantons les moins pauvres d'abord, puis des provinces entières, furent déclarés solidaires et forcés d'acquitter les charges des pays dévenus déserts. Qu'en arriva-t-il ? l'insolvabilité fut générale, et la ruine désola l'Égypte !

Quant aux industriels à la solde du vice-roi, que leur importait de chercher à perfectionner leur fabrication et d'en obtenir des produits plus rémunérateurs ? Ils ne devaient pas en profiter. La routine continua en conséquence à régner en souveraine ; de là l'indifférence caractéristique de l'Égyptien et la destruction de toute espèce d'industrie !

LE GOUVERNEMENT ACTUEL.

L'Égypte actuelle est divisée en provinces, chacune d'elles est administrée par un *moudir*, ou préfet, ayant au-dessous de lui des *weqils*, sous-préfets. A la tête de chaque village est un *cheik-el-béleth* ou *bélad*, remplissant les fonctions de maire.

Des Turcs étaient seuls appelés au gouvernement des provinces jusqu'en 1833, que Méhémet-Ali nomma des Égyptiens à ces emplois. Ces derniers commencèrent alors à ne plus subir le joug brutal et avilissant des Turcs ; ils devinrent leurs égaux.

Dans cette modification des délégués du pouvoir, le gouvernement ne perdit pas de vue le profit qu'il pouvait en retirer. Les emplois occupés par les Turcs étaient très-chèrement rétribués ; en les confiant à des indigènes, il ne manqua pas de réduire considérablement leurs traitements.

Quant au peuple, il n'éprouva aucun soulagement à ses maux ; il ne fit que changer de maître. Les exactions des étrangers furent même surpassées par celles de ses concitoyens, jaloux de gagner les bonnes grâces des gouvernants. Les rançons, les concussions de toutes sortes, les vols, furent des plats de leur cruel métier, et ils ne négligèrent pas d'y joindre l'assaisonnement du courbache.

Cependant les tortures auxquelles furent sans cesse exposés les fellahs devenant intolérables, ces malheureux redemandèrent à grands cris leurs premiers administrateurs, et le vice-roi rendit aux Turcs le gouvernement des provinces.

Lorsque Mohamed-Saïd arriva au pouvoir, toute l'Égypte était encore monopolisée. Le vice-roi était à la fois propriétaire des terres, seul acheteur et seul vendeur de toutes les récoltes. Les cultivateurs, rivés au sol qu'ils étaient obligés de faire valoir, épuisaient leurs forces à des travaux incessants dont les produits ne leur appartenaient point. Ce qu'on voulait bien leur abandonner, défalcation faite des impôts exigés en nature, sujets à une foule d'abus et à des douanes spoliatrices, suffisait à peine à les laisser vivre. Ils étaient, en outre, solidaires les uns des autres du payement de ces impôts.

Mohamed-Saïd commença son règne par abolir le monopole. Il partagea la plupart des terres entre les cheiks des villages et les chefs de famille, laissa aux fellahs la disposition de leurs cultures et leur rendit la liberté du commerce. Il supprima les douanes intérieures. Les impôts furent acquittés en argent et procurèrent au trésor une augmentation de revenu évaluée à 25 p. 100. Le cultivateur ne fut plus exclusivement enchaîné à la terre; il devint libre de se mouvoir hors de la coque où il était né, de changer de résidence, de vendre ses produits en en débattant lui-même le prix, de retirer le profit de ses peines, de donner essor à son intelligence et de jouir enfin de sa personnalité.

Le vice-roi ne voulut plus d'esclaves dans les provinces placées sous son autorité, en interdit l'introduction, et prit des mesures pour empêcher l'esclavage de se reproduire.

L'organisation judiciaire fut réformée sur un plan qui ferma la voie au trafic de la justice.

Le vice-roi régnant possède d'immenses richesses et toutes les qualités du parfait négociant. Il passe pour être le plus riche de tous les membres de sa famille, et sa fortune s'accroît tous les jours.

On a calculé que les descendants de Méhémet-Ali possédaient en biens propres environ la huitième partie du territoire cultivé de l'Égypte.

Le vice-roi est en outre propriétaire foncier, bien entendu sous la suzeraineté du sultan, de toutes les terres.

Le renchérissement du prix du coton avait considérablement augmenté le trésor égyptien ; une grande partie de la richesse fortuite des cultivateurs était venue s'engouffrer dans la caisse du vice-roi.

Ismaïl-Pacha est, dit-on, un chaud partisan du

progrès. Il a ouvert en personne le 25 novembre 1866 un parlement égyptien au palais de la citadelle du Caire! Dans ce pays des merveilles, celle-ci n'est point la moins extraordinaire.

LES POSTES.

L'administration des Postes, depuis peu de temps seulement, est dans les mains du gouvernement égyptien, ce qui aurait toujours dû exister. Le service en est assez bien organisé, quoique rien n'y assure l'inviolabilité des lettres. Deux guichets sont établis pour la distribution de ces dernières, l'un arabe, l'autre européen; cette mesure en facilite la remise au public.

Chacun va ou envoie chercher ses missives; on ne connaît point encore en Égypte le service commode du facteur; c'est un progrès à y introduire, et ce ne serait pas le seul.

Les Européens, négociants ou autres, et il y a plus de commerçants que d'autres, apportent sans aucun doute le plus fort appoint au revenu des postes, car il est peu d'Arabes qui sachent lire et écrire, et la vente pour eux de papier à lettres et de plumes métalliques ne doit pas enrichir les vendeurs.

LES MONNAIES.

Les monnaies de tous les pays ont cours en Égypte ; on les discute bien un peu, elles passent néanmoins dans toutes les transactions. L'Arabe sait parfaitement en discerner la valeur, mais il la fait toujours tourner à son avantage.

La plupart des monnaies égyptiennes sont frappées en France et ne sont guère employées qu'entre les indigènes.

Voici le tableau des monnaies actuelles de l'Égypte :

Bronze.

			francs	cent.
4 paras du poids de	4 gr., valant	»	02,50
10 paras »	6,25 »	»	06,25
20 paras »	12,50 »	»	12,50

Argent au titre de 900^m.

1 piastre (*tarif*)	1,250	»	»	25
2 1/2 »	3,125	»	»	62
5 »	6,250	»	1	24
10 »	12,500	»	2	48
talaro ou talari *au titre de* 819^m	28,100	»	5	32

Or au titre de 874ᵐ.

		gr.		francs	cent.
25 piastres	»	2,125	»	6	38
50 »	»	4,250	»	12	76
100 »	»	8,500	»	25	53
200 »	»	17,000	»	51	06
400 »	»	34,000	»	102	13

Le talaro était autrefois une monnaie de Venise ; on a donné depuis ce nom au douro d'Espagne.

La bourse vaut 125 fr.

La piastre tarif a une valeur constante de 25 cent.

La piastre courante et variable est d'environ 15 cent.

La pièce française de 5 fr. vaut 19 piastres (tarif) et 10 paras, ou 33 piastres courantes.

La pièce française de 20 fr. vaut 80 piastres (tarif) et 10 paras, ou 135 piastres courantes.

Les monnaies de bronze sont composées de :

    cuivre 95 parties
    étain   4 »
    zinc   1 »

et n'ont qu'une valeur de convention.

La face des monnaies égyptiennes porte le chiffre du Sultan ; au-dessous se trouve l'expression de la valeur de la pièce.

Le revers indique l'année où la pièce a été frappée. Dans les années 1864, 1865 et 1866 il a été frappé en France pour 6 millions de francs de monnaies de cuivre égyptiennes.

LES POIDS ET MESURES.

Depuis longtemps les usages ont subi peu de variations en Égypte. Une exception à cette règle générale doit être faite cependant au sujet des poids et des mesures. En effet, ils diffèrent presque dans chaque province. Le *ristoli* qui, à Alexandrie, équivaut à 454 kilogrammes 1/2; l'*ocque* à 1250 grammes; le *cantar* à 45 kilogrammes ou 36 ocques; l'*ardeb* à 140 kilogrammes, n'ont point le même poids relatif dans d'autres contrées.

Il en est de même pour les mesures agraires. Le *feddan* varie comme faisait l'arpent en France il n'y a pas bien longtemps. Dans beaucoup d'endroits il représente 42 ares; celui des Coptes est de 52 ares 53 centiares; celui des actes publics de 57 ares 24 centiares; dans la province de Damiette il équivaut à 68 ares 77 centiares.

La France ne doit pas beaucoup s'enorgueillir, il faut en convenir, d'être plus avancée que l'Égypte à cet égard; car avant l'établissement assez récent du système décimal obligatoire, les mesures agraires, par exemple, y présentaient une confusion presque ridicule et toujours parfaitement gênante. Il y avait des arpents de toutes les grandeurs, des acres, des journaux, des perches, etc., connus seulement dans les localités où ils étaient en usage. C'étaient, sans doute, des habitudes de vieille date entourées du prestige d'une ancienneté respectable, mais il n'a pas moins été sage et utile de les démolir.

LE DELTA.

Diodore de Sicile a prétendu que le Delta avait été couvert de canaux par le conquérant Sésostris, non-seulement en vue de substituer de l'eau douce à l'eau saumâtre et de faciliter les relations commerciales, mais principalement pour garantir le pays des incursions des ennemis en le rendant d'un accès difficile.

Le Delta avait autrefois une étendue beaucoup plus considérable qu'aujourd'hui. Il est certain que les parties alors très-productives, et laissées incultes depuis longtemps, pourraient être remises en valeur.

Les sables mêmes du désert seraient en très-grande partie rendus fertiles s'ils étaient soumis à un bon système d'irrigation. On en trouve une preuve évidente dans les cultures formées au centre du désert de l'isthme, sur les bords du lac Timsah.

Les habitations élevées par la Compagnie du canal maritime à Ismaïlia sont ornées de jardins où les plantes de toutes sortes, grâce aux arrosages convenables, offrent la plus luxuriante végétation et le plus agréable aspect.

En amenant l'eau douce dans cette partie de l'isthme, la Compagnie, véritable fée Urgande, a commencé à métamorphoser en terrains productifs des sables stériles et désolés, et cette œuvre sera continuée.

Pourquoi ne donnerait-on pas ainsi la vie à une grande partie du désert ? Il n'y aurait pour créer une richesse incalculable, demeurée à l'état latent depuis peut-être le commencement du monde, qu'un seul moyen à employer : y faire arriver de l'eau douce.

Si en effet nos terres les plus fertiles ; si les riches campagnes de la Lombardie et tant d'autres, se trouvaient privées d'eau, elles ne tarderaient pas à offrir le triste aspect du désert africain.

Une entreprise bien entendue et sagement conduite de mise en culture des sables du désert offrirait d'ailleurs toute sécurité, car la loi musulmane dit positivement que celui qui fait produire une terre improductive, en conserve la jouissance tant qu'il continue à payer l'impôt ; et il est en outre exempt de celui-ci pendant les dix premières années de la mise en rapport.

Méhémet-Ali a non-seulement laissé les indigènes user de cette loi si profitable au pays, mais il en a encore étendu le bénéfice à tous les étrangers qui lui ont demandé des terrains disponibles. C'est à cette mesure que la ville d'Alexandrie doit son moderne et considérable accroissement.

ALEXANDRIE.

A Alexandrie, tant de fois décrite par les auteurs anciens et modernes, de jolies maisons bâties à l'européenne ont été élevées sur le Port neuf ; chaque année en voit ajouter de nouvelles.

Ces gracieuses constructions couvriront successivement l'emplacement du palais des Ptolémées. On se prend souvent à réfléchir sur ce rivage éminemment historique ; la pensée se reporte en arrière. C'est là, c'est bien là, dans un des somptueux édifices, aujourd'hui totalement disparus, qu'étaient déposées les cendres d'Alexandre.

Le nom de ce héros est resté toutefois à cette belle ville ; il rappelle au moins qu'il en fut le créateur. La fondation d'Alexandrie date de la 333° année avant l'ère vulgaire.

Cette cité, considérée par Diodore de Sicile comme la première du monde, à présent, moitié arabe, moitié européenne, qui sous le règne d'Auguste renfermait 300,000 âmes et au moins le double d'esclaves, se trouvait vers la fin du siècle dernier réduite à 6,000 habitants tout au plus. En 1836 elle en contenait 40,000 environ, et aujourd'hui sa population s'élève à plus de 120,000 âmes et tend à progresser.

Alexandrie n'est alimentée d'eau douce que par le canal Mahmoudieh qui a sa prise sur le Nil près de Kafré Zayad, où passe la branche de Rosette. Cet ancien canal de Cléopâtre a été refait de 1819 à 1820 par Méhémet-Ali et dédié au sultan Mahmoud. On raconte que sur les 250,000 fellahs qui le creusèrent il en périt 24,000 de maladie ou par accident. Ce canal, qui met en communication Alexandrie avec le Nil, est bordé aujourd'hui de jolies et gracieuses habitations, et de plusieurs harems tout meublés de femmes invisibles. On sait que le mot harem signifie *lieu défendu*. Les bords du canal Mahmoudieh offrent une charmante promenade, et sont les Champs-Élysées d'Alexandrie. Lorsque le soleil est sur son déclin, de nombreuses voitures toutes pavoisées d'européennes en fraîches toilettes, des cavaliers montant des chevaux arabes et même des bêtes asines, vont y prendre leurs ébats.

Un étranger est aujourd'hui à la recherche d'un établissement de bains, dans cette ville dont Amrou écrivait au calife Omar qu'entre autres somptuosités il s'y trouvait 4,000 bains.

LE LAC MARÉOTIS.

Le lac Maréotis, voisin de la ville d'Alexandrie, recevait il n'y a pas bien longtemps encore les eaux du Nil, et ses bords cultivés formaient une couronne de verdure qui reposait les yeux.

Aujourd'hui il n'offre plus que le triste aspect d'une lagune entourée de sables arides et inhabités.

Les Anglais, toujours portés à tailler largement au gré de leurs intérêts dans cette terre africaine, ont remplacé dans ce lac l'eau douce fertilisante par celle destructive de la mer, qu'ils y ont fait pénétrer depuis l'année 1801. Les poissons qui pullulaient dans ce lac d'une étendue de plus de 80,000 hectares ont tous péri, et la source de pêches très-productives a été tarie.

LES COURSES DE CHEVAUX.

Il y a des courses de chevaux à Alexandrie, comme presque partout maintenant. Où cette mode anglaise ne s'est-elle pas implantée ? L'hippodrome est situé à plus de 8 kilomètres à l'ouest de la ville ; on s'y rend par le Mahmoudieh.

Aussitôt que le jour où des courses doivent avoir lieu est connu, les Européens ont grand soin de retenir d'avance un véhicule quelconque, car les prix en éprouvent un crescendo renversant. Dans la matinée du jour de la fête il ne s'en trouve plus aucun d'abordable. Un âne coûte 10 francs, un fiacre de 100 à 150 francs !

Les Arabes sont en vérité de la même trempe de badauderie que les habitants de Paris, de Londres, de Rome et autres lieux. Ils ne vont pas, à la vérité, jusqu'à se donner le luxe de se faire porter ou traîner sauf un certain nombre des plus cossus; mais ils ne manquent pas de se rendre à pied, chaussés de leur propre cuir, au champ de course, par un chemin mauvais, très-inégal, fatal aux ressorts de voitures, et couvert de poussière.

C'est en se gorgeant de celle-ci, soulevée par les pieds des chevaux et des ânes lancés au galop, et formant une atmosphère épaisse à travers laquelle filtrent avec peine les rayons du soleil, que la foule de curieux, le pêle-mêle de costumes de toutes les formes, de toutes les couleurs, mais s'harmonisant bientôt sous une teinte générale grise noirâtre, pareille au sol de la route, parviennent au but désiré.

C'est à qui ira le plus vite, à partir du lieu du départ jusqu'à celui d'arrivée; cette course vagabonde et rapide est comme le prodrome de celles que l'on va voir.

La piste est située sur un terrain à peu près uni, au bord de la mer, à laquelle les tribunes font face. Ces dernières sont extrêmement simples, offrent même toute la rusticité d'un hangar et n'ont d'autre avantage qu'un large espacement entre les bancs établis en amphithéâtre, permettant une facile circulation, ce dont les *invités* profitent amplement.

Il faut dire les *invités*, car les spectateurs ne sont point admis dans cette enceinte parce qu'ils en ont acheté le droit en y entrant; non, mais bien après en avoir reçu l'invitation par le vice-roi.

Le champ de course, les tribunes ordinaires, celles plus distinguées du corps diplomatique, etc., etc., appartiennent au vice-roi; c'est lui qui invite par lettre, c'est lui qui reçoit; c'est lui qui régale.

En Europe on paye pour prendre place dans les tribunes. Si la faim ou la soif se font sentir, il faut mettre la main à la poche. Ici, rien de tout cela; les choses se passent d'une façon plus gracieusement hospitalière. Non content de vous avoir engagé à venir assister au spectacle des courses, le souverain de céans vous offre une abondance de pâtisseries délicieuses, de boissons rafraîchissantes, de liqueurs de toutes sortes, et des plateaux de glaces circulent sans cesse dans les entr'actes des courses. C'est réellement de l'orientalisme on ne peut plus galant.

Ce ne sont guère que des Européens qui garnissent les tribunes. Aussi y rencontre-t-on les toilettes de nos capitales. Bon nombre d'élégantes y étalent des mises ébouriffantes. Elles s'empressent d'accourir à ces sortes de réunions de tout ce qu'il y a de mieux à Alexandrie, plutôt pour faire exhibition des dernières modes venues de France qu'attirées par le spectacle de la course, bien plutôt pour être vues que pour voir.

Ces courses, qui du reste ressemblent à celles de l'Europe, présentent cependant l'attrait particulier de voir courir de jolis et vigoureux chevaux arabes montés par des jockeys indigènes.

LE CAIRE.

Un plan de la ville du Caire n'existe point sans doute ; le dresser exactement serait difficile pour ne pas dire impossible. Excepté le Muski, principale rue la moins étroite et la moins tortueuse, garnie de boutiques, rendez-vous quotidien de la foule de gens affairés et des oisifs en plus grand nombre, et sauf encore quelques rues marchandes, toutes les autres ne méritent pas ce nom ; ce sont de laides ruelles de 2 à 3 mètres au plus de largeur, sombres, remplies d'immondices de toutes sortes, et dont les maisons se rapprochent graduellement dans les étages supérieurs jusqu'au point de presque se toucher.

Il est vrai que cette absence de grand jour, de soleil, s'oppose à l'introduction de la chaleur, et permet d'y rencontrer de la fraîcheur pendant les heures les plus chaudes de la journée.

Mais ces petites rues sont un dédale dans lequel un étranger ne saurait s'aventurer sans un guide. On ne peut y faire cent pas sans être obligé de tourner dix fois d'un côté ou d'un autre à angle droit. Souvent il faut passer sous une maison sans y voir clair; c'est la rue. Il arrive que celle-ci aboutit à une grande porte et ressemble à une impasse, point du tout, cette grande porte donne accès dans une cour remplie de ballots de marchandise sur lesquels folâtrent de jeunes négrillons des deux sexes, juchés là comme des singes en attendant acheteur; c'est la continuation de la rue. Plus loin, on semble arrêté par un amas de matériaux non encore employés à un bâtiment resté inachevé depuis plusieurs années; mais on monte par-dessus, c'est toujours la rue. Dans ces embranchements parcourus généralement à cheval sur un baudet, vous vous trouvez parfois face à face avec une file de chameaux chargés de pierres ou de bois de charpente et tenant toute la largeur de la rue, il n'y a pas place à vous ranger, et c'est couché, aplati sur l'encolure de votre monture, que vous parvenez à passer sous la charge de ces chameaux vous ratissant le dos.

Et cependant, dans ces rues contournées et malpropres, une entrée basse et sombre conduit à des appartements spacieux, richement ornés, et habités par des indigènes possédant une grande fortune, ou par des négociants européens qui courent après et le plus souvent l'atteignent. A côté, on admire une porte finement et délicieusement ciselée à la mauresque, restée dans l'attente de l'édifice auquel elle doit donner accès.

Dans cet entassement de constructions dont un grand nombre sont en ruine, on reste étonné de voir une mosquée de dentelle de pierre ou de marbre enchâssée dans d'ignobles masures de terre noire. Mais de quoi n'est-on pas frappé d'étonnement dans cette ville si originale du Caire? on y marche de surprise en surprise. Il n'est pas possible de s'en former une idée, il faut l'avoir vue pour croire à son étrangeté.

Pour avoir une belle vue de la ville du Caire, de la citadelle, des pyramides et d'une grande partie du Delta, il faut monter sur le mont Mokattam (coupé) par un chemin ressemblant assez, dans une de ses parties, à ce qu'on appelle le chaos sur la route de Gavarni, dans les Pyrénées, moins le torrent. On jouit, de cet endroit élevé, d'un des plus magnifiques spectacles qu'il y ait au monde.

Ce qui ajoute à l'aspect si pittoresque de cette ville, c'est le grand nombre de gros oiseaux de proie qui planent sans cesse au-dessus et à peu de distance des toits plats des maisons. Jamais personne ne les tue ni ne les effarouche. Cette mansuétude naturelle des Égyptiens à l'égard des oiseaux sauvages leur a sans doute été transmise par leurs ancêtres ; ceux-ci respectaient l'existence de ces volatiles, et quiconque tuait un ibis ou un épervier était puni de mort.

Le Caire, en arabe *El-Kaherah* (cité victorieuse), n'est pas une ville d'une haute antiquité. Elle a été fondée vers la fin du xe siècle de notre ère par Moaz, calife fatimite, et a dû son nom à ce que l'époque de sa fondation a coïncidé avec le passage de Mars au méridien ; cette planète s'appelle *El-Kaher* en arabe. Depuis deux siècles, les califes fatimites avaient déjà formé un empire sur la côte de Barbarie.

La foule est tellement épaisse à tous les instants du jour, dans les rues étroites de cette ville, que les voitures ne pourraient pas avancer au milieu de celles en très-petit nombre dont la largeur leur en permet la circulation, si elles n'étaient précédées d'un jeune coureur, appelé *saïs* qui, trottant devant la voiture, crie sans cesse *rouah* (gare à tes pieds) ; c'est, en effet, surtout à leurs pieds, toujours nus, que les gens du peuple doivent le plus faire attention.

Cet usage d'avoir des coureurs est une précaution indispensable, car les rues n'étant ni pavées, ni ferrées, c'est, ou dans une épaisse poussière ou dans la boue due à un arrosage vicieux que roule silencieusement toute espèce de véhicule.

Les arrosages sont opérés au moyen d'outres que des hommes portent remplies d'eau sur leur dos et qu'ils vident en gros jets ; en sorte que, sur le sol très-inégal des rues, cette masse de liquide forme des flaques d'eau que la chaleur et le piétinement des passants transforment bientôt en une boue noire et collante qui absorbe le bruit des voitures.

Celles louées, les fiacres, ayant tous la forme de calèches, sont accompagnés d'un jeune garçon en guenille portant une mauvaise baguette à la main, et harcelant les voyageurs à la fin de chaque course pour avoir un batchich dont il n'est jamais content.

Mais les beaux carrosses, à deux ou quatre chevaux, des personnages riches ou importants, sont précédés de jeunes nègres élancés, aux jambes minces et nues; un caleçon de toile blanche très-large leur tombe un peu au-dessous des genoux, et une chemise également d'un blanc éclatant, à très-amples manches flottantes, est découpée par une veste rouge ornée de broderies d'or. Une riche ceinture leur serre la taille et rend leur costume très-élégant. Rien n'est gracieux comme de les voir courir, une brillante canne d'argent à la main, avec ce vêtement flottant au vent : ils ont l'air de papillons !

Si ce n'était un fait certain, pourrait-on croire que cette cité très-peuplée du Caire, possédant un beau fleuve dans son voisinage, manque d'une eau perpétuelle et abondante dans son intérieur ? Un canal la traverse, à la vérité, mais il est à sec pendant les trois quarts de l'année. Les habitants sont alors obligés de faire apporter de l'eau du vieux Caire, et le grand nombre de porteurs de ce liquide indispensable étonne les étrangers. Cette ville est presque privée de fontaines, car on ne peut guère donner ce nom à quelques becs de cuivre placés le long des murs, dont les gens du peuple font sortir un peu d'eau pour se rafraîchir la bouche en passant ; et encore cette eau est-elle apportée à dos de chameaux dans ces espèces de citernes, dont la forme extérieure de plusieurs d'entre elles est gracieuse et couverte de fines et charmantes sculptures. Un bon système de distribution d'eau dans toutes les parties de la ville est donc encore à établir.

Après le Caire et Alexandrie, les deux villes les plus importantes de l'Égypte sont Rosette et Damiette. La première a été bâtie, dit-on, sous le règne du calife de Bagdad, Elmetouakkel, vers l'an 870 de notre ère, pour remplacer Faoué devenue trop éloignée du rivage de la mer. Elle est appelée Raschid par les Arabes. Sa situation près de l'embouchure de la branche Bolbitine du Nil a fait donner à celle-ci le nom de branche de Rosette.

LE VIEUX CAIRE.

Le vieux Caire, distant de 5 kilomètres environ du nouveau, se nommait autrefois Masr Fostat. Bâtie par Amrou, la 20ᵉ année de l'Hégire, à l'endroit où il avait posé sa tente (fostat signifie tente), cette ville était devenue florissante lorsque Schaouar, roi d'Égypte, la livra aux flammes l'an 564 de l'hégire pour qu'elle ne tombât pas au pouvoir des Français victorieux, guidés par le roi Lusignan. L'incendie dura, dit-on, près de sept semaines.

Masr était un nom affecté, soit à l'Égypte en général, parce que les Égyptiens prétendaient que ce pays avait été peuplé par Misraïm, petit-fils de Noé, soit seulement à la capitale de l'Égypte. La ville de Memphis le porta jusqu'à ce qu'elle fût détruite par Amrou.

Le vieux Caire comme le nouveau, comme au reste toutes les villes et bourgades d'Égypte, présente la plupart de ses maisons toutes capitonnées de *moucharabis*, espèces de cages saillantes dont les grilles dérobent les femmes aux regards des passants, et permettent à ces pauvres recluses de satisfaire leur curiosité en regardant tout ce qui se passe au dehors sans se laisser apercevoir elles-mêmes.

LES ÉTRANGERS.

Les villes d'Alexandrie et du Caire sont une macédoine d'étrangers. Il se trouve des gens de toutes les nations, peut-être bien de toutes les consciences, dans la centaine de mille individus qui s'agitent constamment et considérablement dans ces deux grandes cités et dont une partie se répand dans toutes les contrées du pays pour y faire des affaires.

Les Grecs et les Italiens y sont surtout en grand nombre, et la langue italienne est communément parlée, principalement à Alexandrie.

Un étranger n'a pas à redouter aujourd'hui les voleurs de grands chemins ni les écumeurs d'eau douce, et malgré presque l'absence de toute police il peut voyager avec sécurité dans toute l'Égypte. Depuis que l'extension de la culture du coton y a attiré un mouvement de numéraire considérable, des négociants transportent d'un lieu à un autre de fortes sommes en or sans avoir besoin d'être armés ou de se faire accompagner, et jamais on n'entend dire que quelqu'un ait été arrêté et dévalisé.

Il n'en était pas ainsi en remontant à moins d'un demi siècle; sur la plupart des canaux les barques se trouvaient très-souvent assaillies, pendant la nuit, par des bandits qui pillaient les étrangers et même les massacraient. Alors il n'était pas prudent de voyager sans armes et surtout sans avoir des gens bien sûrs à son service. L'établissement des chemins de fer, en diminuant considérablement le nombre des voyages et transports en bateaux, a sans doute contribué à l'extinction de ce brigandage.

Si l'on se porte au siècle dernier, on voit que les Européens étaient généralement regardés avec mépris par les Égyptiens; ceux-ci prenaient à la lettre quelques versets du Coran où tout ce qui n'est pas mahométan est taxé de perversité; la populace fanatique insultait grossièrement les étrangers.

Pour ne point être en butte à leurs injures et échapper même quelquefois à leurs attaques, ces derniers étaient obligés d'avoir recours au déguisement; ils s'affublaient d'un costume arabe, se coiffaient du turban, se faisaient raser les cheveux, et laissaient pousser leur barbe.

Aujourd'hui le fanatisme a beaucoup perdu de son intolérance. Tous les étrangers circulent avec la plus grande sécurité dans les villes comme dans les campagnes; tous les genres de costumes remarquables par leur diversité, sont admis et respectés. Le besoin que les indigènes ressentent de la présence et du secours des négociants européens pour toutes les choses qui leur sont nécessaires ou agréables, a étouffé chez eux toute espèce d'animosité.

Il existe bien dans les villes d'Alexandrie et du Caire quelques postes d'infanterie; mais ils sont là uniquement pour la forme.

Les enfants, si disposés à épouser tous les errements d'antagonisme de leurs pères, s'empressent au contraire autour des étrangers, courent au-devant de leurs désirs, non pas, il faut le reconnaître, pour leur témoigner un attrait qui réellement n'existe pas, mais afin d'en obtenir quelque argent. La haine s'est changée pour eux en importunité; c'est un grand progrès. Le *batchich* (pour boire) est le talisman tout-puissant en Égypte.

Aucune insulte, aucun geste malhonnête de la part des Égyptiens, même de la plus basse classe, ne viennent s'adresser à l'homme arrivé d'Europe. C'est lui en effet qui leur apporte ce qui leur manque le plus, ils le comprennent bien : les métaux précieux sous forme de monnaies. Ils acceptent sans difficulté celles de tous les pays, et chaque fois qu'ils reçoivent quelque pièce, dont ils connaissent parfaitement la valeur, leurs yeux joyeux brillent d'un éclat singulier. Ils trouvent seulement qu'on ne leur en donne jamais assez et ne ressentent point la moindre vergogne à demander et poursuivre les donateurs de leurs importunes et tenaces quémanderies.

L'amour de l'or effacera chez ce peuple les restes du fanatisme religieux.

Il est au surplus un moyen de voyager avec toute sécurité en Égypte; c'est de prendre avec soi un ou deux hommes de la police qui, moyennant bien entendu une rétribution convenue, répondent sur leur bien et sur leur vie de votre bourse et de votre personne, et cet engagement est toujours très-fidèlement rempli.

LE SALUT DES ÉGYPTIENS.

Le salut des Égyptiens commun aux musulmans, diffère de celui des Européens. Chez ceux-ci l'usage de se serrer la main est sans doute très-affectueux; on considère comme respectueux de se découvrir devant une dame ou un personnage qui inspire la considération; mais le plus souvent cette salutation dégénère en un simple soulèvement, quelquefois imperceptible, de sa coiffure, accompagné d'une inflexion de corps plus ou moins gracieuse.

Le salut des mahométans est digne et amical. Lorsque deux Arabes se rencontrent, ils portent simultanément la main au front, à la bouche, sur le cœur, et se la touchent ensuite. Ce salut fait sans affectation le corps droit, avec une certaine dignité, exprime à la fois la cordialité et le respect.

Dans les anciens temps les Égyptiens, pour se saluer, se faisaient réciproquement une profonde révérence en abaissant la main jusqu'aux genoux.

LES JEUNES FILLES.

On voit au Caire et à Alexandrie des jeunes filles qui servent les maçons. Leur activité, la promptitude avec laquelle elles chargent et portent sur leur tête les auges pleines de mortier qu'elles versent dans d'autres beaucoup plus grandes placées à la portée de ces maçons, sont remarquables.

Ces fillettes ne sont pas jolies, au point de vue européen, mais elles sont bien faites, élancées, vives, joyeuses, et c'est le plus souvent en courant sur les échelles qu'elles portent leur fardeau.

Ces échelles ne présentent point, comme les nôtres, l'impossibilité d'y monter sans se tenir solidement avec les mains. Faites de planches ou de madriers sur lesquels des tasseaux sont cloués de distance en distancee, et assez espacés, elles sont posées de manière à ne pas offrir une grande déclivité et il est facile d'y monter sans le secours des mains. Elles ressemblent plutôt à un mauvais et grossier escalier qu'à une échelle.

Les jeunes filles les montent et les descendent rapidement tout en sautant et chantant. Leur vêtement ne les embarrasse nullement. Il se compose d'une longue robe bleue peu étoffée, ne dissimulant point leur taille et n'en gênant pas la souplesse; leur tête est couverte et toute enveloppée d'un long voile, bleu ou noir, espèce de camail qui tombe sur leurs épaules; quelques-unes portent de larges pantalons de toiles de couleur, et toutes ont les pieds nus.

La manière dégagée avec laquelle elles portent toutes sortes de fardeaux sur la tête, leurs bras libres, leur adresse et leur agilité, ne laissent pas que d'avoir une certaine grâce.

Elles ne plaisantent ni ne s'amusent avec les hommes. Lorsque le surveillant des travaux pousse un cri pour annoncer l'heure du repos, on les voit se réunir aussitôt et s'accroupir dans un coin du chantier où elles prennent leur léger repas tout en se livrant à quelques ébats, mais seulement entre elles.

Dès qu'un autre cri les rappelle au travail, elles y courent gaiement et font preuve pendant toute la journée d'une vigueur au-dessus de leur âge et qu'on ne croirait pas devoir se trouver dans leur nature de frêle apparence.

De jeunes gars sont également employés aux travaux de constructions; mais il n'existe aucune promiscuité entre les deux sexes. Exemple à suivre en Europe. Nos fillettes travaillant ainsi au dehors, simultanément avec de jeunes garçons, ne sont-elles pas plus souvent entraînées à lier connaissance avec eux, à faire les coquettes, à écouter leurs compliments, et à s'occuper beaucoup plus de leurs amours que de leur ouvrage ?

Rien de tout cela en Égypte, où cependant l'adolescence est plus précoce. C'est que les jeunes gens n'ignorent pas que toutes ces filles sont la propriété de quelqu'un, propriété la plus respectée, et que la mort ou tout au moins la bastonnade ferait immédiatement justice de la moindre privauté.

Dans ce pays où la femme ne jouit d'aucune espèce de considération, où elle est avilie au point de n'être plus qu'un objet mobilier, qu'une marchandise livrée au plus offrant acquéreur, elle sait qu'elle n'a quelque valeur que par sa pureté. Toute jeune elle se retranche dans sa vertu, et y trouve un refuge assuré qui relève son caractère. N'est-ce pas donner la preuve qu'elle a été créée non pour être l'esclave, mais bien la digne compagne de l'homme ?

En résumé, voici comment se passe généralement la triste existence de la fille et par suite de la femme du peuple des villes ou du cultivateur égyptien.

Elle naît, et la connaissance de son sexe indispose tout d'abord les auteurs de ses jours ; ce n'est qu'une fille !

Nourrie par sa mère, peu ou point vêtue, elle apprend de bonne heure à supporter les ardeurs du soleil et la vive fraîcheur des nuits.

Elle grandit sans être aucunement gênée par des langes ; ses frêles membres ne souffrent point des étreintes du maillot, ils puisent de la souplesse et de la vigueur dans la liberté complète laissée à leurs mouvements.

Ce petit être d'abord suspendu au sein de sa mère, puis porté par celle-ci, en compagnie de plusieurs autres, soit sur le bras, soit sur le dos, ou bien traîné par la main, ne tarde pas à marcher seul, sans lisière, sans bourrelet, toujours nu-tête, nu-pieds et souvent nu-corps, quand les parents n'ont pas quelque loque à lui jeter sur les épaules.

Les rayons corrodants du soleil lui font une peau bistrée qui est réellement son principal vêtement pour l'œil d'un Européen habitué à ne guère reconnaître la nudité que dans l'aspect d'une chair plus ou moins blanche.

Cet enfant ne reçoit, bien entendu, aucune espèce d'instruction, les lettres arabes font pour lui partie des hiéroglyphes, et tout son savoir se borne à imiter les sons rauques et gutturaux de la langue de ses parents. Il cherche à les comprendre et à se faire entendre d'eux, c'est tout ce qu'il lui faut pour accomplir sa destinée.

Lorsqu'une petite fille a atteint l'âge de 8 à 9 ans, une matrone de village lui fait subir la douloureuse opération de la circoncision. A cet âge, elle a acquis la force d'aider ses parents aux travaux des champs, et si elle y apporte la distraction naturelle à l'enfance ou de la nonchalance, elle est rouée de coups paternels et surtout maternels. Son tour viendra de les rendre un jour avec usure à sa postérité.

La fillette est encore loin d'acquérir ses trois lustres qu'on songe à la marier, ou plutôt à la vendre ; car si en Europe l'usage veut qu'on demande de l'argent pour prendre une femme en quelque sorte comme appoint, ici il faut en donner pour l'obtenir ; souvent même elle reste au plus fort enchérisseur, fût-il un vieillard.

Le prêtre musulman demande à la fille nubile, avec une crudité d'expression révoltante, mais dont la pudeur de celle-ci ne s'effarouche aucunement, si elle veut être mariée. La fillette répond toujours oui. Alors les commères du pays se mettent en marche pour s'enquérir d'un mari ; lorsqu'il est trouvé, les parents des deux familles font les accords. Ceux du futur versent les deux tiers de la dot convenue, si elle consiste en argent, ou s'obligent à la donner dans le cas où ce sont des immeubles. Ces engagements faits de vive voix, sont toujours scrupuleusement remplis. L'autre tiers est acquitté plus tard.

Tout étant convenu, hors la présence des futurs époux, qui le plus souvent ne se sont jamais vus, les parents et les amis promènent pendant plusieurs jours dans le village, la jeune fille, le visage couvert et abritée sous un dais porté par des femmes également voilées.

Ce bizarre cortége, qu'on rencontre même dans les rues du Caire, s'arrête toutes les cinq minutes afin de contempler un jeune gars payé pour accompagner la noce et danser d'une manière singulière en faisant tourner autour de lui la baguette dont il est armé. Une musique infernale ne cesse de se faire entendre pendant ses contorsions exécutées avec une lenteur et un sérieux qui les rendent plus originales. La foule des oisifs ne manque pas d'accourir à ce spectacle dont la répétition dure quelquefois quinze jours de suite.

Le jour de la consommation du mariage fixé, un vendredi, jour anciennement consacré à Vénus, tous les parents du jeune homme se réunissent chez la future pour s'assurer de sa virginité, sans laquelle l'union ne saurait avoir lieu et dont l'absence entraînerait le déshonneur de la famille. Ici se passe un acte atroce et dont l'indécence interdit le récit.

C'est seulement après la publicité des témoignages irrécusables de cette virginité, que la jeune fille est livrée, toujours voilée, à son mari. Celui-ci la découvre lorsqu'il se trouve seul avec elle dans la chambre nuptiale et la voit pour la première fois.

Si elle lui déplaît, le mariage est rompu; mais il perd la partie de la dot versée ou promise, et elle est acquise à la femme comme un juste dédommagement du tort qui lui a été fait.

Mais pour arriver à cette rupture, il faut que le mari s'abstienne de toucher sa femme, car s'il se permettait la moindre privauté, il perdrait son droit de refus. Dans le cas où après quelques jours de mariage, il se dégoûterait d'elle et la répudierait, il devrait non-seulement abandonner les deux tiers de la dot payés, mais encore en verser le dernier tiers.

Quant à la pauvre fille, elle ne jouit d'aucun droit de refus. Il lui faut épouser l'homme qu'on lui présente, éprouverait-elle pour lui la plus invincible antipathie.

Nous devons ajouter, à la louange de ces jeunes

filles, qu'il est extrêmement rare d'en rencontrer une d'elles n'apportant pas à son époux les gages d'une parfaite sagesse.

Une fois la fille mariée, elle devient tour à tour servante de la maison, machine à fabriquer des enfants et bête de somme. Les soins du ménage, ceux de la maternité et de pénibles travaux occupent tout son temps ; sa monotone et dure existence l'amène ainsi promptement à une vieillesse anticipée.

Ici à 20 ans une femme est fanée, à 30 elle est vieille et à 40 elle est caduque. Que de femmes chez nous sont encore charmantes à ce dernier âge !

Les vieilles femmes arabes sont dispensées par leur mari de se voiler la face. Leur visage ridé, jaune, sale et tatoué de bleu, est un brevet d'assurance pour la méticuleuse jalousie de ce seigneur et maître. Elles sont alors plus libres que jamais, elles circulent partout, en sorte que les Européens, dont la vue est le plus souvent frappée par ces laides figures, cherchent vainement dans ce pays ce qu'avec raison on appelle chez nous le beau sexe.

LES CHIENS.

Un grand nombre de chiens n'appartenant à personne vaguent dans les rues des principales villes d'Égypte. Ces animaux de taille moyenne, à poil ras et généralement roussâtre, semblent être fort soumis aux hommes, d'un caractère doux, même craintif, et les étrangers ne se trouvent nullement incommodés par leurs aboiements.

Ils vivent des restes de nourriture que les habitants jettent de leurs maisons dans les rues ; car celles-ci, jamais nettoyées, sont en tous temps le réceptacle d'immondices de toutes sortes.

Une chose digne de remarque, c'est que, malgré la chaleur persistante et dévorante, et la disette d'eau, ces chiens ne sont jamais atteints de la rage ; cette maladie n'est pas cependant inconnue en Égypte ; les chiens d'Europe peuvent la communiquer, et elle se manifeste quelquefois parmi les lévriers des Bédouins.

Jadis l'attachement des Égyptiens aux animaux qu'ils élevaient était porté à un si haut point que si un chat venait à périr dans une maison, celui qui l'habitait se rasait les sourcils. Quand c'était un chien, il se rasait non-seulement la tête, mais même le corps entier.

Après leur mort, ces compagnons de la vie intime de l'homme étaient embaumés et placés dans des caisses sacrées.

Aujourd'hui les pauvres chiens, déchus de l'honneur d'être consacrés à quelque dieu, ne jouissent d'aucune espèce de considération. Abandonnés sur la voie publique, privés des caresses, de l'amitié des humains, ils ne s'attachent plus à personne, et personne ne prend souci de leur bien-être ni même de leur existence.

Une des causes de la tolérance des Égyptiens pour

eux, c'est qu'ils mangent les cadavres de tous les animaux, même de ceux de leur espèce, dont la putréfaction pourrait occasionner des maladies. On prétend qu'un des moyens employés par les femmes pour acquérir de l'embonpoint consiste à manger des petits chiens qu'elles font cuire préalablement.

LES SAINTS.

La vue est souvent affectée en Égypte par la rencontre d'un homme généralement petit, informe, à peine vêtu, très-sale et dont la tête reste entièrement découverte ; le grand air et le soleil y ont formé une croûte assez semblable à celle de l'espèce de potiron appelée giraumon. Chacun lui fait place lorsqu'il passe lentement dans les rues, et il semble jouir d'une grande considération ; en effet, c'est un saint ou pour mieux dire un idiot.

Insouciant sur tout ce qu'il voit comme pour toutes les choses de la vie, cet être se laisserait mourir de faim plutôt que de chercher à se procurer d'une manière quelconque sa nourriture. Au reste, celle-ci lui est surabondamment fournie par ses coreligionnaires ; ils s'en font un devoir et briguent l'avantage d'obtenir par son intercession, toujours certaine, une bonne place dans le paradis du Prophète.

Nous avons vu un de ces saints dans un des carrefours du bourg de Tell-el-Kébir. Il était salement couché dans la poussière et n'avait pas quitté, depuis dix-sept ans, la place qu'il occupait, vivant des aliments qui lui étaient quotidiennement jetés comme à un chien plutôt qu'à un homme revêtu d'un caractère de sainteté.

Ces saints jouissent d'un privilége immense; ils guérissent les femmes de la stérilité. Il n'est pas une Égyptienne qui en doute, et pas davantage un mari. Or ce qu'une femme mariée redoute le plus en ce pays étant de ne pas devenir mère, elle trouve non-seulement tout simple, mais même elle considère comme une preuve de la plus convenable conduite de se livrer à l'un de ces êtres dégoûtants, ignobles, et couverts de vermine. Elle est en outre convaincue de se rendre ainsi agréable au Prophète, et si une grossesse ne s'ensuit pas, elle en est quitte pour renouveler l'expérience.

Ces espèces de saints sont appelés Magnouns ou Cheiks-Arianes (cheiks-nus) parce qu'ils sont habituellement peu ou point vêtus.

LES MOUSTIQUES.

Un des plus grands désagréments en Égypte, le plus agaçant peut-être pour un Européen, c'est la multitude de *moustiques* qui s'acharnent après toutes les parties du corps exposées à l'air.

Ces *moustiques* sont des espèces de cousins plus petits que ceux d'Europe, dont à la vérité la piqûre est moins douloureuse et la démangeaison moins durable; mais ils sont en si grand nombre que pour peu qu'une portion de votre individu reste à découvert, ils s'y précipitent et la criblent de piqûres qui se traduisent en gros boutons offrant presque l'apparence de la petite vérole.

Pour se garantir pendant la nuit de ces hôtes très-importuns, il est indispensable de bien entourer le coucher de rideaux de mousseline claire. Ils forment un appareil appelé *moustiquaire* qui accompagne tous les lits en Égypte.

Les *moustiques* trouvant sans doute la peau jaune et tannée des indigènes trop dure à percer, ne semblent pas l'attaquer; mais ils s'en dédommagent en se jetant avec une avidité d'affamés sur celle des Européens plus tendre et plus accessible à leur venimeuse petite pompe, peut-être bien aussi leur paraît-elle plus succulente.

On serait porté à le croire, puisqu'il n'est guère de visage étranger qui ne leur paye tribut à son arrivée. Trop de confiance dans la préservative moustiquaire, trop de négligence à s'assurer, en s'en enveloppant, de l'absence complète de ces sanguinaires insectes, ont pour regrettable résultat que le plus souvent les loups se trouvent enfermés dans la bergerie.

On fait donc un acte de haute prudence en se livrant à une chasse minutieuse de ces petits suceurs avant la clôture parfaite de la gaze légère qui doit assurer le calme du sommeil et l'inviolabilité de la peau.

Pour s'en garantir, les anciens Égyptiens, habitant auprès des lacs et des marécages, s'entouraient la nuit du filet qui leur servait pendant le jour à prendre du poisson, et ils prétendaient que les *moustiques* n'essayaient même pas de les piquer à travers les mailles. Quelques-uns d'entre eux, pour plus de sûreté, ne prenaient leurs repas que sur une tour élevée, le vent empêchant ces frêles insectes de voltiger aussi haut.

LE KHAMSIN.

Pendant les mois d'hiver, jusqu'en avril et quelquefois mai, les vents du sud règnent en Égypte, et le reste de l'année ce sont les vents du nord-nord-ouest qui soufflent presque sans interruption. Ils combattent par leur fraîcheur les ardeurs d'un soleil dévorant dans les saisons d'été et d'automne.

Celle du printemps est annuellement exposée au *khamsin*, vent étouffant du sud appelé *simoun* dans le désert. Sa violence est telle que des caravanes entières s'en trouvent arrêtées dans leur marche; les hommes et les animaux sont assaillis par des nuages de sable qui, leur brûlant les yeux et pénétrant dans la poitrine, leur font perdre la respiration. La température s'élève jusqu'à 40 et 45 degrés.

Les voyageurs privés de tout refuge, de tout abri, énervés, meurent quelquefois à la place où la tourmente les enchaine et même les engloutit.

Ce terrible vent du sud, nommé *siroco* en Algérie, a reçu en Égypte la dénomination de *khamsin* (cinquante) parce que le temps pendant lequel il peut exercer ses désastres est d'environ cinquante jours. Mais sa pernicieuse durée n'est point continue, et généralement elle n'excède pas trois jours de suite.

Le cultivateur le redoute, parce qu'il peut voir ses récoltes détruites par ce vent précoce et desséchant qui enlève la séve de ses plantes et en fait avorter les grains.

Pendant le temps du khamsin, les fils télégraphiques éprouvent les mêmes effets que ceux constatés par les temps d'orage, mais avec moins de force. Des courants qui contrarient la transmission de la correspondance se font sentir ordinairement de neuf heures du matin jusqu'après le coucher du soleil, moment où l'humidité commence à se faire sentir.

Les indigènes inoccupés, et particulièrement la gent féminine, assurent que le *far niente* auquel l'influence du *khamsin* dispose n'est point dépourvu de charme.

Voici, d'après une observation de vingt années, comment se comportent les vents.

Du 15 mai au 15 septembre, les vents de nord-ouest règnent, et leur plus grande force est en juillet; ils sont très-faibles en septembre. La chaleur, plus élevée qu'en France, est cependant plus supportable avec ces vents.

Du 15 septembre à la fin de décembre, calme et vents variables; de janvier jusqu'au milieu de février, les vents sont de l'ouest et amènent des pluies.

De février jusqu'en mai, les vents du sud dominent.

LA PESTE.

C'est à tort que l'Égypte a toujours été réputée, depuis environ 1,300 ans, le berceau de toutes les pestes qui ont affligé l'humanité. Un seul de ces fléaux est rapporté par l'histoire comme ayant pris naissance dans cette contrée antérieurement à l'établissement de l'islamisme; il porte la date de l'année 543 de notre ère.

Aucun ancien document ne tend à faire connaître que des miasmes pestilentiels se soient développés d'abord en Égypte pour se répandre ensuite dans d'autres pays. Aucun témoignage de ce fléau destructeur ne se rencontre dans les innombrables représentations, soit peintes, soit gravées, de tout ce qui pouvait intéresser cette nation observatrice et savante. Et si ses propres historiens avaient négligé ou s'étaient volontairement abstenus d'en parler, il est certain que ceux des autres pays, affectés ou non de la peste, n'eussent pas manqué de signaler l'Égypte comme étant le siége de son origine; mais nul écrivain, ni ancien ni moderne, ne l'en a accusée, et tous au contraire ont attesté sa salubrité séculaire.

Cependant il semble hors de doute qu'une peste, jusque-là inconnue au peuple égyptien, a pris naissance dans son beau climat en l'an 543 ; qu'après avoir ravagé cette contrée, elle s'est étendue au delà de la Méditerranée, et que devenue même en quelque sorte endémique en Égypte (dans le Delta, car la haute Égypte en a rarement reçu les atteintes), elle a trop souvent apporté ses meurtriers effets en Europe pendant, dit-on, l'espace d'un demi-siècle.

Mais il faut reconnaître que les causes préservatrices de ce fléau avaient alors cessé d'exister. Jusqu'au vi⁰ siècle les Égyptiens avaient conservé l'usage de s'opposer à la putréfaction des corps morts par divers moyens et entre autres en les momifiant. Les orateurs chrétiens, venus prêcher la religion de Jésus-Christ, leur reprochèrent vivement des usages condamnables à leurs yeux, tels que l'embaumement des cadavres, imitation païenne de leurs ancêtres. Les nouveaux convertis se virent forcés de renoncer aux habitudes de conservation des corps morts, et se bornèrent à les ensevelir dans la terre sans aucun préservatif préalable de putréfaction.

On devait dès lors s'attendre à ce qui arriva. A la suite de chaque crue du Nil, les eaux restées sur le sol, tenant des matières putréfiées en dissolution, se desséchèrent sous les rayons ardents du soleil, des gaz délétères se produisirent et vicièrent l'atmosphère.

La périodicité des inondations amena conséquemment la périodicité des pestes.

Les habitants décimés, effrayés, cherchèrent les moyens de se garantir des retours de cet horrible mal, et ils y parvinrent progressivement en choisissant pour lieux de sépulture les monticules les plus élevés à l'entour des villages, à l'abri du danger des eaux stagnantes, et en prenant le soin de sceller les cadavres de leurs parents dans des tombeaux construits en pierres hermétiquement liées par du mortier de chaux.

Ainsi qu'il est dit ci-dessus, aucun des historiens de toutes les époques n'a rapporté que la peste fût originaire de l'Égypte. Hérodote, le plus ancien de tous, qui a étudié ce pays avec un soin particulier, n'en a aucunement fait mention; on peut en conclure qu'elle n'y était connue ni de son temps ni antérieurement.

Parmi les historiens modernes, Paw dans son ouvrage : *Recherches historiques sur les Égyptiens et les Chinois*, est celui qui a le plus positivement signalé l'Égypte, où toutefois il n'avait pas mis les pieds, comme le berceau de la peste. Il avait au reste été contredit d'avance par un grand nombre d'autres écrivains et principalement par Prosper Alpin, médecin vénitien de la fin du xvi° siècle, lequel avait longtemps habité l'Égypte, et qui dans son livre : *De medicina Egyptiorum* affirme que le venin pestilentiel n'est point originaire de ce pays, mais qu'il y est toujours importé de la Turquie ou d'autres contrées asiatiques.

Ce sont en effet des navires étrangers qui ont apporté la peste en Égypte, où elle s'est déclarée d'abord dans les ports d'Alexandrie et de Damiette, puis gagnant les autres parties du Delta, elle s'est introduite dans la ville du Caire pour s'y toujours développer avec une intensité des plus meurtrières.

Il est remarquable que depuis l'année 1835 que la peste a fait d'affreux ravages en Égypte ; qu'elle a enlevé le quart de la nombreuse population du Caire ; que le consulat de France, ayant à sa tête M. Ferdinand de Lesseps, eut 17 victimes, tout son personnel, et que le jeune consul général échappa seul au fléau destructeur, elle n'ait plus reparu en Égypte. Faut-il en attribuer la cause aux soins préventifs du gouvernement? aux quarantaines exigées, etc.? C'est probable. On a observé que les régiments campés dans le désert en étaient presque exempts.

LE CHOLÉRA.

Malheureusement la peste proprement dite a été remplacée par un autre fléau, offrant des caractères et des effets bien différents, mais non moins redoutables, par le *choléra-morbus*.

Ce nouveau mal, plus épidémique que contagieux, est venu visiter à son tour la contrée salubre de l'Égypte. Il y a sévi pour la première fois en l'année 1841 ; une seconde fois en 1854 et une troisième en 1865. Il n'a pas été, à beaucoup près, aussi meurtrier que la peste, mais il n'a pas moins occasionné de cruels ravages.

On attribue la cause principale du choléra à l'agglomération des fidèles musulmans qui font annuellement le pèlerinage de la Mecque, et à la corruption des entrailles, abandonnées sur le sol, des animaux offerts en holocauste pendant la fête dite des *sacrifices* (Courban-Beyram). A leur retour à travers l'Égypte, les pieux et sales pèlerins y importent le germe de la maladie.

Tout bon adorateur de Mahomet doit aller faire au moins une fois en sa vie la visite du tombeau du Prophète et s'y livrer à ses dévotions, fier de rapporter de ce pèlerinage le titre de *hadji*, (pèlerin). Le nombre en est toujours considérable et la ferveur ardente. En 1807, au rapport d'Aly-Bey, on compta 83,060 pèlerins; en 1814, suivant Burkandt, 70,000; en 1853, d'après le lieutenant Bartay, 50,000; puis ce chiffre augmenta. Il fut en 1854 de 60,000; en 1855 de 80,000; en 1856 de 120,000; en 1857 de 140,000; en 1858 de 160,000. Mais en 1859 le nombre en diminua considérablement en raison des événements de Djeddah et des craintes inspirées par le choléra qui sévissait avec force dans le Hedjaz; il ne fut que d'environ 50,000 pèlerins.

Les mahométans, de tous temps fatalistes, ne se sont jamais préoccupés de rechercher les moyens de se garantir des maladies contagieuses ou épidémiques. Ils n'ont rien fait pour se préserver de la peste, ils ne feront rien pour empêcher le développement du choléra.

Comment celui-ci ne serait-il pas transmis en Europe par les nombreux musulmans revenant du pèlerinage de la Mecque? Voici ce que rapporte à ce sujet M. Colucci-Bey, président de l'intendance sanitaire d'Égypte :

« L'inexprimable malpropreté dans laquelle ces hommes existent pendant toute la durée de leur pèlerinage, combinée avec le caractère meurtrier du climat, suffit pour en tuer un grand nombre. Les morts ne sont point régulièrement enterrés; dans la précipitation de cette existence vagabonde, ils sont hâtivement recouverts de sable du désert, sujet à être enlevé par le vent, si bien qu'en peu de temps ils infectent l'air. A ces miasmes viennent s'ajouter les entrailles de peut-être 2,000,000 de moutons offerts en sacrifices à la déité, car le pèlerin le plus pauvre doit en immoler au moins un. La chair est consommée par les dévots, mais les résidus, le sang, les os et les entrailles, et même la peau, se décomposent bientôt sous cette brûlante atmosphère, de façon qu'une épidémie mortelle ne peut manquer de sortir de cette abondance d'infection.

« Un des préjugés musulmans veut que les vêtements ne soient point changés pendant toute la période du pèlerinage. Il faut les porter constamment jusqu'au retour dans ses foyers, où ils sont coupés en morceaux et distribués comme des reliques entre les parents et les amis. Les habits des morts, quelque malpropres et dégoûtants qu'ils soient, sont soigneusement empaquetés et conservés pour le même objet. Peut-on s'étonner dès lors que ces pèlerins de la Mecque forment le fil de ce télégraphe épidémique le long duquel la maladie meurtrière se répand dans le monde entier? L'Europe peut-elle jamais se regarder comme assurée contre le choléra ou tout autre mal qui le suivrait, ainsi que le choléra a suivi la peste, aussi longtemps que cette pratique barbare du pèlerinage de la Mecque ne sera pas abolie ou au moins contenue dans des limites raisonnables ! »

Le choléra, pas plus que la peste, n'a donc point pris son origine en Égypte, malgré les usages, les négligences du peuple bien propres à l'y faire naître. Ainsi, lors de la dernière épizootie remarquable par son intensité et sa durée, non-seulement aucune prescription ne fut publiée pour en atténuer la force, aucune précaution sanitaire ne fut prise pour en conjurer les effets, mais encore les fellahs imprudents jetaient les cadavres de leurs bestiaux dans les canaux; ceux-ci s'en trouvaient encombrés et charriaient lentement ces charognes putréfiées et infectes pouvant devenir pour les hommes un élément pestilentiel. Cependant il n'en a rien été.

LES MÉDECINS.

De nos jours, la disette de Médecins en Égypte, sauf peut-être dans les villes principales, contraste singulièrement avec l'abondance dont elle en regorgeait dans l'antiquité. Ils y pullulaient, par la raison que chacun d'eux bornait sa science à l'étude d'une seule maladie et à son application, sans s'occuper aucunement des autres espèces de maux.

Il y avait des médecins pour les yeux; des médecins pour les dents; des médecins pour l'estomac; des médecins enfin pour chaque partie du corps.

Il reste à savoir si ces diverses spécialités de docteurs obtenaient un plus grand nombre de guérisons, si les causes n'étaient pas négligées pour les effets, si l'on se portait mieux et si la vie était plus prolongée qu'à présent dans ce pays.

Aujourd'hui dans les campagnes, les barbiers, qui ne rasent jamais de barbes mais bien des crânes, joignent à leur dextérité de main celle de leur science médicale. Ils guérissent ou tuent; c'est un détail insignifiant qui n'altère en rien la confiance qu'ils inspirent. Elle est plus grande dans la capacité de ces barbiers que dans celle des docteurs produits par l'École de médecine d'Abouzabel, à quelques lieues du Caire, dont la fondation, qui date de l'année 1826, est due à Méhémet-Ali.

LES CHEMINS DE FER.

Dans le principe de l'établissement des chemins de fer en Égypte, les indigènes ne se souciaient guère d'y prendre place; c'était du nouveau, et à ce titre la méfiance régnait dans leurs esprits. Cependant voyant que leurs concitoyens riches, les pachas, les dignitaires, le vice-roi lui-même, confiaient leurs personnes à ces véhicules rapides, entraînés par une force qu'ils ne connaissaient et ne comprenaient pas, ils firent taire leurs craintes, risquèrent de modifier leur genre routinier de locomotion et ils s'aventurèrent dans les wagons.

Leur confiance dans cette manière prompte et facile de voyager ne tarda pas à s'établir complétement, et ils en vinrent bientôt à mettre le plus grand empressement à en faire usage.

C'est maintenant un spectacle curieux que celui d'un bureau de distribution des billets au moment du départ d'un train.

Les Arabes se précipitent en foule au guichet, criant, gesticulant, se pressant, se bousculant. Tous les bras nus sont en l'air, tous les mentons barbus levés ; c'est à qui parviendra le premier à saisir son billet. Il n'existe aucun ordre dans la distribution ; aucun agent revêtu d'une autorité suffisante n'est là pour faire avancer les voyageurs les uns après les autres, en sorte que le buraliste, ne distinguant pas les demandes au milieu d'un vacarme étourdissant, ne sachant dans laquelle de toutes ces mains tendues il doit placer un billet, se trouve dans l'obligation de ralentir son service, et ce ralentissement forcé tend lui-même à augmenter le tumulte.

Si ces Arabes pouvaient se donner la peine de réfléchir un instant, ils se rappelleraient que cet empressement, que ces bousculades, sont plus qu'inutiles et ne font que retarder le départ ; qu'il y a toujours de la place dans les wagons, et que lorsqu'il n'y en a plus, eux en trouvent bien encore en s'empilant les uns sur les autres.

Dans les commencements de l'exploitation, ces voyageurs indigènes trouvèrent plus commode, et probablement moins cher, de monter en wagon sans rien payer. L'administration ferma d'abord les yeux sur ce sans gêne peu lucratif pour sa caisse, afin de familiariser les Arabes avec cette importation étrangère des chemins de fer. Mais après que ceux-ci y eurent pris goût, elle fit savoir que ceux qui occuperaient des places sans les payer à l'avance en acquitteraient trois fois le prix à l'arrivée. Cette mesure ne produisit pas néanmoins son effet de suite, et ce fut seulement par son exécution rigoureuse qu'on mit un terme à la gratuité du voyage.

C'est une compagnie anglaise qui a établi le principal chemin de fer, celui d'Alexandrie au Caire, avec, bien entendu, l'argent du vice-roi d'Égypte, et les choses allaient assez bien pendant son administration.

Depuis que le gouvernement égyptien s'est chargé de l'exploitation de ce chemin, comme de celle de toutes les autres voies ferrées, elle laisse beaucoup à désirer. Un Européen ne peut parvenir à prendre son billet qu'à la force des épaules, des coudes et du poignet. S'il est assez heureux pour l'obtenir sans l'échange forcé d'une partie de son habillement, en outre du prix du billet, tout son labeur n'est pas fini.

Les places, même les premières, sont déjà occupées par une infinité de bagages, quoique avec un petit nombre de voyageurs ; car, dans ce pays de despotisme, chacun jouit au moins de la liberté de se rendre incommode à ses compagnons de voyage.

On est obligé, pour prendre place dans un compartiment, de se faufiler entre les malles et valises empilées de ses voisins, d'y ajouter les siennes en les superposant jusqu'à l'impériale, et de se tenir ratatiné comme l'on peut pendant toute la durée du trajet.

Il y a souvent ainsi éclipse totale entre deux voyageurs qui se font vis-à-vis.

On se demande pourquoi le gouvernement égyptien ne fait pas une chose bien simple, pourquoi il ne s'informe point des mesures d'ordre, de la commodité, on pourrait ajouter de la propreté qui régnent sur les chemins de fer européens, et ne s'empresse-t-il pas d'appliquer aux siens tous ces avantages ? Qu'il ne perfectionne pas, soit ; mais au moins qu'il copie ! qu'il arrive à ce qu'on puisse prendre son billet et sa place sans être obligé de livrer deux assauts : celui du bureau et celui du wagon.

Les femmes occupent un compartiment particulier et ne voyagent jamais avec des hommes, même avec leurs maris ; ceux-ci s'en trouveraient humiliés, tant ils se considèrent comme supérieurs à un sexe qui n'est réservé qu'à leur service et à leur sensualité

LA CORVÉE.

De tous les genres de travaux celui fait au moyen de la corvée gratuite est le plus onéreux. Ceci semble paradoxal, on va voir que cette assertion est au contraire pleine de logique.

Les familles, les villages entiers, que le gouvernement égyptien force à travailler gratuitement, se résignent sans doute sans murmurer à une obligation à laquelle ils ne peuvent se soustraire. Nés corvéables, élevés sous le joug du despotisme, les habitants se sont pliés à l'obéissance passive; et d'ailleurs s'il arrivait que quelques-uns n'y fussent pas encore convenablement assouplis et eussent besoin de quelques leçons à cet égard, le courbache se chargerait de les leur inculquer; et pour que l'instruction fût complète et ne tombât pas dans l'oubli, il l'imprimerait sur leur dos en caractères de sang.

L'institution de la corvée gratuite ne rencontre donc aucune opposition dans son application; mais si son usage est facile, il n'est rien moins qu'avantageux et il se réduit à bien peu de chose relativement au nombre de bras employés.

Vous voyez, par exemple, quatre ou cinq mille indigènes creuser un canal. Ils ne sont munis d'aucun outil. Placés côte à côte en ligne sur une infinité de rangs, dans toute la largeur du déblai à exécuter, ceux qui en occupent le fond, entassés dans la fange jusqu'aux genoux, ramassent avec leurs mains un gros morceau de terre noire et humide, ils en forment une espèce de boule et la passent à leur voisin, non sans en laisser tomber une partie. Celui-ci la saisit en lui faisant éprouver une nouvelle perte et va pour la remettre également à son voisin ; mais ce camarade est tourné de l'autre côté et en train de causer. Comme rien ne presse, le porteur de la boule attend patiemment la fin de la conversation, il y prend part lui-même, et pendant ce temps-là la boule fond en partie entre ses mains. Il finit cependant par la passer à un autre occupé à rire ou à jaser aussi, et la boule de diminuer sensiblement dans son voyage manuel. En sorte que parvenue, au moyen des transmissions successives d'une quinzaine de soi-disant travailleurs, au bout de sa course, elle ne se trouve plus être que de la grosseur d'une orange, et le dernier indigène présumant qu'elle ne vaut pas la peine d'être placée sur la berge la rejette dans le canal.

Ceci n'est point un conte fait à plaisir, non ; celui qui écrit ces lignes a vu, de ses yeux vu, un creusement de canal ainsi effectué dans une propriété du vice-roi près du barrage du Nil. — Toutes les corvées sont ainsi exécutées.

Il est bien certain que cinquante ouvriers européens, mis à la tâche, auraient fait plus d'ouvrage, dans le même laps de temps, que ces quatre ou cinq mille corvéables.

Si ces derniers n'avaient point été arrachés à leurs occupations champêtres, leurs terres plus travaillées, les arrosages distribués aux moments opportuns, les moissons faites en temps utile, une plus grande extension de culture même, due à une plus grande latitude de temps, eussent procuré des récoltes plus abondantes, plus rémunératrices pour les cultivateurs et conséquemment plus avantageuses au pays.

Et comme la richesse du pays est toujours exploitée par le gouvernement, celui-ci y eût trouvé la source d'une plus forte somme d'impôts.

Il eût vu d'une manière évidente, s'il n'était pas guidé par une routine séculaire et irréfléchie, qu'un profit plus certain et plus considérable lui fût advenu alors en affectant une partie de ses revenus à des travaux économiquement exécutés par des ouvriers rendus bons en les payant bien, plutôt que de les livrer à la paresse, à l'incurie et, comme corollaire, à la cherté de la corvée gratuite.

Quelles contributions le gouvernement peut-il en effet imposer à des malheureux enlevés à leurs soins agricoles, n'ayant pu recueillir que de maigres produits et qui doivent en partie au temps employé aux corvées leur état de malaise? Leur faible quotité n'est-elle pas une perte pour le trésor?

Le fellah est laborieux, c'est vrai, mais seulement lorsqu'il sait que le fruit de son travail lui restera à lui seul; s'il est forcément réduit à n'être que l'instrument d'un maître, sans aucun profit pour lui-même, il est négligent et paresseux. — N'en serait-il pas ainsi pour nos ouvriers européens?

La corvée est donc une pauvre ressource qui s'est toujours traduite bien plus en temps perdu qu'en travail utile; c'est un entretien de fainéantise érigé en institution par un inintelligent despotisme.

Il y aurait en outre beaucoup à dire si l'on abordait la question de moralité. C'est le cheik du village qui, sous son bon plaisir, par haine ou par intérêt, désigne les hommes envoyés aux corvées ; il en dispense ceux qui lui donnent de l'argent. En définitive les plus pauvres sont toujours certains d'être assujettis à travailler pour autrui sans aucune rémunération.

Ajoutons qu'un travail forcé et gratuit de la part de gens qui gagnent péniblement leur vie, révolte tous les sentiments de justice et d'humanité.

LES IMPOTS.

En outre de l'impôt établi sur les terres, celui du *ferdé*, qui est personnel, est dû par tout le monde, les manœuvres et les domestiques ne peuvent s'y soustraire. Les chrétiens et les juifs payent en plus le *harache* impôt du sang.

Toutes ces contributions n'entrent point dans les caisses du gouvernement sans l'auxiliaire des coups de bâton ; les sommations sans frais et avec frais, les garnisaires, sont remplacés ici par le courbache qui ne se piquant pas de galanterie n'épargne pas même les femmes.

Il faut dire que jamais un Arabe ne peut se déterminer à payer en entier l'impôt auquel il est assujetti ; il ne l'acquitte que partiellement, avec regret, en gémissant, souvent sur la menace du courbache et même après en avoir ressenti les effets. Le courbache est en Égypte le plus productif hôtel des monnaies.

Lorsque l'impôt ordinaire est enfin totalement acquitté, le fellah peut se croire libéré pour l'année; erreur, il survient une demande d'impôt extraordinaire dont la perception est pressée et qu'il lui faut se résoudre à payer encore toujours avec menace du courbache. Pauvre peuple !

DEUXIÈME PARTIE

L'AGRICULTURE

L'AGRICULTURE

La fertilité du sol de l'Égypte est connue de temps immémorial. Les anciens historiens si souvent cités, Hérodote, Strabon, Diodore de Sicile en ont donné des témoignages les plus irrécusables. On sait que cette riche contrée était un des greniers d'abondance de l'ancienne Rome. Mais l'agriculture égyptienne s'est sensiblement modifiée, et à ce pays qui approvisionnait jadis des nations étrangères, il faut apporter aujourd'hui en partie ce qui est nécessaire à sa subsistance. Ce n'est pas pourtant que l'Égypte soit devenue stérile : si la culture y est restée stationnaire par l'insouciance des habitants, le sol n'a rien perdu de sa richesse. C'est la nature des cultures qui seule a changé, et cela depuis quelques années.

L'Égypte produisait annuellement environ 4 millions d'hectolitres de blé, dont ses 8,000,000 d'habitants ne consommaient guère que la moitié, parce que le doura, le lupin et les légumes entraient pour une part considérable dans leur alimentation ; le reste était exporté; mais aujourd'hui que la culture du coton s'est graduellement étendue, elle est devenue pour le pays plus lucrative; les Égyptiens se nourrissent un peu mieux et usent davantage de pain; en sorte que non-seulement ils consomment la totalité de leurs blés, mais ils en tirent encore du dehors. Quoique la population soit réduite de plus de moitié, en 1864, on a importé pour leurs besoins plus de 800,000 quintaux de farine.

Sur cette production de 4,000,000 d'hectolitres de blé, la Haute-Égypte figurait pour les trois cinquièmes, la Basse n'en donnait que deux cinquièmes; et comme celle-ci, qui forme le Delta, a employé la moitié de ses terres à la culture du coton, il en est résulté qu'elle ne produit plus qu'un cinquième de blé. Elle est la plus peuplée et renferme à deux de ses extrémités les grandes villes d'Alexandrie et du Caire; cette dernière n'a pas moins de 400,000 âmes.

Ce sont ces deux causes : diminution dans la production et augmentation dans la consommation, qui rendent aujourd'hui l'Égypte tributaire des pays à blés.

Il fallait que ce royaume fut autrefois merveilleusement cultivé, ou qu'une plus grande étendue de terrain, prise alors sur le désert, fut mise en valeur pour pouvoir non-seulement procurer la nourriture d'une population de plus du double de ce qu'elle est aujourd'hui, mais encore pour suffire à une exportation considérable.

On serait porté à croire qu'une grande partie des terrains incultes, à l'est du Delta, étaient jadis productifs. L'ancienne Peluse, ville fortifiée, commerçante et riche, n'a jamais été réputée comme une oasis au milieu du désert, ce que ses ruines sont à présent. Elle devait subvenir à la subsistance de ses habitants par les produits des terres dont elle était environnée.

Il en a été sans doute ainsi pour Farama, ville fondée par les Arabes à l'Orient de Peluse, et maintenant détruite. La création et la longue existence des villes implique nécessairement la culture des champs au milieu desquels elles sont placées.

On se tromperait pourtant si l'on s'imaginait que maintenant l'Égypte est mal cultivée. Sans doute elle pourrait l'être mieux; les campagnes couvertes de verdure au printemps, ensuite de moissons étendues, attestent le travail et les soins du cultivateur. On ne peut contester qu'il pourrait faire mieux, mais il n'est pas moins constant qu'il emploie toutes ses forces et son intelligence à suivre les errements de ses ancêtres : le progrès seul lui est inconnu.

Confiant dans les ressources que lui offre le sol d'alluvion qu'il cultive, il croit à son inépuisable fertilité, et ne cherche, conséquemment, aucun moyen pour l'assurer. La médiocrité de ses blés à tiges clair-semées, à paille courte, à épis peu garnis, n'ouvre pas les yeux au laboureur égyptien. Il préfère en attribuer la cause au défaut d'inondation du Nil plutôt qu'à l'épuisement d'une terre à laquelle aucun engrais ne vient jamais rendre une partie des sucs nutritifs que les plantes lui ont enlevés en se les assimilant.

Si les terres recevaient le fertilisant bienfait des engrais, les blés pousseraient plus drus, plus hauts, et leur épaisseur mettant obstacle à l'introduction des rayons desséchants du soleil, maintiendrait plus longtemps la fraîcheur du sol et dispenserait de la fréquence des irrigations.

Chacun sait que l'Égypte n'était originairement qu'une très-longue et très-étroite vallée, traversée par un fleuve magnifique ; que ce fleuve, le Nil, par ses débordements annuels et périodiques, entraîna sur son passage un sable plus ou moins fin, des détritus de végétaux, d'insectes, d'animaux, du guano même, dont il existe une grande quantité dans la Haute-Égypte, et qu'il les répandit, sous forme de limon noirâtre, sur les terres qu'il inonda, en en nivelant les irrégularités.

C'est de ce limon, charrié depuis des milliers de siècles, qu'il a successivement couvert les sables, conquérant ainsi sur la mer cet espace triangulaire appelé le Delta.

Les anciens auteurs prétendent que la mer s'avançait autrefois jusqu'au pied de la montagne Libyque où les pyramides ont été élevées, qu'elle couvrait une partie de l'isthme de Suez, et que le Delta actuel formait un grand golfe.

Depuis l'antiquité, les Égyptiens ont régularisé le cours de leur fleuve en creusant des canaux, en élevant des digues pour s'opposer à ses ravages, et en se rendant favorables des inondations très-souvent désastreuses. Ils ont pu jouir ainsi des avantages d'une terre privilégiée, qui offre une profondeur variable de 2 à 15 mètres environ, d'une parfaite homogénéité. On évalue à 12 centimètres à peu près, par siècle, l'épaisseur du limon déposé par le Nil.

On comprend aisément que, gagnant chaque année en épaisseur, ce limon se soit étendu vers la mer qu'il a constamment refoulée. En effet, la ville de Fouéh, jadis port de mer, en est maintenant éloignée de 40 kilomètres. Les villes de Rosette et de Damiette, également autrefois ports de mer, en sont à 20 kilomètres, et Homère rapporte que l'île de Pharos, qui touche aujourd'hui à Alexandrie et au continent, était éloignée du rivage du temps qu'un navire, poussé par un vent favorable, peut parcourir en un jour.

En creusant des canaux, en élevant des digues dans le Delta, ainsi qu'il a été dit plus haut, les Égyptiens ont bien préservé une grande partie de leurs terres du danger des inondations, et se sont donné la possibilité de les cultiver pendant toute l'année, ce qui ne peut avoir lieu que dans la Haute-Égypte; mais, en revanche, ils les ont privées du dépôt annuel et fertilisant du limon du Nil, et les terres déshéritées de ce précieux amendement, ne recevant jamais d'engrais, et fournissant des récoltes non interrompues, finissent par s'épuiser. Beaucoup d'entre elles en offrent la preuve; leur riche apparence contraste singulièrement avec leurs médiocres produits; car l'inondation s'arrête aux environs du Caire.

Il y a divergence d'opinion sur le nom donné au Nil. Les uns prétendent que dans le principe il s'appelait *Iaro;* que les gens du pays le nommèrent *Nei Alei* (qui croît à certaines époques), dont les Grecs ont fait *Nileon* et les Latins *Nilus*. D'autres disent qu'il s'appelait *Egyptus*, jusqu'au temps où *Nileus*, un des successeurs de Mendès, qui fit de grands travaux pour le contenir et en arrêter les ravages, lui donna son nom.

Ce fleuve commence à croître au solstice d'été. Sa crue dure environ trois mois, pendant lesquels ses débordements couvrent le Saïd ou Haute-Égypte, et remplissent les canaux du Delta; il se retire ensuite plus ou moins lentement, et rentre dans son lit. De là vient que les anciens Égyptiens ne comptaient que trois saisons : le temps de l'inondation, celui des labours et de l'ensemencement, et celui des récoltes.

C'est précisément pendant les mois les plus chauds de l'année, alors que le soleil darde ses rayons avec plus de force, durant de plus longs jours, et que la terre desséchée a le plus besoin d'être abreuvée, que la crue du Nil a lieu et lui apporte la salutaire influence de ses abondantes eaux.

Pendant leur séjour en Égypte, les savants français ont constaté, par des expériences répétées, que lors des plus basses eaux, la dépense moyenne du fleuve était de 782 mètres cubes par seconde. Elle est neuf fois plus considérable dans le temps de l'inondation.

L'abondance, ou le manque de récolte, dépend de la quantité d'eau plus ou moins forte apportée par ce fleuve, la providence de l'Égypte. Aussi les anciens peuples de cette contrée prétendaient-ils qu'il était le rival du ciel, puisque sans le secours des pluies, il arrosait les campagnes; ils lui dressèrent des autels comme à un Dieu, et instituèrent des fêtes en son honneur.

C'est encore aujourd'hui la plus grande fête de l'Égypte, que la proclamation de la hauteur de la crue du Nil, si elle a atteint celle désirée pour l'abondance des récoltes. Le Vice-Roi, ou le gouverneur du Caire, vient donner le signal de son entrée dans le canal du Caire, au milieu de l'allégresse générale. Entre autres cérémonies de ce jour d'ivresse, les anciens avaient l'usage de consacrer une jeune vierge au fleuve et de la précipiter dans ses eaux. A présent on se contente d'y jeter une statue de terre, que l'on nomme la *Fiancée* du Nil.

Des nombreuses divinités égyptiennes, celle de ce fleuve a le plus longtemps survécu à toutes les autres. Jusque vers la fin du vi° siècle on croyait encore dans quelques parties de l'Égypte à l'existence du dieu Nil, se montrant à moitié caché dans l'eau sous la forme d'un géant effrayant, à la poitrine large et aux bras vigoureux.

L'espoir des cultivateurs se réglait donc sur le degré de l'inondation de ce fleuve. Autrefois les tributs étaient établis proportionnellement à son élévation. Dans ces anciens temps, les laboureurs en étaient exempts lorsque les eaux ne montaient pas à 16 coudées. En effet, l'insuffisance de la crue ne permettant pas de remplir les canaux appropriés aux arrosages, une partie des terres était exposée à rester en friche.

Le Nil joue en Égypte le même rôle que les artères dans le corps humain, avec cette différence que celles-ci sont alimentées par les veines, tandis que la grande artère égyptienne produit les veines du Delta.

La différence d'élévation entre les eaux les plus hautes et les plus basses est d'environ 12 mètres dans la Haute-Égypte, de 8 dans la partie moyenne et de 2 au plus dans la basse.

Des sept bouches par lesquelles le Nil se jetait dans la Méditerranée, il n'en reste plus réellement que deux : celle de Damiette et celle de Rosette.

Afin de retenir les eaux du Nil et d'en régulariser la hauteur, Méhémet-Ali fit établir en 1841 deux barrages contigus, l'un sur la branche de Damiette et l'autre sur celle de Rosette, chacun d'eux pourvu d'écluse. La longueur du premier, formé de 72 arches, est de 523 mètres; celle du second, formé de 61 arches, est de 475 mètres. Ce magnifique ouvrage, construit en pierres de taille et en briques sous la direction de Mongel-Bey, est destiné à maintenir l'eau à 6 mètres de hauteur; mais il n'est point terminé. Vingt millions ont été employés à le commencer et à l'amener à l'état où il est, il ne faudrait plus qu'une dépense d'environ 3 millions pour le terminer, et cependant ce travail, dont l'utilité est généralement reconnue, reste là! la différence de niveau de l'eau entre l'amont et l'aval se borne actuellement à 63 centimètres.

Méhémet-Ali voulait faire détruire une des grandes

pyramides de Gizeh et en faire transporter les pierres pour les employer à la construction de ces barrages. Cet acte de barbarie aurait sans doute été exécuté si Mongel-Bey n'avait prouvé au vice-roi que cela lui coûterait plus cher que de faire tirer des pierres et fabriquer des briques sur place. Cet ingénieur a ainsi sauvé une des grandes pyramides de sa destruction. Méhémet-Ali était, au reste, privé du sentiment des arts; il a fait détruire plus de vingt temples pour employer leur matériaux à la construction de casernes, d'indigoteries et d'autres bâtiments consacrés à l'industrie.

Dans un pays où il ne pleut pour ainsi dire jamais (on compte au Caire deux jours de pluie seulement dans toute l'année, et encore ne tombe-t-elle que pendant quelques heures; on avait regardé anciennement comme un prodige qu'il eût plu une fois à Thèbes); où un vent sec, un soleil ardent, dessèchent rapidement la superficie de la terre, il ne suffit pas aux plantes de rencontrer le sol le plus riche : un élément indispensable leur fait défaut, c'est l'eau.

Lorsque le Nil se retire, ou plutôt son débordement cessant, il rentre dans son lit : la terre grasse, onctueuse, facilement perméable cependant, retient une grande quantité d'eau, et permet aux racines des plantes qui lui sont confiées de trouver leur subsistance pendant un temps plus ou moins long. Mais la sécheresse ne tarde pas à les atteindre, la superficie du sol se crevasse, cette terre argileuse se durcit; c'est alors que le laboureur vient au secours de ses cultures.

Un grand nombre de canaux établis dans toutes les parties du Delta jouent le rôle de réservoirs des eaux du Nil. Des saignées intelligentes y sont pratiquées; l'eau amenée par des rigoles, vient étancher partout la soif des plantes, et par sa salutaire influence, jointe à celle des fortes rosées d'été, elle s'oppose à leur complète destruction. Une fois la terre ensemencée, tous les soins des fellahs (on nomme ainsi les cultivateurs) se portent donc sur les irrigations : c'est la science indispensable.

Lorsque l'eau vient à baisser dans les canaux, et que son niveau est inférieur aux terres à arroser, les irrigations se font de deux manières : pour les terres qui les avoisinent, on creuse dans la berge un trou plus profond que le canal, et l'on y fait arriver l'eau par une saignée. Une forte perche élevée horizontalement sur un morceau de bois, ou une espèce de pyramide en terre, supporte à l'un de ses bouts, suspendu par une corde, un panier fait de feuilles de palmier, et appelé *couffe*, et l'autre bout est chargé d'une grosse pierre. Cette machine bien simple se nomme *chadouf*. On appuie sur la corde pour plonger la couffe dans l'eau. Lorsqu'elle est pleine, la pierre fait bascule et élève cette couffe dont l'eau est versée dans une auge de terre. Elle s'en écoule dans des rigoles préparées d'avance et assez multipliées pour que toute la superficie du terrain soit bien trempée d'eau. Un seul homme est employé à ce travail, qui est continuel pendant l'été.

Les couffes laissent, il est vrai, retomber beaucoup d'eau ; elles sont même souvent percées ; mais le fellah n'y regarde pas de si près ; en plein soleil, presque nu, il fait ce travail assez vivement, et remédie à la déperdition de l'eau par le temps plus prolongé qu'il met à la puiser.

L'autre moyen est employé pour irriguer les terres éloignées des canaux. Il consiste à creuser une espèce de puits jusqu'à la profondeur de 3 ou 4 mètres ; c'est là que l'on rencontre presque partout de l'eau retenue par un sous-sol glaiseux, plus ou moins pur, dont les habitants se servent pour faire leurs poteries, principalement dans la Haute-Égypte. Une rondelle de bois de sycomore le plus généralement, nommée *kanziré*, est posée au fond du puits, après une cérémonie religieuse pour invoquer la protection du Prophète, et la maçonnerie est établie dessus. Puis le manége est placé. Une grande roue dont les jantes sont creuses et percées de trous, ou bien garnies de pots de terre cuite faisant l'office de godets, tourne verticalement au moyen d'une autre roue horizontale qui s'y engrène grossièrement, et qu'un cheval, un bœuf ou un chameau fait marcher. Ces jantes creuses ou ces pots se remplissent d'eau qu'ils déversent dans une auge élevée d'où elle est conduite dans des rigoles.

L'invention des roues à chapelets est due aux Égyptiens.

Les puits sont inépuisables, tant est abondante la nappe d'eau qui gît au fond de ces couches accumulées de limon. Ces manéges primitifs sont faits en bois, crient sans cesse, car jamais les fellahs n'ont l'idée d'en graisser les dents inégalement distancées, et s'appellent *sakiehs*.

Le sous-sol est, ou calcaire, ou glaiseux.

Il faut le répéter, la principale industrie des cultivateurs égyptiens consiste à bien irriguer leurs terres : et cela est d'autant plus facile que l'eau bourbeuse du Nil, pendant l'inondation, commence à déposer son limon sur les bords des canaux dont elle élève successivement le sol. Elle n'arrive sur les parties plus éloignées que de plus en plus épurée, en établissant une légère déclivité qui permet aux rigoles de laisser naturellement couler l'eau sur les terres les plus basses.

Aussi les parties les plus productives sont-elles les plus rapprochées des canaux, où une plus forte épaisseur de ce limon, tenu en suspension, se trouve déposée chaque année. On a calculé qu'un volume d'eau de 50 mètres cubes par jour était suffisant en moyenne pour irriguer un hectare de terre.

Tous les ans les principaux canaux sont nettoyés et ils devraient être amenés à la profondeur nécessaire pour recevoir et conserver la plus grande quantité possible d'eau ; mais cela n'est pas toujours exécuté. La terre de ces curages est jetée sur les berges, en haut desquelles sont pratiqués ces sentiers poudreux incessamment fréquentés par les habitants et leurs bêtes de somme. Il existe bien d'autres chemins à distance ; mais, comme ceux qui bordent les canaux, ils ne sont point viables pour les voitures.

Beaucoup de terres sont imprégnées de sel et improductives. Si elles étaient cultivées et par conséquent irriguées abondamment, ce sel se trouverait enlevé, et elles deviendraient très-productives, ce qui est arrivé à un grand nombre d'entre elles.

Les Égyptiens n'emploient dans leur culture qu'une charrue, un chariot à battre les récoltes, une espèce de houe plate à long manche, et une mauvaise faucille ; ils suppléent avec leurs mains à la pénurie de leurs instruments aratoires.

La charrue se compose d'un morceau de bois tortueux, long de 3 mètres environ, courbé vers la terre à son extrémité, afin d'entrer à tenon dans un autre morceau de bois tout aussi grossier de 1 m. 30 c. environ de longueur, placé horizontalement et armé d'un soc en fer de lance très-étroit. Une espèce de gros bâton, fiché dans le bout postérieur de ce porte-soc, sert à faire pénétrer le fer dans la terre en appuyant plus ou moins dessus.

Cette charrue, la seule qui soit employée dans toute l'Égypte, est traînée au moyen d'une corde attachée à l'extrémité du long morceau de bois et passée autour d'un joug. Celui-ci porte, par ses bouts, sur le col de deux bœufs, et comme il est très-long, ces animaux se trouvent ainsi fort éloignés l'un de l'autre.

L'attelage se compose de deux bœufs. Très-souvent un de ceux-ci a pour accolyte un mulet ou un chameau. Mais c'est toujours le joug qui est employé ; le mulet, comme le chameau, est obligé de tirer par l'épine dorsale, quoique la plus grande force de ce premier animal surtout réside dans le poitrail. Il souffre de la pression du joug sur le garot, tire avec peine ; mais le fellah n'est ni assez humain ni assez clairvoyant pour s'en apercevoir. C'est d'ailleurs un vieil usage, et il lui faut bien se garder de le changer.

Il n'a pour conduire son attelage ni guides ni fouet, quelques mots lui suffisent ; les animaux habitués à ce travail en prennent à leur aise. Quand l'un deux n'y est pas encore fait, un homme ou plus souvent un enfant, le conduit par la bride. On voit ainsi une mule menée par un nègre aveugle qui lui-même est guidé par une jeune fille le tenant par la main.

On conçoit qu'un tel attelage ne débite pas beaucoup d'ouvrage ; mais ce qui n'est pas fait un jour est remis au lendemain sans que le cultivateur s'en préoccupe.

La charrue ne retourne pas la terre, elle la divise seulement à une assez grande profondeur, parce que le labourage n'a lieu qu'après une forte irrigation du terrain. Terrain doux et facile à travailler, qu'un second labour en travers prépare assez bien. Les trop grosses mottes sont ensuite cassées à coups de tête de houe.

Le chariot à battre les grains se compose d'une espèce de traîne de 1 mètre 80 centimètres de longueur environ, portant trois rouleaux de bois armés de disques de forte tôle, espacés de 18 centimètres et placés en échiquier. Ils ont 35 centimètres de diamètre, dépassent les rouleaux de bois et font sortir le grain de l'épi en roulant dessus les gerbes étendues sur leur passage.

Ce chariot, qui va toujours en tournant autour de la petite meule jusqu'à son épuisement, est traîné par deux bœufs ou autres bêtes de trait, et pour augmenter son poids un siége de bois est établi sur la traîne, deux hommes peuvent y trouver place, ou à leur défaut de fortes pierres. Pendant qu'un homme guide cet instrument appelé *norek*, un autre étale successivement les gerbes à battre.

Ce mode de battage présente pour le cultivateur égyptien l'avantage de hacher la paille, et pour que cette opération soit complète, il laisse ses gerbes longtemps exposées au soleil. Ce n'est que lorsqu'elles ont acquis un grand degré de siccité qu'il en entreprend le battage, ou plutôt le hachage. Le grain quitte alors plus aisément son enveloppe, et la paille est brisée plus menue. Ce système a pour but aussi de faciliter le vannage qui se fait en soulevant avec un long bâton cette paille hachée en grande partie, la secouant vivement en l'air pour en faire tomber le grain, et la rejetant ensuite sur le côté.

Le grain resté à terre est ramassé, mais il est fort sali par la fiente des animaux qui ont longtemps passé et repassé dessus, et par une grande quantité de terre; car jamais les fellahs ne prennent le soin de former une aire pour le battage de leurs grains. Cette opération se fait à la première place venue au milieu des champs.

La crainte de la pluie ne préoccupant aucunement le cultivateur, il laisse longtemps ses grains sur place, mêlés avec la paille; ils acquièrent ainsi plus de qualité. Il ne les vanne que pour les porter au marché ou les vendre dans le champ même.

Un autre instrument de culture, si l'on peut lui donner ce nom, est une planche épaisse, d'environ 2 mètres de long; elle est traînée à plat par des bœufs et sert à unir la terre aussitôt après le labour, pourvu toutefois que celle-ci soit encore humide à la superficie. Le cultivateur se tient sur cette planche pour en augmenter l'effet par le poids de son corps. Elle supplée à la herse inconnue en Égypte.

Si les cultivateurs égyptiens n'ont apporté aucun changement dans l'emploi séculaire de leurs instruments aratoires, aussi grossiers que peu nombreux, il n'en a pas été de même de la nature de leurs cultures, depuis un petit nombre d'années. L'appât du gain a fait miracle parmi eux; il les a poussés à sortir de leur routine habituelle et à entreprendre de déposer dans leurs terres le germe d'une fortune inattendue pour eux. Aussi les a-t-on vus se précipiter à l'envi, avec une ardeur qui ne leur était pas naturelle, sur cette culture du coton qui a été pour eux une véritable mine d'or.

Les cultures les plus générales de l'Égypte sont : le blé, l'orge, le doura, le maïs, les fèves, le riz, le trèfle blanc, et depuis quelques années une grande quantité de coton.

Le blé est à longues barbes, et le climat en fait toujours un blé dur. Il n'y a pas d'époques bien déterminées pour le semer ; elles dépendent de la crue du Nil et de la température plus ou moins chaude des diverses latitudes de l'Égypte.

Ainsi, dans le Saïd, ou Haute-Égypte, aussitôt que le Nil s'est retiré, vers le mois d'octobre, on sème le blé sur la terre encore humide, sans aucun labour préalable, il s'y enfonce par son propre poids et y prend racine ; souvent on le recouvre par un labour assez profond ; il est récolté dans le mois de janvier.

Dans le Delta, ou Basse-Égypte, on donne deux labours croisés, on sème et on recouvre par un léger labour. Les cultivateurs ont soin de diviser leurs champs de blé en compartiments de 2 mètres carrés environ, par des rigoles, dans lesquelles ils font arriver l'eau lorsque la plante en a besoin. Ces rigoles ainsi multipliées humectent les racines de toute la plantation.

Mais dans une même contrée, l'époque de l'ensemencement n'est pas plus réglée que celle de la récolte. Cela dépend de l'activité, du caprice du fellah. On voit à la fin du mois d'avril récolter des champs de blé dont les voisins, faits tardivement, sont encore tout verts.

Lors de la récolte, toute la famille, hommes, femmes et enfants se mettent à genoux en ligne, le long d'une pièce de blé, et coupent à la faucille, ou plutôt arrachent à la main la tige desséchée et très-dure à couper. Dans le Saïd principalement les céréales sont arrachées ; cet usage n'existait sans doute pas dans l'antiquité, car toutes les sculptures et peintures de ce vieux temps représentent les moissonneurs armés d'une faucille. La faux est tout à fait inconnue en Égypte.

Quand le champ à récolter appartient à quelque pacha ou personnage puissant, on voit les moissonneurs travailler côte à côte en ligne, et toujours à genoux. C'est qu'alors une levée de travailleurs des deux sexes a été faite dans un des villages voisins, et qu'il leur a fallu tout quitter pour venir couper gratuitement le blé du despote. On compte ainsi plus de cinquante personnes occupées à récolter une pièce de terre d'un demi-hectare d'étendue.

Le blé est ensuite lié en grosses gerbes au moyen de cordes, et placé en tas en attendant qu'il soit devenu assez sec pour être livré au battage. Il ne produit pas plus de sept à huit pour un dans les bonnes années et seulement cinq à six lorsque l'inondation n'a pas été favorable.

La crue du Nil n'ayant pas été suffisamment forte en 1864, le manque d'eau a rendu les récoltes très-médiocres. Le vice-roi prévoyant le mécontentement de son peuple et voulant le conjurer, a fait acheter une grande quantité de blé, récolté à la fin de février 1865 dans la Haute-Égypte, au prix de 20 francs l'hectolitre, pour le revendre aux gens nécessiteux en perdant plutôt sur ce prix qu'en cherchant à y gagner.

Le *Taouely* est le froment le plus beau, donnant le pain le plus blanc et de meilleur goût; il n'est guère cultivé que dans la Haute-Égypte.

L'orge se cultive, se récolte et se bat comme le blé. On fait une grande consommation de ce grain en Égypte. Il entre à la vérité en petite quantité dans le pain, mais mêlé à de la paille hachée, il constitue la principale nourriture des chevaux pendant neuf mois de l'année. L'orge se vend le même prix que le blé, environ 20 francs l'hectolitre.

Le doura est une plante très-répandue et très-anciennement cultivée dans tout le pays. C'est un millet dont il existe plusieurs variétés. Il se sème en paquets espacés entre eux de 40 à 50 centimètres. Avant de confier à la terre les graines du doura séïfi, les fellahs les mettent tremper dans des vases pleins d'eau, ils les en retirent au bout de 24 heures pour les placer dans des paniers couverts qu'ils exposent à la chaleur juqu'à ce que les germes apparaissent, ce sont les bonnes graines ; toutes celles qui n'ont point germé sont rejetées. Lorsque les pousses sont parvenues à 80 centimètres environ de hauteur, on sarcle, et on arrache les plus faibles pour n'en conserver que deux par poquet. Le doura produit une graine rouge, tendre et plate, ayant la forme d'une petite lentille, et c'est la nourriture la plus habituelle des cultivateurs. Ils le mangent sous forme de crêpe ou de galette, et en donnent à leurs volailles. Ce grain est celui qui se multiplie le plus en Égypte, où l'on dit qu'il rend plus de cinquante pour un, et le doura seïfi jusqu'à quatre-vingts dans les bonnes années. La tige atteint jusqu'à la hauteur de plus de 3 mètres, celle du nili a 2 mètres, celle du chami est la moins haute. Toutes ces tiges sont employées à recouvrir les toits plats des maisons et servent à chauffer les fours. Le seïfi, qui est un sorgho, est plus particulièrement cultivé dans la Haute-Égypte, et le chami, qui est le maïs, dans la Basse. Dans les cantons où les arrosages sont faciles, on en fait deux ensemencements de suite dans la même terre. Le premier est récolté en octobre ou novembre et le second en mars ou avril de l'année suivante.

On ne cultive en Égypte ni seigle ni avoine. On prétend que ce dernier grain y formerait une nourriture trop échauffante pour les chevaux.

La culture des fèves est répandue dans presque toutes les parties de ce pays. Les habitants mangent ce légume, mais c'est la nourriture par excellence des animaux domestiques auxquels on les donne concassées au moyen d'un petit moulin portatif appelé *rahhaïé*. La récolte s'en fait avant celle du blé, et le battage a lieu suivant la méthode adoptée pour ce dernier grain. Les cosses et les tiges hachées sont employées comme fourrage.

Cette culture n'a pourtant point existé dans tous les temps. Autrefois les Égyptiens ne semaient jamais de fèves dans leurs champs, et si quelques-unes y poussaient naturellement, ils ne devaient les manger ni crues ni cuites. Les prêtres ne pouvaient même en supporter la vue, et ils les considéraient comme un légume entaché d'impureté.

Le riz qui, suivant le dire des Égyptiens, doit avoir

le pied dans l'eau et la tête au soleil, entre pour une grande part dans les produits égyptiens. On ne le cultive guère que dans la partie la plus basse du Delta, aux environs de Rosette et de Damiette. L'espèce appelée *Mezelaoui*, la plus belle d'Égypte, se récolte dans les plaines des alentours de cette dernière ville. Celui de Rosette est connu sous le nom de *Sultani*. Repiqué dans les rizières en juillet, il est récolté dans le mois de novembre. Le Fayoum en produit cependant une certaine quantité qui est consommée sur place. C'est une nourriture trop chère pour le bas peuple. Les Égyptiens ont adopté la bonne habitude de renouveler très-souvent l'eau qui couvre leurs rizières; elle n'y croupit jamais, en sorte que l'air n'est nullement malsain dans les environs de ces cultures, ainsi que cela arrive très-fréquemment en Europe.

Mais de toutes les cultures, la plus généralement répandue, la plus agréable à l'œil dans un pays presque dépourvu d'arbres et brûlé par le soleil, c'est le trèfle blanc qui, pendant trois mois de l'année, donne à l'Égypte l'aspect d'une immense prairie.

A la suite de toutes les récoltes d'automne et d'hiver, les fellahs sèment très-épais ce trèfle sur la terre, préalablement couverte d'eau, et n'enterrent point la graine qui prend très-promptement racine dans cette boue noire. C'est la seule espèce de fourrage qu'ils cultivent; ils l'appellent *bersim*. Il y en a de deux espèces : l'une qui donne cinq coupes et l'autre trois; celle-ci est la plus générale.

Leurs animaux domestiques, nourris de sec pendant les trois quarts de l'année, se jettent avec avidité sur cet excellent fourrage qui devient presque leur unique nourriture pendant les trois ou quatre premiers mois de l'année, et l'on assure qu'ils succomberaient (les chameaux et les ânes surtout) si l'on continuait à les nourrir plus longtemps de fèves et de paille hachée, et si l'on ne substituait pas à cette nourriture un aliment rafraîchissant comme le trèfle.

Les deux premières coupes en sont faites avant qu'il n'ait fleuri, et la troisième lorsqu'il est en pleine floraison, à un mois d'intervalle entre elles à peu près; mais plus habituellement cette dernière est mangée sur place, et alors ces prairies artificielles se trouvent couvertes de bestiaux de toutes les espèces et offrent beaucoup de ressemblance avec les herbages riches et plats de notre Normandie.

On ne fane qu'une très-faible quantité de ce trèfle pour être conservée et donnée sèche aux animaux; c'est le trèfle qui n'a pu être consommé; ou bien ce reste d'approvisionnement est enterré dans les labours de printemps, et l'on sème par-dessus du doûra ou du coton.

La même terre produit ainsi en seize mois une récolte de maïs, trois coupes de trèfle et du coton.

On pourrait sans doute acclimater la luzerne en Égypte. Il s'en est fait quelques essais qui réussissent dans le domaine du Ouady. Elle offrirait le grand avantage de procurer d'excellent foin sec aux bestiaux quand il ne s'en trouve plus de vert.

Aujourd'hui la culture la plus productive de l'Égypte est sans contredit le coton.

Le cotonnier (gossypium herbaceum, arboreum, religiosum), le byssus des anciens, un des genres de la famille des *malvacées*, était autrefois cultivé dans la Haute-Égypte et même dans quelques parties de la Basse; il servait à la confection des toiles dont se vêtissent les habitants, et le surplus était exporté. Mais depuis que le prix s'en est singulièrement élevé, sa culture s'est étendue à toutes les parties de l'Égypte.

Voici comment elle est pratiquée :

En mars et avril, le terrain ayant reçu deux labours, est disposé en sillons; des poquets sont faits sur les côtés des ados et l'on y sème cinq à six graines, qui sont recouvertes de terre; puis à mesure qu'une partie du champ est ainsi semée, on y amène l'eau, en ayant soin de ne l'y faire arriver que successivement et lentement afin que la terre s'en imbibe davantage. Les cultivateurs préfèrent beaucoup semer le coton dans une terre sortant de produire du trèfle, parce qu'elle a été engraissée par le séjour des bestiaux occupés à brouter sa dernière végétation.

Lorsque les pousses le permettent, on arrache les plus faibles pour ne laisser qu'un seul pied par poquet. Ils se trouvent ainsi espacés de 70 à 80 centimètres en tous sens.

La plantation est ensuite irriguée tous les huit ou dix jours, et elle est sarclée deux ou trois fois pendant le cours de la végétation.

Le cotonnier présente à la fois des boutons, des fleurs et des capsules mûres. Cette maturité successive permet de faire trois récoltes : la première à environ cinq mois de l'époque du semis; la seconde un mois ou six semaines après, et la troisième vers le mois de décembre. La meilleure récolte est la seconde.

L'espèce de cotonnier la plus généralement cultivée est annuelle. L'espèce vivace est coupée à 15 centimètres de terre environ; mais elle donne une récolte inférieure à celle de la première année.

Le coton d'Égypte est reconnu être d'une belle qualité, et ce qui contribue à la rendre parfaite, c'est l'absence de pluie. Un seul jour pluvieux entraînerait la perte de toute la récolte s'il arrivait à l'époque où les capsules s'ouvrent pour laisser échapper leur produit.

L'Égypte trouve en outre un précieux avantage dans l'abondance relative de la production de son territoire. Dans l'Inde, un hectare de terre ne donne que 80 kilos de coton; en Égypte, il en produit 350 et même jusqu'à 500 dans les meilleures cultures; et il s'est vendu jusqu'à 5 francs le kilo. Aujourd'hui il ne vaut pas la moitié de ce prix.

La vente du coton, au taux élevé de ces dernières années, a fait répandre de l'or à profusion jusque dans les plus petits villages. Il était acheté, payé d'avance par une foule de spéculateur. Des machines à égrener ont été établies à grands frais par des Européens dans toutes les parties de l'Égypte, et leurs propres et régulières constructions y contrastent singulièrement avec les noires et sales habitations des fellahs.

La production du coton a plus que quintuplé depuis six ans.

Divers cotons ont reçu le nom des territoires où ils sont cultivés. Il y a ainsi :

Le fayoum, toujours mal nettoyé.

Le sennaar, provenant de la province Soudanéenne.

Le Saïd, venu de la Haute-Égypte, et dont la qualité est supérieure.

Il y a très-peu de temps on ne voyait partout que coton, on ne parlait que coton, la fièvre cotonnière avait envahi l'Égypte. Dans la seule province de Sherquié, dont Zagazig est la ville principale, on a récolté, en 1864, 160,000 quintaux métriques de coton, et cette province ne forme guère que la dixième partie du Delta. Dans celles de Dahalieh, Guerbieh et Cergieh, les récoltes ont été très-bonnes. Il faut dire aussi qu'il a été ensemencé un tiers en plus cette année 1864.

La capsule contient 66 p. cent de graines et 34 de coton. Bien nettoyé, le coton ne représente en poids que le quart environ de cette matière non égrenée.

On retire de la graine 16 à 18 p. cent d'huile bonne à manger, et le reste est converti en tourteaux.

En avril 1865,

La graine de coton valait 130 fr. la tonne ou 1,000 kilogr.;

L'huile qui en est extraite, 105 fr. la tonne;

Les tourteaux, 75 fr. la tonne ;

Le tout pris sur place.

Ces tourteaux coûteraient, en outre, pour le chargement en bateau, 5 fr.; pour le transport d'Alexandrie à Marseille, 12 fr. — Total, 92 fr. la tonne.

Ils ont l'inconvénient de retenir une trop grande quantité de parcelles de coton, ce qui les rend difficiles à digérer pour les bestiaux. Les chevaux mêmes les refusent.

On ne retire pas d'huile de toutes les graines. Celles des cotons de première qualité, tels que ceux de la province de Sherquié, et qui sont vertes, en contiennent peu; d'ailleurs le duvet qui enveloppe la graine, et qui ne peut en être détaché, retiendrait toute l'huile que la pression ferait sortir de l'amande.

Ce sont les cotons à soie courte, tels que ceux de la province de Mansourah, dont les graines contiennent la plus grande quantité de matière oléagineuse. Ces graines peuvent être presque entièrement débarrassées de leur duvet et sont noires.

La culture de cette plante est au reste très-ancienne en Égypte. L'usage des toiles de coton remonte à la plus haute antiquité. Les bandelettes de toile qui emmaillotaient les momies étaient en coton, et la religion s'opposait à ce que celui qui avait participé aux mystères orphiques ou bachiques fût enseveli dans un linceul de laine.

Mais la qualité du coton comme la quantité récoltée étaient toujours restées médiocres. C'est à une cause accidentelle que ce pays doit sa richesse cotonnière.

En 1820, un Français nommé Jumel, qui avait résidé quelques années en Amérique, se rend au Caire. Il y reçoit l'amicale hospitalité d'un officier turc nommé Maho-Bey, ancien gouverneur de Dongola et du Sennaar, qui avait rapporté diverses graines de plantes éthiopiennes et les avait semées dans son jardin. En s'y promenant avec son hôte, Jumel remarque un arbuste portant des gousses de coton d'une espèce très-belle et nouvelle pour lui. Sans rien dire qui puisse éveiller les soupçons de Maho-Bey sur la valeur de sa découverte, il en obtient des renseignements pour la culture de cette plante et même quelques graines.

Il s'associe avec un négociant du Caire, se procure une pièce de terre au village de Matarieh, près de l'obélisque d'Héliopolis, et commence une petite plantation. Le produit est de 3 balles de coton qui sont embarquées pour l'Europe et reconnues de très-belle qualité.

Jumel va trouver le vice-roi, lui présente un projet de culture destiné à accroître considérablement ses revenus, et demande 100,000 fr. pour son secret. Méhémet-Ali accepte.

Des plantations étendues de ce produit supérieur sont alors établies dans la Basse-Égypte, pour le compte du pacha; Jumel en prend la direction, et dès 1823 la récolte s'élève à 148,276 balles de coton de 217 livres chacune, d'une qualité remarquablement belle.

Si la culture avait suivi la même progression, les exportations égyptiennes de ce précieux textile auraient pu, dès cette époque, rivaliser avantageusement avec celles de l'Amérique. Un feddan produit 300 livres de coton égyptien. Quelques cultivateurs prétendent que s'il était semé en graines américaines il rendrait le double de coton.

Cette espèce, originaire d'Éthiopie, a reçu la dénomination de coton Jumel; les Anglais lui ont donné celle de Maho-Bey ou Mako.

Le domaine seul du Ouady a produit en 1864 aux cultivateurs une vente de coton dépassant 3 millions de francs.

Avant la guerre civile d'Amérique, la production du coton en Égypte se bornait à 500,000 cantars (le cantar représente environ 50 kilogrammes).

En 1839 et 1840, le coton longue soie Seaisland valait de 90 c. à 1 fr. 50 c. la livre, et le coton courte soie de 60 à 65 c. la livre, rendu au Havre.

En 1861, l'Égypte exportait 600,000 cantars, sans compter ce qu'elle gardait pour son usage.

En 1862, l'exportation montait à 820,000 cantars.

En 1863, elle était de 1,287,055 cantars. Elle avait donc doublé en deux ans.

D'un autre côté, le cantar était plus que doublé de prix.

L'Angleterre seule a importé en 1864 pour 37,500,000 fr. de coton égyptien.

La culture du coton ne réussit, et par conséquent n'est profitable, que dans les pays où les pluies ne sont point à craindre pendant la floraison; car si l'eau pénètre dans la gousse, elle altère ou détruit le coton. Il suffit à la plante de recevoir des irrigations aux racines.

La récolte du coton est généralement faite par des femmes et des enfants dont les doigts sont plus minces et pénètrent plus aisément dans les capsules sans les briser. Munis d'un sac placé en bandoulière et d'un tablier à poche, ils entrent dans les plantations lorsque la rosée est dissipée, maintiennent d'une main la capsule et de l'autre enlèvent le coton ayant atteint une parfaite maturité.

Mais l'Égyptien, si routinier par nature, voyant une riche source de profit dans la culture du coton, a cru possible, ou du moins a essayé d'en toujours demander à la même terre. Celle-ci, fatiguée par d'abondantes récoltes de cette plante épuisante, n'a plus donné que de faibles produits, la moitié, le quart même de ce qu'elle offrait dans le principe.

D'un autre côté, la fin de la guerre d'Amérique, qui a eu pour résultat une baisse considérable sur le prix du coton, est trop promptement venue mettre un terme aux magnifiques profits que cette culture apportait à l'Égypte.

Le coton n'est donc plus pour elle cet Eldorado, cette mine d'or, qui faisait tourner toutes les têtes comme si elle devait être inépuisable.

On fabrique à Alexandrie un savon noir avec les résidus de l'épuration de l'huile de coton et le natron répandu en abondance dans les lacs desséchés. Ce savon est, dit-on, plus doux au linge que celui où entre la soude. Il se vend, pris à Alexandrie,

55 fr. les 100 kilogr., et le transport de cette ville à Marseille coûte 12 fr. par tonne.

Les assolements ne sont pas soumis en Égypte à un régime bien régulier. Chaque cultivateur agit à cet égard suivant ses idées personnelles et fatigue plus ou moins sa terre, en tenant compte néanmoins de la force plus ou moins grande de l'inondation pour le choix des espèces de graines à lui confier.

Il est reconnu que le coton fructifie très-bien immédiatement après des récoltes de trèfle, de riz, même de doura ou de blé ; que le maïs réussit également après un blé coupé au printemps. La terre est alors irriguée, labourée, semée, et le maïs est mûr au mois de septembre. Le trèfle blanc se sème après toutes les natures de récoltes.

Parmi les autres produits, on doit citer :

La canne à sucre, cultivée dans la Haute-Égypte et en petite quantité auprès du Caire. Autrefois cette culture était très-étendue et les Égyptiens exportaient du sucre dans un grand nombre de pays. Il faut aujourd'hui leur en importer.

Le tabac, que les fellahs plantent de préférence autour de leurs habitations et que le Saïd fournit en abondance. Il est d'une qualité très-inférieure. Les Arabes le fument dans de longues pipes, et toujours assis ; on ne les voit jamais fumer en marchant ni en travaillant, comme le font les Européens.

Le henné, arbrisseau dont les feuilles séchées et

macérées dans l'eau donnent la couleur rouge orange avec laquelle les femmes et les enfants se teignent les ongles et même la paume de la main et la plante des pieds. Les fleurs fraîches, qui sont vendues dans les villes, pendant les six derniers mois de l'année, sont très-recherchées des Égyptiennes à cause de la forte odeur qu'elles répandent; et fanées, elles servent encore à parfumer le linge dans les coffres et les armoires.

Un auteur du siècle dernier rapporte que la matière colorante du henné, mélangée à des noix de galle, servait aux vieilles femmes égyptiennes à faire passer leurs cheveux du blanc au noir; qu'on teignait aussi avec cette première plante les chameaux au moins une fois l'année, tous les moutons après la tonte, les petits poussins au sortir du four d'incubation, quelquefois les poules attaquées de vermine, et surtout les mules, chevaux et chameaux devant servir aux caravanes du pèlerinage de la Mecque; que pétrie avec de l'huile de lin la pâte de feuilles de henné formait des cataplasmes pour la guérison des ulcères des bêtes de charge. Il s'en faisait en conséquence une immense consommation dans le pays et une quantité considérable était exportée tous les ans en Turquie.

Le lin, qui n'est récolté que lorsque les graines sont parvenues à leur parfaite maturité, pour en extraire de l'huile, et dont la tige sert à faire des toiles grossières.

L'Égypte en produisait autrefois une grande quantité et les toiles de ses nombreuses fabriques étaient exportées en Arabie, en Syrie, en Turquie et même en Italie. Le rouissage à l'eau courante des canaux produit le fil de lin blanc, celui opéré dans les eaux stagnantes des fossés donne le lin noir.

Entre autres usages de l'huile extraite de sa graine, on peut citer celui d'en faire avaler un petit verre au malheureux qui a reçu la bastonnade.

La culture de cette plante était donc plus étendue dans les anciens temps où l'on interdisait aux prêtres égyptiens de se vêtir d'autres étoffes que de celles faites avec du lin, et lorsqu'ils mouraient, leur religion défendait de les ensevelir dans tout linceul fait d'un autre tissu. Quelques critiques ont cependant prétendu que ce dernier n'était pas autre chose que du coton, et se sont mis ainsi en contradiction avec Hérodote, Plutarque et d'autres auteurs.

L'indigo, qui est employé, très-mal préparé, à la teinture des étoffes : les femmes en Égypte ne portent guère que des vêtements bleus de toile ou de coton.

Sous Méhémet-Ali, l'indigo était cultivé sur une grande échelle; mais aujourd'hui cette culture a bien perdu de son importance. Dans le petit nombre d'endroits où elle persiste, elle n'est plus que faiblement productive. Cette plante exige une terre légère et bien préparée. Voici comment elle est cultivée en Égypte :

On divise le terrain par des rigoles, en carrés de 1 mètre 50 centimètres environ; on sème la graine en mars, elle lève en peu de jours, et la plante est irriguée quatre fois jusqu'aux chaleurs de la fin de mai. A cette époque on fait une première récolte. On irrigue encore deux fois, et l'on obtient une seconde coupe vers le milieu de juillet. On mouille de nouveau deux fois pour faire une troisième coupe à la fin d'août.

Après les grandes chaleurs, le principe de l'indigotine ne se développe plus; il devient alors inutile et même nuisible de chercher à obtenir de nouveaux produits, car cela épuiserait la plante. Toute irrigation cesse donc; on laisse passer l'hiver pendant le cours duquel la végétation reste stationnaire, pour reprendre les récoltes au printemps.

L'indigo est vivace et donne de bons produits pendant trois années consécutives.

La préparation de cette plante en vue d'en obtenir la matière colorante, exige de grands soins et beaucoup d'habitude. On la met d'abord macérer pendant douze heures dans de l'eau chauffée à 50 degrés; on verse ensuite cette pâte dans des vases de terre où elle est fortement pilée; on laisse reposer et l'on décante l'eau. La matière colorante qui est verte se dépose au fond du vase, d'où elle est retirée pour être placée dans des formes. L'influence de l'oxygène de l'air la fait tourner au bleu.

Ibrahim-Pacha a tenté en vain d'acclimater la cochenille auprès du Caire.

L'Égypte produit toutes les espèces de légumes de l'Europe, à l'exception de la pomme de terre. Des essais pour l'introduction de ce précieux tubercule sont restés infructueux. Il ne manque pas néanmoins ni à Alexandrie ni au Caire; mais il est importé d'Europe.

Dans la Haute-Égypte les lentilles sont cultivées en grande quantité, elles ne réussissent pas bien dans le Delta. Les fellahs et les habitants pauvres des villes en font une partie de leur nourriture quotidienne. Ils les concassent avant de les faire cuire, les mélangent à de la farine de blé ou de doura, les assaisonnent avec de l'huile ou du beurre, et cette bouillie constitue pour le plus grand nombre le repas du soir.

Les Égyptiens cultivent une grande quantité d'oignons blancs, légume chez eux d'un usage séculaire et dont les gens du peuple sont très-friands; ils le croquent tout cru, sans user d'aucun assaisonnement, ainsi qu'ils le font pour les concombres dont ils ne sont guère moins amateurs et qui inondent les marchés dès le mois d'avril.

Quelques plantes potagères sont particulières à l'Égypte et recherchées par ses habitants; telles sont : le *meloukrieh*, dont on fait jusqu'à six ou sept récoltes de mai à novembre — le *bamieh*, espèce de pois mange-tout, comme notre haricot-beurre, dont la cosse de couleur citron et les grains d'un goût musqué sont mangés cuits, il passe pour un excellent diurétique préservatif de la pierre et de la gravelle — le *colcas*, plante bulbeuse, dont on ne mange que la racine présentant sous son écorce une chair blanche et ferme — le *grarbi* et le *calioubi*; beaucoup plus petits, deux espèces de melons à chair très-rafraîchissante; leurs graines légèrement torréfiées sont croquées comme passe-temps par les femmes et les enfants — l'*abazis*, dont on ne mange que la racine séchée, elle a, dit-on, la propriété d'augmenter le lait chez les nourrices — l'*hermodacte*, plante bulbeuse des terrains sablonneux, qui vient sans culture et dont les femmes font un grand usage parce qu'elle perfectionne leur embonpoint si attrayant pour les Arabes — le *nénuphar*, plante aquatique dont les racines à pulpe farineuse sont mangées grillées; les fleurs servent à faire un sirop médicinal — le *haricot* d'Égypte, blanc et à germe noir, excellent aliment soit vert soit sec; c'est un légume très-productif.

Le *pavot* était autrefois cultivé en grande quantité dans la Haute-Égypte et son produit était recherché. L'*opium de la Thébaïde* jouissait d'une véritable réputation et passait pour le meilleur qu'il y eut.

En été, les marchés regorgent aussi de pastèques; ces melons d'eau fournissent plutôt une boisson qu'une nourriture, et sous un climat aussi chaud que celui de l'Égypte, on recherche beaucoup ce breuvage à raison de son principe rafraîchissant.

Pour obtenir ces pastèques dans les sables arides des environs d'Alexandrie, les fellahs creusent des fosses d'une longueur de 50 mètres environ sur 12 de largeur dans le haut et 4 de profondeur, et tout ce travail n'aboutit qu'à l'établissement d'une planche d'un mètre de large dans le fond. Ils y plantent, à un mètre de distance les uns des autres, une seule ligne de plants vers le mois de mars. L'eau d'infiltration se trouvant à 4 ou à 5 mètres au-dessous du sol, les racines de ces plantes rencontrent ainsi au fond des fosses la fraîcheur dont elles ont besoin, et la végétation est d'autant plus active que par son mode d'encaissement la plante se trouve à l'abri d'une atmosphère trop froide durant la nuit, et des vents souvent violents qui règnent aux bords de la mer.

C'est par le même procédé que les fellahs cultivent les melons, les tomates et certains autres légumes.

Dans le désert de Suez, les Bédouins couvrent de culture de pastèques les bassins bas des terres non salées. Les pieds sont semés sur le sol à distance d'un mètre environ ; ils donnent des produits très-abondants qui se vendent sur les campements de la Compagnie du canal maritime jusqu'à 1 fr. pièce.

On apporte encore dans les villes une prodigieuse quantité de pastèques provenant de la Haute-Égypte.

Les plantes ou arbustes desquels on tire les assaisonnements de la cuisine égyptienne sont : l'anis, le basilic, le capillaire, le câprier, le cumin, le fenouil, la menthe, la moutarde, l'origan, le poivron, le sumac.

Les Égyptiens cultivent en outre : le *habet souda*, dont les femmes font usage à l'extérieur pour s'oindre le corps et à l'intérieur pour se faire engraisser — le *selgam* — le *ben* — le *sésame*. Pour en obtenir de l'huile on écrase la graine et l'on en forme une pâte épaisse sur laquelle on verse de l'eau salée; celle-ci a la propriété de séparer l'huile de la fécule en massant le tout avec les pieds ; la fécule dépose et l'huile surnage. Cette dernière se vend actuellement 200 fr. les 100 kilogrammes. Le marc de sésame entre pour une grande partie dans la nourriture des gens pauvres.

Le chanvre, *bast*, existant en petite quantité en Égypte; il sert à la préparation du *hachich*, lequel procure, aux habitants des villes principalement, un état d'ivresse qui leur est agréable.

Plusieurs espèces de favettes.

Des pois chiches qu'ils torréfient pour en obtenir un simulacre de café; mélangés à de l'huile de sésame, on en fait des espèces de dragées dont les femmes et les enfants sont très-friands.

Le lupin qui, salé d'une manière particulière, devient aussi une friandise dont les marchés sont remplis; on lui attribue la propriété de détruire les vers, surtout chez les enfants. La farine obtenue de ce pois est employée par les gens peu aisés, en guise de pâte d'amande à bon marché, pour se laver les mains alors que celles-ci ont joué le rôle de fourchettes et sont tout imprégnées de graisse et d'huile. On s'en sert encore, soit pure, soit mêlée à du jus de citron, sous forme de cataplasme pour toutes sortes de tumeurs, et la fièvre tierce ne résiste pas, dit-on, à sa vertu curative. C'est donc une panacée de grand mérite.

Le fenugrec, employé comme assaisonnement digestif et comme condiment généralement recherché par les femmes en couche pour la guérison des coliques; sa farine, saupoudrée sur les vêtements de laine, tue les vers qui les rongent.

Le *karad*, succédané du tan pour la préparation des cuirs, principalement pour celle du maroquin.

Le *felné*, qui fleurit dans les jardins des environs du Caire pendant neuf mois de l'année et y parfume l'air.

L'*abrous*, dont les fruits rouges servent d'ornement à l'imitation du corail.

L'*ambrette* aux fleurs lilas.

Le *kralaf*, dont la fleur est employée pour combattre toutes les sortes de fièvres.

L'*ammi*, qui a la propriété de détruire les vers.

Le *tamarin*, dont la pulpe enveloppant la graine sert à faire une boisson rafraîchissante.

Le *séné* qui croît sans culture aux environs d'Assouan, ville la plus méridionale de la Haute-Égypte.

Le *chechem*, employé pour guérir les maux d'yeux.

L'*el-gali*, dont on retire de la soude; le sel en a reçu le nom de *al-kali*.

Mais toutes les graines dégénèrent au bout de 2 ou 3 ans; il faut les renouveler.

L'Égypte produit un blé dur, comme en général le sont dans ce pays les autres graines, et avec lequel on prépare un pain excellent; nous parlons de celui qui se vend chez les boulangers, car le pain que mangent les gens du peuple, et qui se fait dans chaque ménage, est d'une qualité très-inférieure.

Le pain blanc valait en 1865 de 50 à 70 centimes le kilogramme, suivant les localités. Les boulangers ne font guère de gros pains, et leurs petits pains qui sont fort bons et de différentes formes, ne sont assujettis à aucun poids.

Il y a quelques années, une compagnie française a fait construire à Alexandrie un bel établissement de meunerie. On y a établi 16 paires de meules, mues à la vapeur, et la masse considérable de farine ainsi obtenue est vendue dans cette ville et dans l'isthme de Suez.

La même compagnie a installé, depuis, un semblable établissement au Caire, sur un vaste emplacement; à peu de distance de la promenade de l'Esbékieh. Il y a là place pour 20 paires de meules auxquelles une forte machine à vapeur donne le mouvement.

De plus, un des bâtiments nouvellement construits renferme 4 paires de meules qui marchent au moyen d'une locomobile; mais elles ne suffisent pas à la demande de mouture de ce qu'on appelle *les petits sacs*. Autrefois les habitants peu aisés moulaient chez eux leur blé, ou se servaient des moulins à vent, maintenant délaissés; ils ont aujourd'hui par extraordinaire changé leurs habitudes à cet égard.

Le grain qu'ils apportent à moudre est un mélange assez sale de froment et d'orge; une fois moulu, sans que le son soit séparé de la farine, ils l'emportent; mais ils s'opposent jusqu'à présent à ce que ce travail soit fait de nuit.

Comme on ne mouille pas le grain avant de le moudre, il s'ensuit que le son se trouve broyé fin et mélangé avec la farine. C'est avec une matière aussi mal préparée que les Arabes font leur pain.

L'abandon des moulins à vent aura, il faut l'espérer, pour effet la destruction de ceux qui environnent Alexandrie; car ces nombreuses tourelles, avec leurs ailes de fer et l'absence de leurs toiles, frappent, à l'arrivée dans la rade, désagréablement la vue; ce sont pourtant presque les seuls bâtiments que l'on aperçoive sur cette terre aride et plate.

Les principaux arbres fruitiers de l'Égypte sont : le palmier-dattier, le bananier, le figuier, l'oranger, le cactus, l'olivier, le grenadier, l'abricotier; mais sauf le premier, qui forme l'ornement productif de presque tous les villages, les autres ne sont guère cultivés que dans les jardins et autour des villes.

Les Égyptiens n'extraient point l'huile des olives, elle serait d'une qualité très-inférieure; ils se bornent à préparer ces fruits pour en faire des conserves dont les Coptes et autres chrétiens d'Égypte font une forte consommation dans le temps de leurs longs jeûnes. Le Faïoum est la contrée où il existe le plus d'oliviers. Avec les petits fruits des abricotiers, on fait une espèce de confiture appelée *michmich* qui est très-agréable au goût.

La vigne, jadis une des plus importantes cultures de l'Égypte, en a disparu depuis l'établissement de l'islamisme, religion qui proscrit l'usage du vin. Il s'en cultive cependant encore quelques plants dans le Faïoum, les Coptes en font un vin blanc que l'on dit très-bon. Mais on trouve presque de toutes les espèces de vins dans les principales villes ; les Européens seuls en boivent, du moins ouvertement.

Le palmier-dattier mérite une mention particulière à raison de la variété de ses produits, car toutes les parties en sont utilisées.

On obtient un sujet en éclatant, dans les mois de mars et avril, un des rejetons d'une année, qui poussent au pied de l'arbre, et on le plante à un mètre de profondeur environ, en laissant autour un large bassin pour pouvoir l'arroser abondamment jusqu'à sa reprise. C'est de la quantité d'eau qu'on lui donne que dépendent la rapidité de sa croissance et sa précocité fruitière. Le palmier provenant ainsi de drageon (*djederi belah*) commence à donner des fruits dès sa cinquième année, tandis que celui venu de noyau (*bezer-nakhleh*) ne fructifie qu'à l'âge de dix ans, et exige en outre beaucoup de soin dans son enfance.

Le palmier est dioïque. Au mois de mai on coupe le faisceau de fleurs d'un sujet mâle et l'on monte en secouer le pollen sur les fleurs d'un sujet femelle, qu'on lie aussitôt, pour empêcher cette poussière fécondante d'être emportée par le vent. On délie quelque temps après les grappes femelles et on les dispose de manière à ne point être gênées dans leur développement.

La nature opérerait sans doute ce mariage végétal; mais le fellah craint que l'absence du vent, ou sa trop grande violence, ne s'opposent à la fécondation qui n'a qu'un temps très-court pour se produire. Il tient pour plus sûr de l'opérer artificiellement : le succès lui donne raison.

Lorsque les dattes sont mûres, vers le mois d'août, le fellah monte facilement dans l'arbre, où l'aisselle des branches successivement coupées forme des aspérités suffisantes pour y poser les pieds. Il a la précaution de passer autour de son corps et de celui de l'arbre une forte corde assez lâche pour lui permettre de se pencher en arrière et de placer entre lui et l'arbre un panier destiné à recevoir les dattes les plus mûres qu'il choisit. Il remonte ainsi plusieurs fois dans le dattier pour faire la cueillette des fruits lorsqu'ils parviennent successivement à leur maturité.

Dès son jeune âge le tronc du palmier atteint la grosseur qu'il doit conserver toute sa vie. S'il présente soit au bas, soit au milieu, un rétrécissement, celui-ci provient de l'influence défavorable de l'état de l'atmosphère pendant l'année où son sommet était à la hauteur de ce rétrécissement. On voit ainsi beaucoup de ces arbres dont la partie supérieure de la tige offre un plus fort diamètre que celui du reste du sujet.

Un fellah qui loue une vingtaine de ces arbres pour les exploiter, retire à peu près 15 fr. de chacun par année et peut vivre de ce revenu. Avec les branches de deux ou trois couronnes, les seules qu'il coupe annuellement, il façonne des couffes, des paniers, des bois de lits ; avec la large base de ces palmes il fait des balais, en détruisant par le battage le parenchyme, de manière à ne laisser que la partie ligneuse. Tout à l'entour de l'arbre, à la hauteur où les palmes ont été coupées, il enlève un appendice formant une espèce de toile dont les fils très-solides servent à faire d'excellentes cordes, petites ou grosses. Le tronc du palmier, ou plutôt le stipe cylindrique, débité en madriers, sert comme charpente ; ce bois durcit à l'air. Il est formé d'un faisceau de fibres fortes et flexibles qui résistent aux vents les plus impétueux, quoique cet arbre, par son élévation, la nudité de sa tige et sa tête lourdement chargée de longues feuilles, offre plus de prise aux ouragans que tout autre végétal. Il ploie presque jusqu'à terre, mais il ne se rompt point, et n'en relève que plus majestueusement sa souple et gracieuse chevelure.

Il n'est donc pas une seule partie de cet arbre précieux qui ne puisse être utilement employée.

On fabriquait jadis avec les fruits du palmier un vin assez capiteux et fort en usage parmi les Orientaux. Celui provenant des dattes appelées *caryotes* jouissait d'une réputation méritée. Dioscorides a enseigné la manière de le faire.

Lors de la conquête de l'Égypte par Cambyse, ce prince, voulant attacher à sa fortune le roi d'Éthiopie, envoya des ambassadeurs chargés de lui offrir des présents, et entre autres une barrique de vin de palmier que le monarque noir trouva fort à son goût.

Le dattier est de première nécessité pour les Égyptiens. Il vit plus d'un siècle ; mais contrairement à ce qui arrive aux autres arbres, si l'on coupe l'extrémité de sa tige, il meurt. Pour l'entretenir bien portant, il suffit de lui donner deux forts arrosages dans l'année, peu de temps après la maturité des fruits.

Les Égyptiens comptent jusqu'à soixante-dix variétés de palmier-dattier. Le palmier-doum a une forme bizarre, il porte à l'extrémité de ses branches un fruit tuberculeux ayant un peu le goût du pain d'épice. Cet arbre singulier ne se rencontre que dans la Haute-Égypte.

Les villages sont presque tous accompagnés de quelques groupes de palmiers-dattiers, mais il en existait un bien plus grand nombre avant que Méhémet-Ali ait eu la malheureuse idée de frapper chacun de ces arbres d'un impôt. Les fellahs les arrachèrent pour n'avoir pas à supporter cette nouvelle charge ajoutée à tant d'autres.

Les arbres forestiers les plus particuliers de l'Égypte, pays très-peu boisé, sont :

Une variété du sycomore, figuier de Pharaon, grande et branchue, qui ne pousse pas droit et diffère de celui de l'Europe. Il forme de belles avenues aux environs du Caire, et produit une espèce de figue bonne à manger, quoique un peu sèche.

Le *sant*, ou *acacia nilotica*, très-épineux, tortueux, et dont le bois est employé à faire des charrues et à divers autres usages. Il sécrète une gomme semblable à celle d'Arabie. C'est l'arbre le plus répandu en Égypte; on le rencontre presque partout sur les bords des chemins et autour des sakiehs auxquelles il sert d'ombrage.

Le *lebah*, sorte de frêne, qui perd ses feuilles au mois d'avril et en donne aussitôt de nouvelles. Il forme des avenues et orne la promenade de l'Esbékieh au Caire, et la grande place des Consuls à Alexandrie.

Tous les bois d'œuvre employés en Égypte y sont apportés de l'Europe et se vendent très-cher.

Le charbon de bois vaut 25 francs le sac; il vient également d'Europe.

Le charbon de terre, aussi importé, se vend au Caire 90 francs la tonne.

Cette cherté des bois a fait remplacer les madriers qui servent de traverses pour les rails des chemins de fer, par des bandes de fer. Celles-ci sont posées sur des espèces de cuvettes de fonte retournées et dont les bords portent sur la terre.

Nous n'avons point vu d'osier en Égypte; le palmier et une espèce de roseau suffisent à la confection des paniers, corbeilles et nattes.

Les Égyptiens se livrent peu à l'industrie de la soie. Il leur faudrait préalablement planter des mûriers, et personne ne s'en avise.

Méhémet-Ali avait monopolisé l'industrie de la soie comme toutes les autres. Il avait établi des magnaneries et cru bien agir en faisant venir des Syriens pour les diriger sous l'autorité des Turcs. Mais rien n'avait été prévu pour mettre ces établissements dans de bonnes conditions ; des plantations de mûriers n'avaient point été préalablement faites, la nourriture des vers manquant on y suppléa par des feuilles de mauve qui ne suffirent pas encore, et une grande mortalité s'ensuivit. Le résultat fut ce qu'il devait être : l'abandon de l'industrie séricicole.

Il a cependant existé un essai de magnanerie à Tell-el-Kébir, dans le domaine du Ouady, appartenant alors à la Compagnie du canal maritime de Suez. Cet établissement était dirigé avec tous les soins et l'active intelligence de M. Guichard. Les vers étaient nourris avec des feuilles de mûriers non greffés, que l'on dit être à l'abri de la maladie qui attaque les sujets greffés, et dont M. Guichard avait fait planter plus de vingt mille. Cependant beaucoup de ces vers périrent vers la fin d'avril 1865.

L'infériorité de la soie d'Égypte est due en grande partie à l'incurie des indigènes qui tirent profit de la vente de leurs plus beaux cocons et ne conservent pour la reproduction que la plus inférieure. Ils n'ont ainsi que des vers dégénérés et de mauvais produits.

Il y a très-peu d'abeilles en Égypte, par la raison que les fleurs y sont rares. Peu d'arbres, point de prairies, dans l'été ni l'automne, comment se nourriraient-elles ? On en découvre dans de vieux troncs ; mais les Égyptiens, sauf quelques Coptes habitant le Caire, n'ont point de ruches.

C'est ainsi, à raison du manque d'arbres où les

insectes trouveraient leur logement et une partie de leur nourriture, qu'il n'existe ni vers blancs, ni chenilles. Le puceron détruit cependant le trèfle blanc au point qu'il faut le ressemer ; il attaque aussi les pousses tendres du cotonnier. L'écimage, qui n'est pas pratiqué par les fellahs, préviendrait les ravages de cet insecte.

En revanche quand une nuée de sauterelles vient fondre dans les champs, elles ravagent les récoltes. Les fellahs s'en vengent un peu en les mangeant.

Les animaux nuisibles sont : la hyène, le loup, le renard, les rats, et une espèce de fouine qui s'empare des petits agneaux et vient dans les villages dévorer les volailles. Mais il est remarquable que ces bêtes sauvages sont moins féroces en Égypte que dans les autres pays. Elles semblent participer, elles aussi, à la douceur du caractère de ses habitants.

Il existe des reptiles très-dangereux. Lorsqu'en Europe on porte quelquefois sa pensée vers l'Égypte et les nombreux serpents qui s'y sont perpétués, on est assez vivement impressionné ; mais dans le pays même personne ne s'en préoccupe, et l'on entend très-rarement dire que quelqu'un ait été mordu par eux.

Plusieurs cependant sont à craindre, tels sont : la *scythale*, qui habite les joints des pierres des pyramides ; il est d'une faible longueur ; la vipère *céraste* ou cornue ; la vipère *hajé*, qui a plus d'un mètre et demi de long et que l'on rencontre dans les champs. La morsure de tous ces reptiles est mortelle.

Des bateleurs égyptiens, ou *psylles*, ont le talent de les faire sortir de leurs retraites et de les prendre. Pour cela ils leur tendent un mouchoir que l'animal saisit, ils tirent aussitôt à eux en imprimant une vive secousse, les dents crochues portant le venin, sont arrachées et restent dans le mouchoir ; le serpent ainsi privé de ses terribles armes n'est plus à redouter. Ils ont encore un moyen de le paralyser en quelque sorte en exerçant une forte pression sur sa tête.

Ils se montrent alors en public jouant avec ces serpents rendus inoffensifs ; ils les enroulent autour de leurs bras, de leur cou, à la grande stupéfaction des gens du peuple et même d'un grand nombre d'Européens. Ces *psylles*, ou *harvis*, se sont perpétués de père en fils en Égypte depuis la plus haute antiquité, et ils prétendent être les seuls capables de s'emparer des reptiles les plus venimeux, de se faire mordre impunément par eux, de les faire servir à leurs amusements, et de posséder en un mot l'art de les charmer.

Les animaux domestiques des Égyptiens sont : le cheval, le mulet, l'âne, le bœuf, le buffle et le chameau. Ils ont de nombreux troupeaux de chèvres, de béliers et de brebis ; mais ils ne font pas de moutons.

Les Égyptiens ont toujours aimé leurs animaux, domestiques ou sauvages, dont un grand nombre étaient des symboles spéciaux, se voyaient adorer comme des dieux, et étaient momifiés après leur mort.

Les chevaux, comme tous les autres animaux, sont

presque constamment dehors pendant le jour, quelque temps ou plutôt quelque soleil ardent qu'il fasse. Il n'existe aucun abri, et en les gardant les cultivateurs se tiennent accroupis dans les champs.

A l'écurie, ces chevaux sont attachés avec trois cordes faites de palmier : une qui tient à la mangeoire, une à la toiture peu élevée, et la troisième à un piquet planté à 2 mètres en arrière du cheval et retenant l'un de ses pieds par un nœud facile à défaire. La nuit, pour ceux qui ne sont point toujours dehors, on lâche la corde attachée au toit, afin que le cheval puisse se coucher.

Ces animaux n'ont aucune espèce de litière; on laisse la terre de l'écurie absorber leur urine, en sorte que ce précieux engrais est complétement perdu; car les Égyptiens ignorent l'emploi des engrais.

Les chevaux, qu'on élève dans toutes les parties de l'Égypte, sont de taille moyenne, dociles et pleins d'ardeur; ils connaissent peu la fatigue. Les meilleurs viennent de la Haute-Égypte. Leur nourriture consiste, comme nous l'avons dit plus haut, en orge et paille hachée, et pendant le printemps ils mangent beaucoup de trèfle blanc. Mais ce ne sont point là les chevaux les plus recherchés; au contraire, parmi les Arabes, le cheval égyptien passe pour être d'une race inférieure. Le meilleur de tous, à leurs yeux, provient du Nejd, dans le centre de l'Arabie; puis vient le cheval *anezi*, né en Syrie chez les Arabes *anezis*. Le premier, *le nejdi*, est le plus beau, le plus agile et le plus vigoureux; il vit jusqu'à cinquante ans, et à l'âge de trente il peut encore servir d'étalon. Il a pour marques particulières trois pointes de feu sur chaque fesse. La morve ne se déclare pas spontanément sur ces animaux de race distinguée. Il n'est pas rare de voir un cheik monter un de ces chevaux de la valeur de 4 à 5,000 fr. dans le pays.

On n'est pas dans l'usage de ferrer ce solipède, et il n'existe chez les Égyptiens des campagnes ni maréchal ferrant ni vétérinaire. Les cultivateurs savent soigner eux-mêmes et guérir leurs animaux quand ils sont malades; mais cela arrive rarement. Il y a à peine vingt-cinq ans que des vétérinaires français, appelés par le vice-roi, étaient montrés au doigt et excitaient le rire et les moqueries des Égyptiens.

L'âne est un véritable martyr en Égypte. Presque à tous les coins de rue du Caire et d'Alexandrie il en stationne des groupes tout sellés et bridés, chacun accompagné de son gamin et attendant un locataire.

Tout le monde monte à âne dans ce pays, depuis le plus riche jusqu'au plus pauvre, depuis les pachas jusqu'aux paysans, depuis la matrone richement vêtue et voilée de blanc, jusqu'à la misérable femme voilée de noir du fellah.

Les ânes sont de toutes les tailles, plutôt petits que grands. Pour les obliger à rester en place et se dispenser de la nécessité de les tenir, leurs jeunes conducteurs les brident de très-court, la rêne rigide solidement attachée au pommeau de la selle et la gourmette excessivement serrée forcent ces pauvres bêtes à tenir le col recoquevillé et la bouche constamment béante. Elles restent ainsi plusieurs heures dans un état de gêne pénible à voir, et comme fixées à la place où elles sont ainsi martyrisées. Elles ne sont soulagées de cette torture que pour en subir une autre.

En effet, à peine ces ânes sont-ils enfourchés par quelqu'un ou quelqu'une, qu'il leur faut courir au galop ; le gamin ne connaît guère d'autre allure, et pendant quelquefois des journées entières il fait galoper son pauvre animal dans la poussière, dans les montées, dans les mauvais chemins, le suivant par derrière en courant et le piquant incessamment du bâton pointu dont il est armé. Aussi voit-on, à la suite de longues courses par une chaleur accablante, ces misérables ânes, exténués, s'étendre comme des veaux dans les carrefours, prenant un instant de repos sous un soleil dévorant et ne recevant pour toute nourriture qu'un peu de paille hachée.

Une société protectrice des animaux qui s'implanterait en Égypte aurait fort à faire pour y exercer, au moins à l'égard de l'espèce asine, son action humanitaire.

Mais si l'on se prend à gémir sur le sort de ces animaux, que doit-on penser de ces maigres enfants qui les conduisent? Comment leur poitrine étroite et leurs jambes si grêles peuvent-elles résister à ces courses forcées, à cette fatigue de tous les jours? On dit que leurs facultés musculaires sont épuisées de bonne heure, qu'ils traînent alors un corps usé, et qu'ils meurent sans vieillir.

Le buffle est employé comme le bœuf aux travaux

agricoles; le prix en est plus élevé que celui de ce dernier. D'un caractère doux et facile en Égypte, il se laisse conduire par des enfants. Peu sujet aux maladies, il est plus rustique que le bœuf et se nourrit à peu de frais. Sa chair est bonne à manger. Les bufflesses donnent un lait gras et abondant qui fournit de bon beurre.

Le chameau, ou plutôt le dromadaire, est l'animal le plus approprié au service des Arabes. Sobre et doux, supportant aisément le froid, les ardeurs du soleil, la fatigue, la faim et la soif, il est la providence des voyageurs du désert.

Le chameau, proprement dit, est d'une race différente de celle du dromadaire; il porte deux bosses sur le dos, tandis que le dromadaire n'en a qu'une. Le premier est assez rare et ne se rencontre guère que dans le Turquestan; le second est très-répandu dans toute la partie septentrionale de l'Afrique et dans plusieurs contrées de l'Asie. Mais, comme on appelle l'un chameau turc et l'autre chameau arabe, cette dénomination s'est étendue aux deux races, et l'on a donné généralement en Égypte au dromadaire le nom de chameau.

Ceux destinés au travail sont rendus hongres, sans quoi ils deviennent indociles et même quelquefois dangereux dans le moment du rut; il faut alors avoir la précaution de leur mettre une muselière pour se garantir de leur morsure. La femelle porte une année et ne produit qu'un petit; son lait est bon et abondant. Ces précieux animaux vivent jusqu'à 40 ans, mais leur existence moyenne est de 20 ans.

On les attelle au moyen d'une bricole de cuir retenue au bas de la bosse par une corde passant sous le cou ; c'est uniquement de la colonne vertébrale qu'ils tirent.

Le chameau est rasé, sa laine est filée et l'on en confectionne de grossières étoffes. Sa peau sert à faire des sandales et des lanières, et les Bédouins mangent sa chair.

Il est remarquable que ce quadrupède n'ait pas été connu des anciens Égyptiens. Ce peuple, éminemment doué de l'instinct de conservation, soigneux à perpétuer la représentation des animaux et des objets relatifs à l'agriculture et aux travaux domestiques, soit par la sculpture, soit par la peinture, n'eût certes pas négligé de retracer la figure du chameau, dont les services sont si utiles, indispensables même depuis longtemps dans ce pays, s'il en avait fait usage ; et jusqu'à présent on n'a rencontré nulle part son image dans les nombreux monuments de la Haute et de la Basse-Égypte.

La race ovine est assez belle ; la laine est longue et de bonne qualité, mais grossière ; elle sert à faire les manteaux bruns dont se couvrent les indigènes. La queue énorme contient jusqu'à un kilogramme de graisse d'une extrême finesse. Les brebis sont très-fécondes ; elles ont deux portées par an, chacune de deux agneaux. La chair des béliers est bonne et sans aucun mauvais goût.

Méhémet-Ali avait fait venir d'Europe des béliers mérinos pur sang. Par une singularité remarquable, ils fuyaient les brebis du pays et refusaient de s'accoupler avec elles ; cette répugnance de leur part durait même plusieurs mois. Ils multiplièrent néanmoins, et la laine des métis jusqu'au cinquième croisement était d'une aussi belle qualité que celle des mérinos purs.

Mais ces animaux mal soignés, manquant d'une nourriture suffisante, privés d'exercice, ne rencontrant aucun ombrage pendant les grandes chaleurs, sans cesse tourmentés par des insectes, périrent successivement.

La mortalité des bêtes à cornes est plus grande généralement en Égypte que dans tout autre pays. Celle réellement effrayante qui a fait périr en 1863 un demi-million, assure-t-on, de bœufs et de vaches, en a considérablement augmenté le prix. Un bœuf ordinaire vaut aujourd'hui de 15 à 1,800 fr. Au commencement de ce siècle, une paire de bœufs en état de travailler se payait de 200 à 250 fr., et une vache 150 fr. Les Égyptiens ont pu supporter cette perte qui s'est trouvée compensée par les hauts prix auxquels ils ont vendu leurs cotons. Il leur est arrivé des bestiaux de toutes les parties de l'Europe. Ceux qu'ils élèvent sont petits, mais bien faits. Le manque de viande par suite de cette terrible épizootie a causé le renchérissement de toutes les denrées alimentaires. La viande de boucherie vaut 3 à 4 fr. le kilog. Quand un animal est malade, il est égorgé peu d'instants avant sa mort, dépecé et vendu sur les marchés.

Il est singulier que les bœufs de la Haute-Égypte ne peuvent pas vivre dans la Basse, comme il est remarquable que le vaccin ou cow-pox ne se trouve pas sur les vaches égyptiennes.

Le soleil est pour les Égyptiens le meilleur des calorifères ; et pour faire cuire leurs légumes et bouillir leur café, ils n'ont que les excréments desséchés de leurs animaux domestiques. Dans ce but, ils les ramassent soigneusement et en composent des espèces de mottes plates, appelées *guillés*, qu'ils font sécher sur leurs maisons et le long des murs, tout autre combustible leur faisant défaut.

Quelques-uns, plus industrieux, ne laissèrent pas perdre la suie provenant de cette combustion ; ils en retirèrent une assez grande quantité de sel ammoniaque pour l'expédier en Europe.

Il a été dit que les Égyptiens ignoraient l'emploi des engrais. Il faut toutefois faire exception à cette règle générale pour deux sortes d'engrais : la fiente de pigeon et la terre provenant des ruines des maisons abandonnées. Cette dernière s'appelle *sébarh* ; elle est principalement répandue sur les terrains plantés en légumes.

Le manque de pâturage pendant les trois quarts de l'année est cause qu'on n'engraisse point de bœufs et qu'on fabrique peu de beurre en Égypte ; il est battu dans des outres. Le lait est bon tant que les vaches et les bufflesses sont nourries de trèfle vert. Les chèvres donnent aussi du lait.

Les Égyptiens actuels n'élèvent point de porcs. Cependant Hérodote, qui était né il est vrai 484 ans avant l'ère vulgaire, écrivait au sujet des cultures : « Personne dans le monde ne recueille les grains « avec moins de sueur et de travail que les Égyptiens. « Ils ne sont point obligés de tracer avec la charrue « de pénibles sillons, de briser les mottes, et de « donner à leurs terres les autres façons auxquelles « s'appliquent le reste des hommes ; mais, lorsque « le fleuve a arrosé de lui-même les campagnes et « que ses eaux se sont retirées, alors chacun ense-« mence son champ et y lâche des pourceaux, et « après que ces animaux ont enfoncé le grain, en le « foulant aux pieds, on attend tranquillement le « temps de la moisson. On se sert aussi de pour-« ceaux pour faire sortir le grain de l'épi. »

Il est probable qu'Hérodote entendait parler uniquement des cultures de la Haute-Égypte.

Dans l'antiquité, ce peuple éprouvait néanmoins une profonde répugnance pour le porc qu'il regardait comme immonde. Il prétendait même que le lait de la truie donnait la lèpre ou des dartres à ceux qui en buvaient. Si par hasard quelques hommes touchaient un porc, ils couraient aussitôt se plonger dans l'eau, tout habillés, pour se purifier. Il était spécialement interdit à ceux chargés du soin de les garder de souiller aucun temple par leur présence.

Personne ne voulait leur donner ses filles en mariage ni épouser les leurs; ils ne se mariaient qu'entre eux.

Une seule fois dans l'année la religion des Égyptiens les portait à vaincre cette répugnance pour les porcs. Le jour de la fête de la pleine lune, ils sacrifiaient un pourceau à cet astre, pour eux une divinité, ainsi qu'à Bacchus ou Osiris ; mais il n'était pas permis d'en immoler à aucun autre dieu. Ils mangeaient cette victime, et la fête était suivie de cérémonies qui paraîtraient aujourd'hui de la plus grande indécence.

Le dégoût du porc remonte donc en Égypte à la plus haute antiquité.

Les Égyptiens actuels font mettre des porcs dans leurs écuries pour prévenir l'invasion du farcin.

Les cultivateurs égyptiens élèvent toutes les espèces de volailles et principalement des poules. Plusieurs d'entre eux pratiquent l'incubation artificielle des œufs. Sur un plancher élevé de terre de un mètre environ et percé d'un large trou dans le milieu, ils déposent une grande quantité d'œufs. Cette espèce de chambre ou de grand four, bien clos et couvert, est chauffée convenablement sous le plancher; la chaleur, élevée jusqu'à 43 degrés, pénètre par l'ouverture et se répand parmi les œufs. On voit éclore ceux-ci, et des petits poulets prennent leurs ébats sur leurs congénères qui ne sont pas encore sortis de leur coquille. Les œufs sont généralement très-petits.

Les poussins sont placés chez les gens du pays qui les élèvent et en doivent rendre le tiers lorsqu'ils sont devenus gros, quelle que soit la perte qu'ils ont pu en faire. Ils auraient même tout perdu qu'ils resteraient débiteurs du tiers de ceux dont ils se sont chargés. Cette condition les oblige à en prendre grand soin.

Lorsque ces poulets sont devenus assez forts pour être mangés, la part de celui qui a procédé à l'incubation lui est remise, et il la porte au marché. La méthode d'incubation artificielle remonte à la plus haute antiquité. Elle est due à cette observation des Égyptiens que l'ardeur du climat porte les poules à négliger les soins de leur progéniture, à abandonner leur couvée pour rechercher la compagnie des mâles.

Les poulets, comme toutes les autres volailles, se vendent cher. Pendant la durée du choléra en 1865, toutes les boucheries étaient fermées, et un poulet maigre se vendait 10 fr.

Le gibier consiste en lièvres, perdrix et cailles. Ces derniers oiseaux seuls se rencontrent dans les cultures; les autres gibiers ne se trouvent que sur les confins du désert où, dit-on, les lièvres se terrent dans le sable.

Au passage des cailles on en tue une grande quantité, sur le littoral de la mer, dans les environs d'Alexandrie.

Les cultivateurs égyptiens sont appelés fellahs (de *félah* qui signifie culture). Dans les villes, le nom de fellah est presque considéré comme une insulte, de même que chez nous le nom de paysan est quelquefois jeté à la face en terme de mépris. Ces hommes sont extrêmement sobres; autrefois anthropophages, avant qu'Osiris ne les eût accoutumés, dit-on, à remplacer la chair humaine par des fruits; ils se nourrissent de petits pains, de très-peu de viande, de galette de doura, de marc de sésame dont l'huile a été exprimée, de légumes, d'oignons et de salades. Ils ne boivent que de l'eau et du café. Ce dernier est torréfié, pilé, bouilli et servi avec le marc dans de très-petites tasses; ils avalent le tout.

Cette sobriété, et peut-être l'excellente qualité de l'eau du Nil, font qu'ils ne sont sujets qu'à très-peu de maladies; elles se bornent généralement à des rhumes; mais ils sont fréquemment affectés de hernies et d'éléphantiasis. Il est très-vrai que l'eau du Nil a toujours été réputée salutaire : on assurait jadis qu'elle ne se gâtait même point, qu'on pouvait la transporter dans d'autres pays et la conserver parfaitement saine pendant plusieurs années. On sait en effet que dans l'antiquité la Grèce et la Phénicie importaient en Égypte une grande quantité de jarres de terre remplies de vin, et que ces mêmes jarres étaient réexpédiées de Memphis pleines d'eau du Nil, dans les contrées arides de la Syrie.

Les Égyptiens sentent donc peu le besoin de recourir au savoir des médecins.

Il existe néanmoins une école de médecine au Caire, instituée par Méhémet-Ali; mais elle est restée frappée de stérilité, ou sa production de docteurs est d'une maigreur extrême. Dans cette disette de thérapeutique savamment exercée, les Égyptiens attaqués de quelque maladie se bornent, comme nous l'avons dit, à consulter le praticien qui leur rase habituellement le crâne et qui le plus souvent les guérit.

On conçoit assez que dans un temps l'Égypte ait pu recevoir le titre de grenier d'abondance de l'Italie, en considérant que les céréales produites en grande quantité par cette première contrée ne servaient pas à l'alimentation des Égyptiens. Ceux-ci eussent été regardés comme infâmes s'ils se fussent nourris de froment et d'orge; ils devaient donc exporter tous ces grains, et le trafic en devenait une source de richesse pour le pays.

A cette époque le peuple se nourrissait en grande partie de poissons crus séchés au soleil, de volailles et d'oiseaux également crus qu'ils avaient préalablement eu soin de saler. Ils buvaient une espèce de bière fabriquée avec de l'orge, du chervi et du lupin.

Ce qu'on ne rencontre jamais, ce sont des gens ivres. Si quelques-uns se mettent à boire des liqueurs fermentées, ils le font en cachette et dans leur maison. Cette absence d'ivrognes au dehors contribue à l'extrême tranquillité des villes et des villages.

On y voit partout un grand nombre de cafés où les hommes, accroupis sur des nattes, boivent et fument avec le plus grand calme. Si un agent de l'autorité rencontrait un homme en état d'ivresse, il lui ferait immédiatement appliquer la bastonnade.

Le climat de l'Égypte est très-sain. Il faut qu'il en soit ainsi, puisque, non-seulement les indigènes sont très-rarement malades, mais les Européens eux-mêmes n'y éprouvent aucun inconvénient pour leur santé. Ils s'acclimatent facilement sur cette terre fortunée, à la chaleur du soleil, tempérée par un air vif, et la fraîcheur des matinées et des soirées leur est salutaire. Il est toutefois prudent de se bien couvrir le matin, et le soir surtout, que l'abaissement rapide de la température et une forte humidité peuvent occasionner des rhumes. Ce pays, au reste, a toujours joui de sa réputation de salubrité. Suivant Hérodote, si souvent cité, il n'y avait point d'hommes si sains et d'un meilleur tempérament que les Égyptiens. Pour entretenir et conserver leur santé, ils avaient grand soin, ajoute-t-il, de se purger tous les mois pendant trois jours consécutifs. Leurs remèdes préventifs consistaient en vomitifs et en lavements.

Le vent du nord, qui souffle pendant presque toute l'année en Égypte, et principalement pendant les grandes chaleurs, renouvelle l'air, le purifie en entraînant rapidement les émanations qui pourraient être nuisibles à la santé des hommes et des animaux et rafraîchit sans cesse une atmosphère embrasée par un soleil ardent. Ce bienfait se fait surtout sentir dans la Haute-Égypte.

On a néanmoins remarqué que les saisons ont changé depuis un demi-siècle dans ce pays. La pluie y tombe plus fréquemment qu'autrefois, et le froid s'y fait plus vivement sentir pendant les nuits d'hiver. Les plus longs jours sont de 14 heures et les plus courts de 10 heures.

Quelques historiens ont prétendu que l'eau du Nil donnait de la vigueur aux hommes et procurait de la fécondité aux femmes.

Le fait est que tous les villages fourmillent d'enfants ; mais la malpropreté et le manque de soins causent la mort d'un très-grand nombre d'entre eux.

Les guerres longues et meurtrières de Méhémet-Ali avaient inspiré une répugnance invincible du service militaire aux fellahs, naturellement peu batailleurs. Aussi, pour soustraire leurs enfants mâles à ce service, et par esprit de prévoyance, ils les mutilaient peu de temps après leur naissance, leur coupaient un doigt, leur crevaient même un œil.

Méhémet-Ali, qui guerroyait beaucoup et faisait une assez grande consommation d'hommes, les prenant dès l'âge de 16 ans jusqu'à celui de 50, essaya d'arrêter ces mutilations en formant un corps de ces estropiés et de ces borgnes qu'il ordonnait de placer au premier rang devant l'ennemi ; mais ces tentatives n'eurent aucun succès. Ce fut Mohammed-Saïd qui mit un terme à ce barbare usage. On enlevait généralement les garçons des familles pauvres pour les enrégimenter ; il voulut que ceux des principaux du pays participassent également au recrutement de l'armée. Celui-ci fut réglé d'après un système qui fait passer successivement toute la jeune population sous les drapeaux.

Les soldats reçurent, par ses ordres, plus de soins qu'ils n'en avaient jamais obtenu; ils furent mieux nourris, mieux vêtus, et le vice-roi se plaisait à les faire exercer sous ses yeux. Il réduisit, d'ailleurs, beaucoup le nombre de ses troupes; il ne s'élève qu'à quelques milliers d'hommes, et ne peut guère recevoir le nom d'armée.

Il faut le répéter, la malpropreté, plus nuisible encore dans les pays chauds, règne partout en Égypte. Si les fellahs n'étaient pas obligés d'être journellement occupés à manipuler l'eau, à mener dans les canaux ou sur leurs bords une existence amphibie, cette saleté engendrerait de graves maladies parmi eux. Elle est, d'ailleurs endémique, et remonte aux plus anciens temps. Hérodote a fait la remarque que les Égyptiens pétrissaient avec les pieds la pâte servant à leur nourriture, et qu'ils enlevaient leurs boues noires et les excréments de leurs animaux avec les mains.

L'Égypte, outre sa population indigène, renferme une multitude de nègres qui vivent familièrement avec les habitants, mais ne contractent pas de mariages avec eux.

Il est très-difficile de connaître exactement la population de ce pays. Plusieurs causes s'y opposent : le défaut de recensement ; celui d'aucune espèce de registre d'état civil ; le secret que les indigènes, riches ou pauvres, gardent rigoureusement sur le nombre de leurs femmes, de leurs esclaves et de leurs enfants ; puis, le manque de statistique sur la quantité d'Orientaux et d'Européens établis en Égypte, qui s'y sont multipliés et en quelque sorte naturalisés.

Les cultivateurs égyptiens sont vêtus de la manière la plus simple : ils ne portent qu'une espèce de caleçon et une grande robe de toile blanche ou bleue, ceinte autour des reins et qui descend au-dessous du genou ; ils sont toujours nu-jambes. Les gens les plus aisés et les chefs sont les seuls qui aient des chaussures, souliers ou bottes. Tous sont coiffés du *tarbouch*, bonnet de couleur rouge, qui se fabrique depuis longtemps en France, à Orléans ; car on ne fabrique plus rien en Égypte. Il venait autrefois de Tunis. Ils l'entourent d'une toile roulée blanche, bleue ou rouge pour former le turban. Quelques-uns n'ont sur la tête que le *couffi*, pièce de soie jaune ou blanche retenue par une corde en guise de turban. Ce couffi leur enveloppe le visage et en tombant sur le cou et les épaules les garantit de l'ardeur du soleil.

Dans les villes, les hommes de la classe moyenne jusqu'aux pachas, et même le vice-roi, se coiffent simplement du tarbouch orné d'un gland noir. Les Européens établis dans le pays ont aussi adopté cette coiffure. Quand il fait froid, l'Égyptien s'enveloppe d'un manteau brun fait de poil de chameau.

Les femmes des cultivateurs n'ont pour tout vêtement qu'une longue robe flottante de toile bleue descendant jusque sur les pieds ; elle est fendue par devant jusqu'au bas de la gorge et attachée seulement autour du cou. Un grand voile de toile bleue ou noire leur enveloppe toute la tête et une partie du corps. Leur visage est caché, sauf les yeux, par une bande épaisse de crêpe noir descendant en pointe jusqu'aux genoux, et appelée *borgho*. A ce dernier vêtement elles attachent comme ornement des pièces d'or dont le nombre et la valeur varient suivant leur fortune. On voit des Égyptiennes en porter jusqu'à trois rangées qui représentent une somme considérable ; mais si elles se font gloire de relever leur sale toilette par la suspension à leur borgho d'un nombre plus ou moins considérable de pièces d'or, elles bornent ce luxe aux monnaies arabes; celles venues d'Europe ne leur semblent pas dignes de cet insigne honneur.

L'obligation de se voiler est telle pour ce sexe, que les femmes ne quittent pas ce masque même lorsqu'elles se livrent pas aux plus rudes travaux ; si par hasard elles ne l'ont point, elles s'empressent, lorsqu'elles passent auprès d'un homme, de se cacher le visage avec leur voile.

Cet usage de se couvrir la face n'existe toutefois que pour les femmes en puissance de mari ; les filles, les veuves et les femmes mariées, lorsqu'elles sont vieilles, vont à visage découvert.

Dans les villes, les plus riches se masquent avec un morceau de toile blanche percée de deux trous pour les yeux. Elles portent une robe de soie noire très-ample et un grand voile de même étoffe, et laissent apercevoir des jupons blancs ou de couleur.

Elles sont chaussées de bas blancs et de babouches rouges ou jaunes, à pointes retroussées.

Toutes les femmes ignorent l'usage du corset.

La variété des costumes est surprenante dans les villes d'Alexandrie et du Caire, principalement dans cette dernière, mais chez les hommes seulement, les femmes étant toutes vêtues de la même manière à peu près, comme forme et comme couleur d'étoffe. Une femme est généralement un paquet bleu mal ficelé, ne laissant voir de chair jaune et sale que les mains, les pieds et une partie de la poitrine.

Elles ont un précieux privilége, c'est de pouvoir accoucher avec la plus grande facilité partout où elles se trouvent, au milieu des champs ou sur les routes, sans avoir besoin le plus souvent d'aucun secours étranger. Jamais les enfants ne sont emmaillottés; ils doivent sans doute plus tard à ce salutaire usage la souplesse, la force dont ils sont doués, une désinvolture aisée et parfois gracieuse, surtout chez les jeunes femmes, parmi lesquelles on en voit très-peu de mal faites, estropiées ou bossues.

Chaque mère nourrit ses enfants; ce n'est qu'accidentellement qu'une nourrice lui est donnée.

Le luxe des jeunes filles consiste à se parer d'anneaux d'argent aux bras et même aux jambes; ainsi que les femmes des cultivateurs, elles vont toujours nu-pieds.

Presque toutes les femmes se tatouent le menton en bleu, ce qui les rend fort laides.

Les Égyptiens ne parlent jamais de leurs femmes; ils considéreraient comme une insulte une question sur leur santé. Ces compagnes serviles de leur existence ne sont point admises à manger avec leur mari, auquel elles préparent les aliments.

Les fellahines qui savent coudre et raccommoder leurs robes sont en bien petit nombre; elles ne possèdent généralement ni ciseaux ni aiguilles. Hommes et femmes lavent beaucoup plus souvent leurs personnes que leur linge, qui par conséquent est toujours fort sale.

Avant l'établissement de l'islamisme en Égypte, les femmes y étaient considérées comme supérieures aux hommes et y jouissaient de plus d'autorité. Dans les contrats de mariage, il était stipulé que la femme sera la maîtresse de son mari et que celui-ci lui obéira en tous points. Un historien a même prétendu qu'en Égypte les hommes étaient alors les esclaves des femmes. Il faut convenir que depuis ce temps les choses ont bien changé.

L'amour des hommes pour les enfants et les jeunes gens de leur sexe n'existe guère dans les campagnes, tandis que dans les villes ce vice honteux est généralement répandu, principalement parmi les Égyptiens les plus riches et possédant le plus grand nombre de femmes. Celles-ci s'en vengent amplement entre elles dans tous les harems par des liaisons passionnées.

Les plaisirs extérieurs qui aiguillonnent généralement les appétits humains ne présentent en Égypte ni la diversité ni le choix aux habitants des campagnes. Leurs sens ne sont excités et satisfaits ni par les spectacles, ni par la musique, ni par la bonne chère. Aussi ces appétits, ainsi forcément bornés, se tournent-ils avec ardeur vers les plaisirs de l'amour, et les hommes recherchent d'autant plus vivement les jouissances offertes par les femmes, qu'elles sont les seules dont ils puissent goûter.

Le peuple égyptien, naturellement doux, indolent, facile à subjuguer et à conduire, a dans tous les temps souffert avec résignation les maux engendrés par le plus complet despotisme, et s'est aisément assoupli à la servilité : c'est un mouton qu'on a tondu depuis des siècles, et qui est toujours prêt à se laisser tondre. Mais il est menteur à l'excès et devient cruel dans l'occasion. Tenu dans l'abrutissement, il ne se doute nullement du point d'honneur, de ce puissant mobile de la civilisation. Pour lui, il n'y a aucune honte à être battu par son semblable; il se soumet au fouet plus volontiers que l'animal. On se sent péniblement affecté à la pensée que, sans les punitions corporelles, rien ne pourrait être obtenu de l'Égyptien. Les plaintes, les remontrances, les menaces coulent sur son esprit comme l'eau sur une toile cirée. Le courbache seul est son code pénal; il en convient lui-même. Cet auxiliaire de la volonté du maître est une espèce de longue cravache faite en peau d'hippopotame.

Quand son intérêt l'y porte, le fellah travaille avec ardeur et persistance, sans prendre aucun jour de repos. Sa religion lui permet de n'observer dans toute l'année qu'une huitaine de jours de fête.

Les fellahs se disputent souvent entre eux; ils s'injurient de mille manières, crient à tue-tête, mais ne se frappent presque jamais.

Ils maltraitent volontiers leurs femmes, surtout quand elles vieillissent et deviennent acariâtres en se voyant remplacées par des jeunes filles. Ils usent largement du droit de les répudier et les abandonnent même entièrement.

L'Égyptien des campagnes est habitué à vivre presque constamment dans l'eau; la traversée d'un canal ne l'arrête aucunement; il va tout droit devant lui comme sur un chemin fréquenté, et la hauteur de l'eau n'est point du tout un obstacle à la circulation quotidienne; hommes, femmes et enfants se mettent à la nage quand il y a beaucoup d'eau, en portant leurs vêtements en un paquet sur la tête; si l'eau est basse, ils se bornent à retrousser la robe jusqu'à la ceinture, sans s'inquiéter des regards indiscrets; les visages des femmes ne sont-ils pas cachés par un voile? cela suffit à leur pudeur.

Les maisons des cultivateurs, si l'on peut donner ce nom à des huttes informes, sont bâties par eux-mêmes avec la terre qu'ils fouillent à côté et qui est toujours le limon noirâtre du Nil. Elle a la consistance de l'argile et devient très-dure lorsqu'elle est sèche. Ils ne se préoccupent ni de l'alignement ni de la régularité dans leurs constructions Les murs n'ont pas plus de 25 à 30 centimètres d'épaisseur, avec de très-petites ouvertures sans fenêtres.

Quelques-uns de ces murs sont faits en briques

façonnées avec la même terre mêlée à de la paille hachée, et non cuites; elles sont uniquement séchées au soleil.

Le toit plat est formé de madriers de palmiers recouverts de branches de ces arbres et de terre.

Quelquefois les maisons sont surmontées de pyramides de forme ronde et construites de la même manière ; ce sont des colombiers qui renferment un assez grand nombre de pigeons. Leur fiente est employée à la fumure des plantes de melons et de pastèques.

A l'intérieur, on ne trouve pour tout mobilier que quelques ustensiles de ménage, surtout des poteries grossières et des nattes qui servent de siége et de lit.

Comme il ne pleut pas, ces habitations durent longtemps et coûtent bien peu à construire; mais quelques jours de pluie les feraient fondre et les réduiraient en boue noire, ainsi qu'il est arrivé en 1761, année exceptionnelle, où les pluies occasionnèrent de grands désastres.

Ces maisons de terre donnent asile à une foule de rats et de vermine de toute espèce. De sorte que ces visiteurs incommodes finissent par obliger les hôtes humains à en déguerpir au bout d'un certain temps pour aller en édifier de nouvelles à quelque distance; c'est ce qui explique le grand nombre de villages abandonnés ainsi, et ne présentant plus que de noires ruines de terre. Et comme elles ont été longtemps le réceptacle des immondices de toutes sortes de leurs sales habitants et des animaux, il en est résulté qu'elles sont tout imprégnées de sels azotés, engrais riche et précieux pour les cultures. On a vu plus haut que les fellahs n'en négligeaient pas l'emploi.

Lorsqu'ils reconstruisent leurs demeures, les fellahs se donnent bien de garde de les faire mieux que celles détruites ou abandonnées. Ils craindraient d'attirer les regards des hommes du fisc par la moindre amélioration de nature à faire soupçonner chez eux un peu plus d'aisance. Ils savent très-bien que c'est seulement sous l'apparence de la pauvreté qu'ils peuvent échapper à la cupidité de leurs maîtres. Aussi dans tous les villages, même dans les villes, et jusque dans Alexandrie et le Caire, les maisons offrent-elles encore l'antique aspect de taudis ignobles, noirs en dehors, sombres en dedans, bas et toujours fort sales.

Les cimetières sont placés à quelque distance des habitations, en plein champ et sans aucun entourage. Chaque famille scelle son mort dans de la pierre et du mortier de chaux.

Hérodote a prétendu qu'il y avait 20,000 villes en Égypte du temps du Pharaon Amasis, et Pline l'a répété. Il en existait même 33,339 suivant le poëte grec Théocrite, sous les règnes heureux et brillants des premiers Ptolémées. En 1783 on comptait 1,439 villages dans le Delta et 957 dans la Haute-Égypte. Mais il ne saurait y avoir de statistique certaine dans un pays où l'on n'enregistre ni les naissances ni les mariages, ni les décès. Les guerres de Méhémet-Ali épuisèrent la race masculine. Ceux qui ne périrent point dans les combats quittèrent le sol égyptien;

un grand nombre de fellahs émigrèrent en Syrie.

Plusieurs causes s'opposent au perfectionnement de l'agriculture en Égypte : l'ignorance des cultivateurs, leur routine séculaire, leur répugnance à adopter les usages des autres peuples, l'absence complète de tout enseignement agricole, et par-dessus tout le manque de confiance dans le gouvernement. Rien n'est régulier, rien n'est certain dans l'administration du pays. La régularité séculaire de l'action du beau fleuve nourricier de l'Égypte n'a pas servi d'exemple aux gouvernants de ce pays. S'il existe des lois, elles ne sont pas exécutées ou bien elles sont violées par ceux-là mêmes qui sont chargés de les appliquer.

Le cultivateur qui n'a pas la certitude de pouvoir ensemencer ses terres ou d'en récolter les produits, puisqu'il peut être inopinément enlevé à ses travaux, avec toute sa famille, pour aller travailler gratuitement au loin, aux canaux ou sur les terres de quelque pacha, cultive avec l'insouciance de l'homme qui n'est pas stimulé par l'appât certain de l'intérêt. Et s'il n'est pas arraché à ses cultures, les gens du fisc viennent lui demander une somme d'impôts le plus souvent hors de proportion avec le produit de ses champs.

Cette incertitude de recueillir les fruits de son labeur, de conserver ce que l'on possède, et de voir annuler par un caprice les conditions les mieux stipulées et arrêtées, est aussi une des principales causes de l'absence de plantation.

Le fellah ne peut pas avoir la pensée de couvrir cette terre dénudée par des arbres qui lui offriraient un jour, à lui ou aux siens, un abri salutaire et un produit, quand il n'est pas assuré d'en jouir lui-même pendant un certain temps, ni de voir grandir ses plantations. Il semble que le *sic vos, non vobis* du chantre latin de l'agriculture résonne sans cesse à ses oreilles, et il ne fait aucun effort pour donner de l'extension aux facultés productives de sa terre.

Il se borne à lui faire produire ce qui est indispensable à la subsistance de sa famille et de ses bestiaux. Si sa récolte est mauvaise, ce n'est qu'à force de sobriété qu'il ne meurt pas de faim. Dans le cas où, comme cela est arrivé dans ces derniers temps par la culture du coton, il réalise quelque argent, il l'enterre aussitôt, et emprunte ouvertement à de gros intérêts (jusqu'à 2 p. 100 par mois) pour faire croire qu'il est dans la gêne et éviter les exactions du pouvoir; car les abus sont endémiques en Égypte, et ils y sont d'autant plus fortement enracinés que chacun des chefs, du plus petit au plus grand, est intéressé à leur conservation parce qu'il en profite. C'est une peste qui afflige ce pays, exposé depuis la plus haute antiquité à être frappé par quelque fléau.

Est-ce avec ces idées de crainte perpétuelle, malheureusement justifiées, que le fellah peut songer à améliorer ses cultures? Il n'oserait pas se livrer à un perfectionnement d'une part, et de l'autre il a lui-même horreur des nouvelles méthodes.

Il n'est pas, en outre, certain de conserver la propriété de sa terre. Un vice-roi la lui donne, un autre peut la lui retirer. La propriété foncière de l'Égypte appartient au souverain depuis le temps où Joseph conseilla à son roi Pharaon d'exiger des habitants l'abandon de leurs terres en échange des blés qu'une affreuse disette leur rendait indispensables. Le monarque remit ces terres aux cultivateurs pour n'en jouir désormais qu'à titre de fief perpétuel, sous condition de redevance. Les habitants peuvent les aliéner, mais uniquement aux mêmes titres qu'ils les possèdent, c'est-à-dire avec la seule jouissance perpétuelle. En 1857, Saïd-Pacha rendit une loi par laquelle tout fellah qui mettrait en valeur une terre inculte pendant cinq ans en deviendrait propriétaire. Il était poussé à cette mesure par deux motifs : attacher davantage le paysan au sol et à son gouvernement, et augmenter les cultures du pays.

Le fellah, satisfait d'une loi si débonnaire, se mit aussitôt à l'œuvre, et pour profiter plus promptement de ses effets, il défricha le plus d'étendue de terrain qu'il lui fut possible; mais manquant d'argent il fut obligé d'emprunter à de gros intérêts. Il espérait parvenir à s'acquitter en peu d'années par le produit de ses récoltes, et cultivait cette fois avec ardeur et confiance, lorsque Saïd-Pacha vint à mourir. On devait croire que son successeur laisserait subsister cette loi de 1857 dont les résultats prouvaient déjà combien elle était favorable à l'agriculture de l'Égypte. Mais Ismaël-Pacha en pensa autrement, et sous prétexte d'irrégularité dans la forme des donations de son prédécesseur, il s'empara de toutes les terres mises ainsi en valeur, sans aucune indemnité en faveur de ceux qui avaient fait tant de sacrifices pour les rendre productives.

Et cependant les hommes qui disposent du pouvoir en Égypte élèveraient cette contrée au plus haut point de prospérité s'ils voulaient bien se convaincre que n'étant ni industrielle ni commerçante, c'est de la culture de la terre principalement que dépend sa richesse la plus certaine et la plus durable. Ne possédant ni bois, ni fers, ni mines de métaux utiles ou précieux, la Providence s'est plu à la dédommager de la privation de ces avantages, donnés abondamment à d'autres pays, en la dotant de terres d'une fertilité inépuisable. Privilége immense qu'il dépend uniquement du gouvernement de mettre à profit. C'est au perfectionnement de son agriculture que doivent tendre tous les soins, tous les efforts. La position, le climat, les ressources prodiguées par la nature, tout concourt à rendre le peuple égyptien essentiellement agriculteur.

Encadrée dans les mers et les déserts, l'Égypte n'a pas à redouter les attaques de voisins ambitieux; elle-même est à l'abri de la séduction des conquêtes, et ne trouverait aucun avantage à étendre sa domination sur des sables arides.

Aussi ce peuple n'est-il pas guerrier, et ne l'a jamais beaucoup été; son rôle a dû se borner à la culture de la terre, et ses instincts devraient le porter constamment à acquérir le savoir agricole.

Il s'est néanmoins trouvé un ami de l'agriculture qui fait exception à la règle générale; mais cet homme est un prince, c'est Halim-Pacha. Il a pu oser ce qu'un simple agronome ne saurait entreprendre. On voit dans sa belle propriété de Choubrah, à quelques lieues du Caire, des locomobiles, des extirpateurs, des faucheuses et d'autres instruments aratoires d'inventions récentes ; il y a même des sacs de guano. Honneur à un tel prince! et puissent ses entreprises pour le perfectionnement des cultures de l'Égypte être couronnées de succès et servir d'exemple!

Puisse aussi le gouvernement égyptien sentir qu'en faisant trop bon marché des cultivateurs, en les pressurant, il enlève à l'agriculture tout son essor, il la paralyse, et avec elle la prospérité du pays!

TROISIÈME PARTIE

———

HISTORIQUE

DU

PERCEMENT DE L'ISTHME

PERCEMENT DE L'ISTHME DE SUEZ.

Depuis les temps les plus reculés, des hommes possédant le sentiment des entreprises utiles ont songé aux immenses avantages du percement de l'isthme de Suez, ou plutôt à réunir par une voie fluviale la Méditerranée à la mer Rouge, et tous en empruntant une des branches du Nil.

Au nombre des difficultés à surmonter pour l'ouverture d'un canal direct, ils redoutaient la différence de niveau entre les deux mers, que l'on portait jusqu'à 6 mètres, et qui n'est en réalité que de 16 centimètres.

Les détails dans lesquels nous allons entrer seraient peut-être d'un médiocre intérêt, oiseux même, s'il s'agissait d'un travail ordinaire; mais concernant une œuvre aussi extraordinaire que le percement de l'isthme de Suez, ils se revêtent d'un caractère des plus intéressants.

En un siècle de lumières, de science et de progrès comme celui dans lequel nous vivons, on aime à connaître les difficultés vaincues, à porter ses investigations dans les voies et moyens employés, à se livrer aux sondages de la curiosité, et l'esprit se complaît et s'attache alors aux plus petits détails.

D'ailleurs, le commerce et les relations internationales ne peuvent plus se contenter de la rapidité de locomotion sur terre ; leur essor exige plus encore : il leur faut celle des voyages sur mer.

Il existe d'autres isthmes à percer ; la nécessité s'en fera sentir, en deviendra indispensable, et celui qui nous occupe ici offrira un haut exemple de ce que peuvent produire l'intelligence et l'humanité lorsque leur alliance s'exerce même au centre d'un désert, et qu'elles ont à vaincre des obstacles matériels et politiques.

Si l'on trouvait un livre écrit comme celui-ci *de visu*, qui contînt les détails de la conception, des moyens d'exécution, de la dépense des monuments les plus grandioses, tels que les pyramides, le labyrinthe, les obélisques, etc., etc., avec quel degré d'intérêt, avec quelle ardeur ne serait-il pas lu, dévoré par les savants et même par les simples curieux !

L'ANCIEN CANAL.

Aristote et Strabon attribuent à Sésostris, qui régnait en Égypte avant la guerre de Troie, la première idée de réunir par un canal la Méditerranée à la mer Rouge, appelée alors Érythrée, et le commencement du creusement de ce canal sur une largeur de 100 coudées (37 mètres) et une profondeur suffisante pour un grand vaisseau.

Hérodote rapporte de son côté, d'une manière assez positive, que Nécos, fils de Psammetichus I*r*, qui occupa le trône de l'Égypte environ 600 ans avant l'ère vulgaire, fut le premier qui entreprit de creuser ce canal. Il commençait à la branche Pélusiaque du Nil. Cet historien ajoute que 120,000 hommes périrent en opérant ce travail, et que Nécos le fit discontinuer sur l'avertissement d'un oracle qu'il travaillait pour les barbares. (Les Égyptiens appelaient ainsi tous ceux qui ne parlaient pas leur langue.)

Darius Hystaspes, roi de Perse, maître de l'Égypte, fit continuer ce canal cent ans plus tard; mais il en arrêta la fouille parce qu'on lui fit craindre qu'en creusant ainsi le sol de l'isthme il ne submergeât l'Égypte.

Ptolémée Philadelphe, deux siècles après, reprit cet ouvrage, et termina le canal. Il était muni d'écluses qu'on ouvrait et fermait suivant les besoins, et il prit, du nom de son auteur, celui de *fleuve de Ptolémée*. On s'appliquait à empêcher l'eau salée de la mer de venir se mélanger à l'eau douce du Nil qui alimentait principalement le canal. Mais il cessa d'être entretenu, la vase combla les écluses, leur fonctionnement ne put se faire, et le canal fut complétement abandonné.

L'empereur romain Trajan, ou plutôt son successeur Adrien, fit travailler à un canal partant du Caire et s'embranchant probablement sur celui allant à la mer Rouge; mais aucune réparation n'y fut faite dans la suite. Il perdit dès lors, par le défaut d'entretien, la faculté d'être utilisé, et il fut délaissé de nouveau.

Depuis, le calife Omar ordonna à son lieutenant Amrou, qui avait conquis l'Égypte, d'établir un canal du Caire à Colzoum pour faciliter le transport en Arabie des blés récoltés en Égypte et prévenir ainsi la disette dont était menacée cette première et sainte contrée. Ce canal fut appelé *fleuve du prince des fidèles*. Il porta des bateaux depuis Fostat, aujourd'hui le vieux Caire, jusqu'à la mer Rouge.

Mais cent trente-quatre ans plus tard El-Munsoor-Aboogafer, second calife de la dynastie des Abbassides et fondateur de la ville de Bagdad, fit combler ce canal pour mettre un terme aux demandes d'un descendant d'Ali qui habitait Médine et s'était révolté contre lui.

Cette voie fut désormais tout à fait délaissée, quoiqu'on assure que le sultan Hakem la rendit navigable vers l'année 1000 de notre ère.

Ce dernier canal ne s'étend plus à présent que jusqu'au lac des Pèlerins, où il se perd; mais il n'avait pas été fait dans la pensée de joindre les deux mers autrement qu'en empruntant une longue partie du cours du Nil.

On dit qu'il existe dans la bibliothèque ducale de Weimar un plan du canal portant la date de 1424.

Le calife Haroun-al-Raschid eut aussi la pensée d'établir un canal de jonction entre les deux mers; mais la croyance générale que la grande différence de leur niveau y mettrait obstacle, l'y fit renoncer.

Repris par le général Bonaparte, lors de son expédition d'Égypte, ce projet eût sans doute été mis à exécution si ce grand capitaine fût resté plus longtemps maître du pays. Il avait chargé l'ingénieur Lepère de prendre une escorte, de faire le nivellement, et de dresser le plan du canal de Suez.

En 1840, M. de Négrelli-Moldelbe, inspecteur général des chemins de fer de l'empire d'Autriche, avait commencé, sous les inspirations du prince de Metternich, à s'occuper du projet de percer l'isthme de Suez, qu'il a publié à Prague quatre années plus tard; et en 1846 il entrait, en compagnie de MM. Stéphenson et Paulin Talabot, dans la *Société d'études sur le canal de Suez.*

LE NOUVEAU CANAL.

Enfin c'est à M. Ferdinand de Lesseps, connu déjà par sa haute et perspicace intelligence, que devait revenir la gloire de tenter cette rude tâche du percement de l'isthme et de la poursuivre avec la persévérance la plus louable et la plus énergique.

Ainsi que l'a dit de lui le poëte couronné par l'Académie française, M. Henri de Bornier, dans sa belle pièce de vers sur le percement de l'isthme de Suez, sujet du prix de poésie pour 1861,

> « On sent qu'il est de ceux qui ne reculent pas
> « Et qui marchent au but sans dévier d'un pas. »

1852.

Dès l'année 1852, M. Ferdinand de Lesseps propose à la Turquie de faire exécuter par une association financière le percement de l'isthme de Suez et sa canalisation.

Il lui est répondu que c'est au vice-roi d'Égypte qu'il appartient, en vertu des précédents, et particulièrement des priviléges que lui accorde le hatti-chérif de 1841, de prendre lui-même une décision au sujet des travaux à entreprendre et des sociétés à constituer dans les limites de son gouvernement.

C'était en effet conformément à ce principe que venait de procéder un ingénieur anglais, en proposant et en obtenant directement du vice-roi Abbas-Pacha, avec l'appui et l'intervention de l'agent et consul général d'Angleterre, l'entreprise des travaux d'un chemin de fer entre Alexandrie et le Caire.

Mais les dispositions d'Abbas-Pacha ne permettant pas à M. de Lesseps d'entrer en négociation avec lui, son projet est ajourné.

Voici le tableau qu'un journal anglais fait de l'Égypte sous Abbas-Pacha :

« Abbas-Pacha, fils et successeur d'Ibrahim, mettait des colliers de diamants autour du cou de ses chiens favoris ; mais il détruisit impitoyablement tous les établissements utiles fondés par son grand-père. Les ateliers de coton furent délaissés et leurs machines furent jetées dans un grenier de Boulac comme de la vieille ferraille. On abandonna à la ruine le canal de Mahmoudieh en le laissant s'obstruer par les sables et les vases ; on renonça à continuer le grand ouvrage de l'érection des barrages et des écluses à la tête du Delta, pour régulariser les irrigations du Nil ; les écoles que Méhémet-Ali avait créées furent fermées et les élèves en furent dispersés. Bien plus, il fut difficile de détourner ce prince de briser les vaisseaux de sa propre flotte. Pendant ce temps, les paysans étaient sans merci livrés en proie à la cruauté et aux extorsions d'une horde d'employés corrompus. Il n'y avait pas d'esclaves, il n'y avait pas de bétail, qui souffrissent un traitement plus inhumain que ces pauvres fellahs, lorsque le nazir ou percepteur des taxes fondait sur l'un de ces misérables villages formés de huttes de boue, avec une demande exorbitante et à laquelle toutes leurs ressources ne pouvaient satisfaire ; les chefs de ces villages étaient alors souvent traînés à des centaines de milles loin de leurs foyers, battus des heures entières et garrottés ensuite pour languir sans nourriture sous un soleil brûlant. »

Ce bon musulman Abbas-Pacha avait la coutume de se vanter d'être un disciple de Voltaire !

C'est sur cet homme que la trop fameuse princesse Naslé-Hanen, sa tante, laquelle il avait voulu faire assassiner, exerça sa vengeance en le faisant étrangler au château de Béna par deux esclaves qu'elle avait soudoyés.

1854.

Le projet de M. Ferdinand de Lesseps n'est repris qu'en 1854, lorsque le gouvernement de l'Égypte échoit par droit d'hérédité à Mohammed-Saïd-Pacha, deuxième fils vivant de Méhémet-Ali (Saïd en arabe signifie *heureux*).

Ce prince s'étant souvenu de l'amitié qui avait existé entre lui et M. de Lesseps, alors que ce dernier représentait la France en Égypte auprès de son père Méhémet-Ali, l'invita à venir le trouver.

M. de Lesseps se rendit à cette invitation. A son arrivée à Alexandrie, il apprit que le vice-roi était dans la Haute-Égypte, il alla l'y trouver et parcourut avec lui les déserts de Libye.

C'est dans ce voyage, comme le raconte très-simplement M. de Lesseps lui-même, que les entretiens portant sur les moyens de développer les immenses ressources et la civilisation de l'Égypte, le percement de l'isthme de Suez devint tout naturellement un des sujets de conversation. L'intelligence du prince embrassa bien vite la grandeur des résultats qu'un tel ouvrage, s'il était possible, aurait pour son peuple et pour le monde. Il demanda un mémoire à ce sujet à M. de Lesseps.

Celui-ci se mit au travail : « Je savais, dit-il, que « je rencontrerais au début de nombreuses préven-« tions, que beaucoup de personnes regardaient ce « projet comme une chimère, et que je courais risque « de passer pour un rêveur. Je me mis néanmoins « à étudier la question avec tout le soin et la sincé-« rité dont j'étais capable, et je fus bientôt à même « de présenter au vice-roi un travail préparatoire. »

La possibilité du canal paraissant démontrée à M. de Lesseps, la seule difficulté à résoudre pour lui était de savoir dans quelle mesure il fallait adopter le tracé indirect des anciens, empruntant une partie du cours du Nil pour la réunion de la Méditerranée et de la mer Rouge, ou lui préférer le tracé direct à travers l'isthme de Suez.

Le mémoire fut remis au vice-roi le 15 novembre 1854; il décida ce prince à charger M. de Lesseps de l'entreprise, par un acte de concession portant la date du 30 novembre 1854. Il lui adjoignait, en même temps, deux ingénieurs français, depuis longtemps à son service, MM. Mongel-Bey, et Linant-Bey, pour effectuer, de concert avec lui, une première reconnaissance du terrain de l'isthme.

Dans leur exploration, faite en décembre 1854 et janvier 1855, tous les trois furent frappés des facilités que le terrain présentait pour la jonction directe des deux mers. Un plan fut dressé, un avant-projet rédigé, et ils furent soumis au vice-roi.

PREMIER FIRMAN DE CONCESSION

DE S. A. MOHAMMED-SAID,

VICE-ROI D'ÉGYPTE.

Notre ami M. Ferdinand de Lesseps ayant appelé notre attention sur les *avantages qui résulteraient pour l'Egypte* de la jonction de la mer Méditerranée et de la mer Rouge par une voie navigable pour les grands navires, et *nous ayant fait connaître la possibilité de constituer*, à cet effet, une *compagnie* formée de capitalistes de toutes les nations, nous avons accueilli les combinaisons qu'il nous a soumises, et lui avons donné, par ces présentes, POUVOIR EXCLUSIF de constituer et de diriger une compagnie universelle pour le percement de l'isthme de Suez et l'exploitation d'un canal entre les deux mers, avec faculté d'entreprendre ou de faire entreprendre tous travaux et constructions, à la charge par la compagnie de donner préalablement toute indemnité aux particuliers en cas d'expropriation pour cause d'utilité publique ; le tout dans les limites et avec les conditions et charges déterminées dans les articles qui suivent.

Art. 1. M. Ferdinand de Lesseps *constituera* une Compagnie, dont *nous lui confions la direction*, sous le nom de *Compagnie universelle du canal maritime de Suez*, pour le percement de l'isthme de Suez, l'exploitation d'un passage propre à *la grande navigation*, la fondation ou l'appropriation de deux entrées suffisantes, l'une sur la Méditerranée, l'autre sur la mer Rouge, et l'établissement d'un ou de deux ports.

Art. 2. Le directeur de la Compagnie sera toujours nommé par le gouvernement égyptien, et choisi, autant que possible, parmi les actionnaires les plus intéressés dans l'entreprise.

Art. 3. La durée de la concession est de quatre-vingt-dix-neuf ans, à partir du jour de l'ouverture du canal des deux mers.

Art. 4. Les travaux seront exécutés aux frais exclusifs de la Compagnie, à laquelle tous les terrains nécessaires n'appartenant pas à des particuliers seront concédés à titre gratuit. Les fortifications que le gouvernement jugera à propos d'établir ne seront point à la charge de la Compagnie.

Art. 5. Le gouvernement égyptien recevra annuellement de la Compagnie 15 p. 100 des bénéfices nets résultant du bilan de la Société, sans préjudice des intérêts et dividendes revenant aux actions qu'il se réserve de prendre pour son compte lors de leur émission et sans aucune garantie de sa part dans l'exécution des travaux ni dans les opérations de la Compagnie. Le reste des bénéfices nets sera réparti ainsi qu'il suit :

75 p. 100 au profit de la Compagnie,
10 p. 100 au profit des membres fondateurs.

Art. 6. Les tarifs des droits de passage du canal de Suez, concertés entre la Compagnie et le vice-roi d'Égypte et perçus par les agents de la Compagnie, seront toujours égaux pour toutes les nations, aucun avantage particulier ne pouvant jamais être stipulé au profit exclusif d'aucune d'elles.

Art. 7. Dans le cas où la Compagnie jugerait nécessaire de rattacher par une voie navigable le Nil au passage direct de l'isthme, et dans celui où le canal maritime suivrait un tracé indirect desservi par l'eau du Nil, le gouvernement égyptien abandonnerait à la Compagnie les terrains du domaine public aujourd'hui incultes qui seraient arrosés et cultivés à ses frais ou par ses soins.

La Compagnie jouira, sans impôts, desdits terrains pendant dix ans, à partir du jour de l'ouverture du canal ; — durant les quatre-vingt-dix-neuf ans qui resteront à s'écouler jusqu'à l'expiration de la concession, elle payera la dîme au gouvernement égyptien ; après quoi, elle ne pourra continuer à jouir des terrains ci-dessus mentionnés qu'autant qu'elle payera audit gouvernement un impôt égal à celui qui sera affecté aux terrains de même nature.

Art. 8. Pour éviter toute difficulté au sujet des terrains qui seront abandonnés à la Compagnie concessionnaire, un plan dressé par M. Linant-Bey, notre commissaire ingénieur auprès de la Compagnie, indiquera les terrains concédés, tant pour la traversée et les établissements du canal maritime et du canal d'alimentation dérivé du Nil, que pour les exploitations de culture, conformément aux stipulations de l'article 7.

Il est, en outre, entendu que toute spéculation est, dès à présent, interdite sur les terrains du domaine public à concéder, et que les terrains appartenant antérieurement à des particuliers, et que les propriétaires voudront plus tard faire arroser par les eaux du canal d'alimentation exécuté aux frais de la Compagnie, payeront une redevance de..... par feddan cultivé (1) (ou une redevance fixée amiablement entre le gouvernement égyptien et la Compagnie).

Art. 9. Il est enfin accordé à la Compagnie concessionnaire la faculté d'extraire des mines et carrières appartenant au domaine public, sans payer de droits, tous les matériaux nécessaires aux travaux du canal et aux constructions qui en dépendront, de même qu'elle jouira de la libre entrée de toutes les machines et matériaux qu'elle fera venir de l'étranger pour l'exploitation de sa concession.

Art. 10. A l'expiration de la concession, le gouvernement égyptien sera substitué à la Compagnie, jouira sans réserve de tous ses droits et entrera en pleine concession du canal des deux mers et de tous les établissements qui en dépendront. Un arrangement amiable ou par arbitrage déterminera l'indemnité à allouer à la Compagnie pour l'abandon de son matériel et des objets mobiliers.

Art. 11. Les statuts de la Société nous seront ultérieurement soumis par le directeur de la Compagnie et devront être revêtus de notre approbation. Les modifications qui pourraient être introduites plus tard devront préalablement recevoir notre sanction. Lesdits statuts mentionneront les noms des fondateurs, dont nous nous réservons d'approuver la liste. Cette liste comprendra les personnes dont les travaux, les études, les soins ou les capitaux auront antérieurement contribué à l'exécution de la grande entreprise du canal de Suez.

Art. 12. Nous promettons enfin notre bon et loyal concours et celui de tous les fonctionnaires de l'Égypte pour faciliter l'exécution et l'exploitation *des présents pouvoirs.*

Caire, le 30 novembre 1854.

A mon dévoué ami, de haute naissance et de rang élevé,
M. Ferdinand de Lesseps.

La concession accordée à la Compagnie universelle du canal

---

(1) Le feddan égyptien correspond à peu près à un demi-hectare.

de Suez devant être ratifiée par S. M. I. le sultan, *je vous remets cette copie pour que vous la conserviez par devers vous.* Quant aux travaux relatifs au creusement du canal de Suez, ils ne seront commencés qu'après l'autorisation de la Sublime Porte.

Le 3 ramadan 1271.

O. Cachet du vice-roi.
Pour traduction conforme au texte turc.
Le Secrétaire des commandements de Son Altesse le vice-roi,

Signé Koenig-Bey.

Alexandrie, le 19 mai 1855.

1855.

Au mois de février 1855, M. de Lesseps, muni de l'acte de concession du vice-roi d'Égypte, se rend à Constantinople pour solliciter du gouvernement ottoman son adhésion à cet acte. Il est accueilli avec la plus grande bienveillance par le sultan et par ses ministres.

Obligé de quitter cette ville, M. de Lesseps est chargé, par le grand vizir Réchid-Pacha, d'une lettre adressée à Mohammed-Saïd, exprimant à ce vice-roi toute la sympathie du sultan et du gouvernement pour l'entreprise qu'elle qualifie des plus utiles et des plus intéressantes. Cette lettre porte la date du 1ᵉʳ mars.

Mais déjà, sans manifester encore une opposition décidée, l'ambassadeur d'Angleterre, lord Stratford de Redcliffe, intervient auprès de la Porte et en obtient des délais à l'adhésion demandée jusqu'au moment où il aurait reçu des instructions de son gouvernement.

M. de Lesseps continue ses difficiles et longues études pour l'exécution du canal.

Le 30 avril, il remet au vice-roi un rapport à ce sujet.

Le 19 mai, il reçoit du vice-roi des instructions et des pouvoirs spéciaux pour préparer l'organisation de l'entreprise d'après le principe d'universalité qui, dès le début, a été son principal caractère.

Dans les derniers mois de cette année, une *commission internationale*, composée des plus célèbres ingénieurs de l'Europe, choisit dans son sein une sous-commission de cinq membres qui se rend en Égypte le 18 novembre pour vérifier les travaux de l'avant-projet des deux ingénieurs au service du vice-roi et pour préparer les éléments d'un projet définitif. M. de Lesseps l'accompagne.

Les cinq commissaires, MM. Conrad, de Negrelli, Mac-Clean, Renaud et Lieussen, se rendent d'abord chez le vice-roi le 23 novembre, et il faut citer à cette occasion un mot de ce prince. Frappé de l'accueil qui leur est fait, M. de Lesseps dit à Saïd-Pacha : « Vous recevez vraiment ces messieurs comme des têtes couronnées. » Il répond aussitôt : « Mais ne sont-ils pas les têtes couronnées de la science ? »

Cependant les opposants s'agitent. Retranchés derrière les assertions du savant ingénieur anglais Stephenson, ils déblatèrent contre ce projet qu'ils traitent de la plus énorme monstruosité du xix° siècle. Ils ne craignent pas d'affirmer :

Que l'entrée du canal sera encombrée par les limons dont le Nil couvre les rives de la baie de Peluse ;

Que le canal lui-même ne sera qu'un fossé stagnant ;

Que son exécution présente des difficultés presque insurmontables ;

Que si elles pouvaient être surmontées, ce ne serait qu'au moyen de dépenses incalculables ;

Que le terrain de l'isthme n'est qu'un lit de rocher intraitable à la pioche, et contrairement à cela, que le canal sera incessamment comblé par les sables mouvants, portés sur l'aile des vents du désert ;

Que l'entreprise en elle-même n'a rien de sérieux ; qu'elle n'est qu'un masque pour couvrir une sorte de conspiration dont le but réel est de livrer l'Égypte à la domination ou à la prépondérance française ;

Que pour en préparer les moyens, cet intrigant et artificieux homme politique (M. Ferdinand de Lesseps) devait successivement introduire dans le pays des ouvriers français et des soldats licenciés comme pierre d'attente à sa conquête future et à son annexion à la France ;

Qu'en définitive ce canal serait d'une inutilité pratique.

1856.

La commission internationale des ingénieurs ayant terminé ses études et opérations, et en ayant fait connaître le résultat par un rapport sommaire qu'elle présente elle-même au vice-roi, ce prince confirme son premier acte de concession du 30 novembre 1854, par un nouveau portant la date du 5 janvier 1856.

DEUXIÈME FIRMAN DE CONCESSION

ET CAHIER DES CHARGES

Pour la construction et l'exploitation du canal maritime de Suez

et dépendances.

Nous Mohammed-Saïd-Pacha, Vice-Roi d'Égypte,

Vu notre acte de concession en date du 30 novembre 1854, par lequel nous avons donné à notre ami M. Ferdinand de Lesseps pouvoir exclusif à l'effet de constituer et diriger une *Compagnie universelle* pour le percement de l'isthme de Suez, l'exploitation d'un passage propre à la grande navigation, la fondation ou l'appropriation de deux entrées suffisantes, l'une sur la Méditerranée, l'autre sur la mer Rouge, et l'établissement d'un ou deux ports ;

M. Ferdinand de Lesseps nous ayant représenté que, pour constituer la Compagnie sus-indiquée dans les formes et conditions généralement adoptées pour les sociétés de cette nature, il est utile de stipuler d'avance, dans un acte plus détaillé et plus complet, d'une part, les charges, obligations et redevances auxquelles cette Société sera soumise ; d'autre part, les concessions, immunités et avantages auxquels elle aura droit, ainsi que les facilités qui lui seront accordées pour son administration,

Avons arrêté comme suit les conditions de la concession qui fait l'objet des présentes.

§ 1er. — CHARGES.

Art. 1er. La Société fondée par notre ami M. Ferdinand de Lesseps, en vertu de notre concession du 30 novembre 1854, devra exécuter à ses frais, risques et périls, tous les travaux et constructions nécessaires pour l'établissement :

1° D'un canal approprié à la grande navigation maritime, entre Suez dans la mer Rouge, et le golfe de Péluse dans la mer Méditerranée ;

2° D'un canal d'irrigation approprié à la navigation fluviale du Nil, joignant le fleuve au canal maritime susmentionné ;

3° De deux branches d'irrigation et d'alimentation dérivées du précédent canal et portant leurs eaux dans les deux directions de Suez et de Péluse.

Les travaux seront conduits de manière à être terminés dans un délai de six années, sauf les empêchements et retards provenant de force majeure.

Art. 2. La Compagnie aura la faculté d'exécuter les travaux dont elle est chargée, par elle-même et en régie, ou de les faire exécuter par des entrepreneurs au moyen d'adjudications ou de marchés à forfait. Dans tous les cas, les quatre cinquièmes au moins des ouvriers employés à ces travaux seront Égyptiens.

Art. 3. Le canal approprié à la grande navigation maritime sera creusé à la profondeur et à la largeur fixées par le programme de la Commission scientifique internationale.

Conformément à ce programme, il prendra son origine au port même de Suez ; il empruntera le bassin dit des lacs Amers et le lac Timsah ; il viendra déboucher dans la Méditerranée en un point du golfe de Péluse qui sera déterminé dans les projets définitifs à dresser par les ingénieurs de la Compagnie.

Art. 4. Le canal d'irrigation approprié à la navigation fluviale dans les conditions dudit programme, prendra naissance à proximité de la ville du Caire, suivra la vallée (ouadée)

Toumilat (ancienne terre de Gessen), et débouchera dans le grand canal maritime au lac Timsah.

Art. 5. Les dérivations du canal précédent s'en détacheront en amont du débouché dans le lac Timsah ; de ce point elles seront dirigées, d'un côté sur Suez, de l'autre côté sur Péluse parallèlement au grand canal maritime.

Art. 6. Le lac Timsah sera converti en un port intérieur propre à recevoir des bâtiments du plus fort tonnage.

La Compagnie sera tenue en outre, si cela est nécessaire : 1° de construire un port d'abri à l'entrée du canal maritime dans le golfe de Péluse ; 2° d'améliorer le port et la rade de Suez, de manière à ce que les navires y soient également abrités.

Art. 7. Le canal maritime, les ports en dépendant, ainsi que le canal de jonction du Nil et le canal de dérivation, seront constamment entretenus en bon état par la Compagnie et à ses frais.

Art. 8. Les propriétaires riverains qui voudront faire arroser leurs terres au moyen de prises d'eau tirées des canaux construits par la Compagnie, pourront en obtenir d'elle la concession moyennant le payement d'une indemnité ou d'une redevance dont le chiffre sera fixé dans les conditions de l'article 17 ci-après.

Art. 9. Nous nous réservons de déléguer, au siége administratif de la Compagnie, un commissaire spécial dont le traitement sera payé par elle, et qui représentera, près de son administration, les droits et les intérêts du gouvernement égyptien pour l'exécution des dispositions du présent.

Si le siége administratif de la Société est établi ailleurs qu'en Égypte, la Compagnie sera tenue de se faire représenter à Alexandrie par un agent supérieur nanti de tous les pouvoirs nécessaires pour assurer la bonne marche du service et les rapports de la Compagnie avec notre gouvernement.

§ 2. — CONCESSIONS.

Art. 10. Pour la construction des canaux et dépendances mentionnés dans les articles qui précèdent, le gouvernement égyptien abandonne à la Compagnie, sans aucun impôt ni redevance, la jouissance de tous les terrains n'appartenant pas à des particuliers, qui pourront être nécessaires.

Il lui abandonne également la jouissance de tous les terrains aujourd'hui incultes n'appartenant pas à des particuliers, qui seront arrosés et mis en culture par ses soins et à ses frais, avec cette différence : 1° que les terrains compris dans cette dernière catégorie seront exempts de tout impôt pendant dix ans seulement, à dater de leur mise en rapport ; 2° que, passé ce terme, ils seront soumis, pendant le reste de la concession, aux obligations et aux impôts auxquels seront assujetties, dans les mêmes circonstances, les terres des autres provinces de l'Égypte ; 3° que la Compagnie pourra ensuite par elle-même ou par ses ayants droit, conserver la jouissance de ces terrains et des prises d'eau nécessaires à leur fertilisation, à charge de payer au gouvernement égyptien les impôts établis sur les terres dans les mêmes conditions.

Art. 11. Pour déterminer l'étendue et les limites des terrains concédés à la Compagnie, dans les conditions du § 1er et du § 2 de l'article 10 qui précède, il est référé aux plans ci-annexés : étant expliqué qu'auxdits plans les terrains concédés pour la construction des canaux et dépendances, sans impôt ni redevance, conformément au § 1er, sont teintés en noir, et que les terrains concédés pour être mis en culture en payant certains droits, conformément au § 2, sont teintés en bleu.

Sera considéré comme nul tout acte fait postérieurement à notre acte du 30 novembre 1854, qui aurait pour conséquence de créer à des particuliers, contre la Compagnie, ou des droits à indemnité qui n'existaient pas alors sur les terrains, ou des droits à indemnité plus considérables que ceux auxquels ils auraient pu prétendre à cette époque.

Art. 12. Le gouvernement égyptien livrera, s'il y a lieu, à la Compagnie, les terrains de propriété particulière dont la possession sera nécessaire à l'exécution des travaux et à l'exploitation de la concession, à charge par elle de payer aux ayants droit de justes indemnités.

Les indemnités d'occupation temporaire ou d'expropriation définitive seront, autant que possible, réglées amiablement ; en cas de désaccord, elles seront fixées par un tribunal arbitral procédant sommairement et composé : 1° d'un arbitre choisi par la Compagnie ; 2° d'un arbitre choisi par les intéressés ; 3° d'un tiers arbitre désigné par nous.

Les décisions du tribunal arbitral seront exécutoires immédiatement et sans appel.

Art. 13. Le gouvernement égyptien accorde à la Compagnie concessionnaire, pour toute la durée de la concession, la faculté d'extraire des mines et carrières appartenant au domaine public, sans payer aucun droit, impôt ni indemnité, tous les matériaux nécessaires aux travaux de construction et d'entretien des ouvrages et établissements dépendant de l'entreprise.

Il exonère en outre la Compagnie de tous droits de douane, d'entrée et autres, pour l'introduction en Égypte de toutes machines et matières quelconques qu'elle fera venir de l'étranger pour les besoins de ses divers services en cours de construction ou d'exploitation.

Art. 14. Nous déclarons solennellement, pour nous et nos successeurs, sous la réserve de la ratification de S. M. I. le sultan, le grand canal maritime de Suez à Péluse et les ports en dépendant, ouverts à toujours, comme passages neutres, à tout navire de commerce traversant d'une mer à l'autre, sans aucune distinction, exclusion ni préférence de personnes ou de nationalités, moyennant le payement des droits et l'exécution des règlements établis par la Compagnie universelle concessionnaire pour l'usage dudit canal et dépendances.

Art. 15. En conséquence du principe posé dans l'article précédent, la Compagnie universelle concessionnaire ne pourra, dans aucun cas, accorder à aucun navire, compagnie ou particulier, aucuns avantages ou faveurs qui ne soient accordés à tous autres navires compagnies ou particuliers, dans les mêmes conditions.

Art. 16. La durée de la Société est fixée à quatre-vingt-dix-neuf années, à compter de l'achèvement des travaux et de l'ouverture du canal maritime à la grande navigation.

A l'expiration de cette période, le gouvernement égyptien rentrera en possession du canal maritime construit par la Compagnie, à la charge par lui, dans ce cas, de reprendre tout le matériel et les approvisionnements affectés au service maritime de l'entreprise et d'en payer à la Compagnie la valeur telle qu'elle sera fixée, soit amiablement, soit à dire d'experts.

Néanmoins, si la Compagnie conservait la concession par périodes successives de quatre-vingt-dix-neuf années, le prélèvement stipulé au profit du gouvernement égyptien par l'article 18 ci-après serait porté pour la seconde période à 20 p. 100, pour la troisième période à 25 p. 100, et ainsi de suite, à raison de 5 p. 100 d'augmentation pour chaque période, sans que toutefois ce prélèvement puisse jamais dépasser 35 p. 100 des produits nets de l'entreprise.

Art. 17. Pour indemniser la Compagnie des dépenses de

construction, d'entretien et d'exploitation qui sont mises à sa charge par les présentes, nous l'autorisons, dès à présent et pendant toute la durée de sa jouissance, telle qu'elle est déterminée par les paragraphes 1er et 3 de l'article précédent, à établir et percevoir, pour le passage dans les canaux et les ports en dépendant, des droits de navigation, de pilotage, de remorquage, de halage ou de stationnement, suivant des tarifs qu'elle pourra modifier à toute époque, sous la condition expresse :

1° De percevoir ces droits, sans aucune exception ni faveur, sur tous les navires, dans des conditions identiques;

2° De publier les tarifs, trois mois avant la mise en vigueur, dans les capitales et les principaux ports de commerce des pays intéressés;

3° De ne pas excéder, pour le droit spécial de navigation, le chiffre maximum de 10 francs par tonneau de capacité des navires et par tête de passager.

La Compagnie pourra également, pour toutes les prises d'eau accordées à la demande de particuliers, en vertu de l'article 8 ci-dessus, percevoir, d'après des tarifs qu'elle fixera, un droit proportionnel à la quantité d'eau absorbée et à l'étendue des terrains arrosés.

Art. 18. Toutefois, en raison des concessions de terrains et autres avantages accordés à la Compagnie par les articles qui précèdent, nous réservons, au profit du gouvernement égyptien, un prélèvement de 15 p. 100 sur les bénéfices nets de chaque année, arrêtés et répartis par l'assemblée générale des actionnaires.

Art. 19. La liste des membres fondateurs qui ont concouru par leurs travaux, leurs études et leurs capitaux, à la réalisation de l'entreprise avant la fondation de la Société, sera arrêtée par nous.

Après le prélèvement stipulé au profit du gouvernement égyptien par l'article 18 ci-dessus, il sera attribué, dans les produits nets annuels de l'entreprise, une part de 10 p. 100 aux membres fondateurs ou à leurs héritiers ou ayants cause.

Art. 20. Indépendamment du temps nécessaire à l'exécution des travaux, notre ami et mandataire M. Ferdinand de Lesseps présidera et dirigera la Société, comme premier fondateur, pendant dix ans, à partir du jour où s'ouvrira la période de jouissance de la concession de quatre-vingt-dix neuf années, aux termes de l'article 16 ci-dessus.

Art. 21. Sont approuvés les statuts ci-annexés de la Société créée sous la dénomination de *Compagnie universelle du canal maritime de Suez*, la présente approbation valant autorisation de constitution, dans la forme des sociétés anonymes, à dater du jour où le capital social sera entièrement souscrit.

Art. 22. Comme témoignage de l'intérêt que nous attachons au succès de l'entreprise, nous promettons à la Compagnie le loyal concours du gouvernement égyptien, et nous invitons expressément par les présentes les fonctionnaires et agents de tous les services de nos administrations à lui donner en toute circonstance aide et protection.

Nos ingénieurs, Linant-Bey et Mougel-Bey, que nous mettons à la disposition de la Compagnie pour la direction et la conduite des travaux ordonnés par elle, auront la surveillance supérieure des ouvriers et seront chargés de l'exécution des règlements qui concerneront la mise en œuvre des travaux.

Art. 23. Sont rapportées toutes dispositions de notre ordonnance du 30 novembre 1854, et autres qui se trouveraient en opposition avec les clauses et conditions du présent cahier des charges, lequel fera seul loi pour la concession à laquelle il s'applique.

Fait à Alexandrie, le 5 janvier 1856.

A MON DÉVOUÉ AMI DE HAUTE NAISSANCE ET DE RANG ÉLEVÉ,

MONSIEUR FERDINAND DE LESSEPS.

La concession accordée à la Compagnie universelle du canal de Suez devant être ratifiée par S. M. I. le sultan, je vous remets cette copie authentique, afin que vous puissiez constituer ladite Compagnie financière.

Quant aux travaux relatifs au percement de l'isthme, elle pourra les exécuter elle-même dès que l'autorisation de la Sublime Porte m'aura été accordée.

Alexandrie, le 26 rebi-ul-akher 1272 (5 janvier 1856).

O, cachet de S. A. le vice-roi.

Pour traduction conforme à l'original en langue turque déposé aux archives du cabinet.

Le Secrétaire des commandements de S. A. le vice-roi,

Signé KŒNIG-BEY.

A cette même date du 5 janvier, le vice-roi donne son approbation aux statuts ci-après :

STATUTS

DE LA COMPAGNIE UNIVERSELLE DU CANAL MARITIME DE SUEZ.

TITRE PREMIER.

FORMATION ET OBJET DE LA SOCIÉTÉ. — DÉNOMINATION. — SIÉGE. DURÉE.

Art. 1er. Il est formé, entre les souscripteurs et propriétaires des actions créées ci-après, une Société anonyme sous la dénomination de *Compagnie universelle du canal maritime de Suez.*

Art. 2. Cette Société a pour objet :

1° La construction d'un canal maritime de grande navigation entre la mer Rouge et la Méditerranée, de Suez au golfe de Péluse ;

2° La construction d'un canal de navigation fluviale et d'irrigation joignant le Nil au canal maritime, du Caire au lac Timsah ;

3° La construction de deux canaux de dérivation, se détachant du précédent en amont de son débouché dans le lac Timsah, et amenant ses eaux dans les deux directions de Suez et de Péluse ;

4° L'exploitation desdits canaux et des entreprises diverses qui s'y rattachent ;

5° Et l'exploitation des terrains concédés.

Le tout aux clauses et conditions de la concession telle qu'elle résulte des ordonnances de S. A. le vice-roi d'Égypte, en date du 30 novembre 1854 et du 5 janvier 1856 : la première donnant pouvoir spécial et exclusif à M. de Lesseps de constituer et diriger, comme premier fondateur président, une Société en vue de ces entreprises ; la seconde portant concession desdits canaux et de leurs dépendances à cette Société, avec toutes les charges et obligations, tous les droits et avantages qui y sont attachés par le gouvernement égyptien.

Art. 3. La Société a son siége à Alexandrie et son domicile administratif à Paris.

Art. 4. La Société commence à dater du jour de la signature de l'acte social, portant souscription de la totalité des actions. Sa durée est égale à la durée de la concession.

Art. 5. Les comptes des dépenses faites antérieurement à la constitution de la Société, soit par S. A. le vice-roi d'Égypte, soit par M. Ferdinand de Lesseps agissant en vertu des pouvoirs dont il était investi pour arriver à la réalisation de l'entreprise, seront réglés par le Conseil d'administration, qui en autorisera le remboursement à qui de droit.

TITRE II.

FONDS SOCIAL, — ACTIONS. — VERSEMENTS.

Art. 6. Le fonds social est fixé à *deux cent millions de francs*, représentés par *quatre cent mille actions*, à raison de cinq cents francs chacune.

Art. 7. Les titres d'actions et d'obligations dont le Conseil d'administration détermine la forme et le modèle, sont libellés en langues turque, allemande, anglaise, française et italienne.

Art. 8. Le montant de chaque action est payable en espèces, dans la caisse sociale ou chez les représentants de la Compagnie à Alexandrie, Amsterdam, Constantinople, Londres, New-York, Paris, Saint-Pétersbourg, Vienne, Gênes, Barcelonne, et autres villes qui seraient désignées par le Conseil d'administration, au cours du change, soit sur Paris, soit sur Alexandrie, au choix de la Compagnie.

Art. 9. Les versements s'opèrent conformément aux appels faits par le Conseil au moyen d'annonces publiées deux mois à l'avance par l'insertion dans deux journaux, et à défaut de journaux, par l'affichage à la Bourse, dans les villes désignées à l'article 8 ci-dessus.

Art. 10. Si le Conseil juge qu'il n'y a pas lieu d'appeler, au moment de la souscription, le versement immédiat de la partie du capital nécessaire, aux termes de l'article 12 ci-après, pour l'émission des titres au porteur, le premier versement peut être constaté par la délivrance de certificats nominatifs provisoires.

Ces certificats portent un numéro d'ordre ; ils sont détachés d'un registre à souche et timbrés du timbre sec de la Compagnie. Ils sont signés par deux administrateurs ou par un administrateur et un délégué du Conseil d'administration.

Art. 11. Les certificats nominatifs peuvent être négociés, au moyen d'un transfert signé par le cédant et le cessionnaire et inscrit sur les registres établis dans les bureaux de la Compagnie ou de ceux de ses représentants désignés à cet effet par le Conseil, partout où besoin sera.

Mention est faite du transfert au dos des titres par un administrateur ou par un agent à ce commis.

La Compagnie peut exiger que la signature des parties soit dûment certifiée.

Art. 12. Les souscripteurs primitifs et leurs cessionnaires restent solidairement engagés jusqu'au payement intégral de 30 p. 100 sur le montant de chaque action.

Après le versement de 30 p. 100 sur le montant de chaque action, les certificats nominatifs peuvent être échangés contre des titres au porteur provisoires.

Art. 13. Chaque versement effectué est inscrit sur les titres auxquels il s'applique.

Après libération intégrale opérée, il est délivré aux porteurs des actions définitives.

Art. 14. A défaut de versement aux époques déterminées, l'intérêt est dû pour chaque jour de retard à raison de 5 p. 100 par an.

La Société peut, en outre, faire vendre les actions dont les versements sont en retard.

A cet effet, les numéros de ces actions sont publiés, conformément aux prescriptions de l'article 9 ci-dessus pour les appels de fonds, avec indication des conséquences du retard apporté dans les versements.

Deux mois après cette publication, la Société, sans mise en demeure et sans autre formalité ultérieure, a le droit de faire procéder à la vente desdites actions pour le compte et aux risques et périls des retardataires.

Cette vente est faite sur duplicata, en une ou plusieurs fois, à la Bourse de Paris ou à celle de Londres, par le ministère d'un agent de change.

Les titres antérieurs des actions ainsi vendues deviennent nuls de plein droit, par le fait même de la vente ; il est délivré aux acquéreurs des titres nouveaux qui portent les mêmes numéros et qui sont seuls valables.

En conséquence, tout titre qui ne porte pas la mention régulière des versements exigibles cesse d'être négociable.

Les mesures qui font l'objet du présent article n'excluent pas l'exercice simultané par la Société, si elle le juge utile, des moyens ordinaires de droit contre les actionnaires en retard.

Art. 15. Les sommes provenant des ventes effectués en vertu de l'article précédent, déduction faite des frais et des intérêts, sont imputées, dans les termes de droit, sur ce qui est dû par l'actionnaire exproprié ou par ses cédants, qui restent responsables de la différence, s'il y a déficit, et qui bénéficient de l'excédant, si excédant il y a.

Art. 16. Les actions définitives sont au porteur ; la cession s'en opère par la simple tradition du titre.

Les actions définitives sont extraites d'un registre à souche, numérotées et revêtues de la signature de deux administrateurs, ou d'un administrateur et d'un délégué du Conseil d'administration.

Elles portent le timbre sec de la Compagnie.

Art. 17. Le Conseil d'administration peut autoriser le dépôt et la conservation des titres au porteur dans la caisse sociale. — Il détermine, dans ce cas, la forme des certificats nominatifs de dépôt, les conditions de leur délivrance et les garanties dont l'exécution de cette mesure doit être entourée dans l'intérêt de la Société et des actionnaires.

Art. 18. Chaque action donne droit à une part proportionnelle dans la propriété de l'actif social.

Art. 19. Toute action est indivisible. La Société ne reconnaît qu'un propriétaire pour chaque action.

Art. 20. Les droits et les obligations attachés à l'action suivent le titre dans les mains où il se trouve.

La possession d'une action emporte de plein droit adhésion aux statuts de la Société et aux résolutions de l'assemblée générale des actionnaires.

Art. 21. Les héritiers ou créanciers d'un actionnaire ne peuvent, sous quelque prétexte que ce soit, provoquer l'apposition des scellés sur les biens, valeurs ou revenus de la Société, en demander le partage ou la licitation, ni s'immiscer en aucune manière dans son administration. Ils doivent, pour l'exercice de leurs droits, s'en rapporter aux inventaires sociaux et aux comptes annuels approuvés par l'assemblée générale des actionnaires.

Art. 22. Les actionnaires ne sont engagés que jusqu'à concurrence du capital de leurs actions, au delà duquel tout appel de fonds est interdit.

Art. 23. Le Conseil peut autoriser la libération anticipée des actions, mais seulement par mesure générale applicable à tous les actionnaires.

TITRE III.

CONSEIL D'ADMINISTRATION.

Art. 24. La Société est administrée par un Conseil composé de *trente-deux* membres représentant les principales nationalités intéressées à l'entreprise.

Un comité, choisi dans son sein, est spécialement chargé de la direction et de la gestion des affaires de la Société.

Art. 25. Les administrateurs ne contractent, en raison de leurs fonctions, aucune obligation personnelle ou solidaire. Ils ne répondent que de l'exécution de leur mandat.

Art. 26. Les administrateurs sont nommés par l'assemblée générale des actionnaires pour *huit* années.

Le Conseil se renouvelle, en conséquence, chaque année, par *huitième*. Jusqu'à ce que l'entier renouvellement du Conseil ait établi l'ordre de roulement, les membres sortants sont désignés annuellement par le sort.

Les administrateurs sortants peuvent toujours être réélus.

Art. 27. En cas de vacances provenant de démissions ou de décès, il est pourvu provisoirement au remplacement par le Conseil d'administration jusqu'à la prochaine assemblée générale des actionnaires.

Les administrateurs ainsi nommés ne demeurent en fonctions que pendant le temps restant à courir pour l'exercice de leurs prédécesseurs.

Art. 28. Chaque administrateur doit être propriétaire de *cent actions*, qui sont inaliénables et restent déposées dans la caisse sociale pendant toute la durée de ses fonctions.

Art. 29. Une part de 3 p. 100 dans les bénéfices nets annuels est attribuée aux administrateurs en raison de leurs peines et soins.

Pendant la durée des travaux, et au besoin pendant les premières années qui suivront l'ouverture du canal maritime à la grande navigation, il est attribué au Conseil, pour tenir lieu de la part de 3 p. 100 stipulée ci-dessus, une allocation annuelle qui sera comprise dans les frais d'administration, et dont le montant sera fixé par la première assemblée générale des actionnaires.

Le Conseil d'administration détermine l'attribution particulière qui doit être faite sur cette somme ou sur les 3 p. 100 dans les bénéfices aux membres du comité de direction.

Art. 30. Le Conseil d'administration nomme chaque année, parmi ses membres, un président et trois vice-présidents.

Le président et les vice-présidents peuvent toujours être réélus.

En cas d'absence du président et des vice-présidents, le Conseil désigne, à chaque séance, celui de ses membres qui doit en remplir les fonctions.

Art. 31. Le Conseil d'administration se réunit au moins une fois par mois. Il se réunit, en outre, sur la convocation du président, aussi souvent que l'exigent les intérêts de la Société.

Les décisions sont prises à la majorité des voix des membres présents.

En cas de partage, la voix du président est prépondérante.

Sept administrateurs au moins doivent être présents pour valider les délibérations du Conseil.

Lorsque sept administrateurs seulement sont présents, les décisions, pour être valables, doivent être prises à la majorité de cinq voix.

Art. 32. Le secrétaire général de la Compagnie assiste aux séances du Conseil d'administration avec voix consultative.

Art. 33. Les délibérations du Conseil d'administration sont constatées par des procès-verbaux signés par le président et l'un des membres présents à la séance.

Les copies ou extraits de ces procès-verbaux doivent, pour être produits valablement en justice ou ailleurs, être certifiés par le secrétaire général de la Compagnie.

Un extrait des décisions rendues à chaque séance, dûment certifié, est envoyé, dans les huit jours qui suivent la réunion, à chaque administrateur absent.

Art. 34. Le Conseil d'administration est investi des pouvoirs les plus étendus pour l'administration des affaires de la Société.

Il arrête les propositions à soumettre à l'assemblée générale des actionnaires en vertu de l'article 56 ci-après.

Il statue sur les propositions du comité de direction concernant les objets suivants, savoir :

1° Nomination et révocation des fonctionnaires et agents supérieurs de la Compagnie; fixation de leurs attributions et de leur traitement;

2° Placements temporaires des fonds disponibles;

3° Études et projets, plans et devis pour l'exécution des travaux;

4° Marchés à forfait;

5° Acquisitions, ventes et échanges d'immeubles, achats de navires ou de machines nécessaires pour l'exécution des travaux et l'exploitation de l'entreprise;

6° Budgets annuels;

7° Fixation et modification des droits de toute nature à percevoir en vertu de la concession; conditions et mode de perception des tarifs;

8° Disposition du fonds de réserve;

9° Disposition du fonds de retraite, de secours et d'encouragement pour les employés;

10° Réglementation de la caisse des dépôts pour les actions et obligations de la Société;

Art. 35. Le Conseil nomme ceux de ses membres qui doivent faire partie du comité de direction.

Il peut déléguer à un ou à plusieurs administrateurs, aux fonctionnaires, employés de la Compagnie ou autres, tout ou partie de ses pouvoirs par un mandat spécial et pour une ou plusieurs affaires ou objets déterminés.

Art. 36. Nul ne peut voter dans le Conseil par procuration.

Lorsque le Conseil doit délibérer sur des modifications à apporter dans les tarifs ou dans les statuts, sur des emprunts ou augmentations de capital social, sur des demandes de concessions nouvelles, des traités de fusion avec d'autres entreprises, sur la dissolution et la liquidation de la Société, les administrateurs absents doivent, un mois à l'avance, être informés de l'objet de la délibération et invités à venir prendre part au vote, ou à adresser leur opinion par écrit au président, qui en donne lecture en séance; après quoi les décisions sont prises à la majorité des voix des membres présents.

TITRE IV.

COMITÉ DE DIRECTION.

Art. 37. Le comité de direction, constitué en vertu des dispositions de l'article 24 ci-dessus, est composé du président du Conseil d'administration et de quatre administrateurs spécialement délégués.

Art. 38. Le comité de direction se réunit, à la convocation du président, autant de fois que cela est nécessaire pour la bonne marche du service et au moins une fois par semaine.

Art. 39. Il est tenu procès-verbal des séances du comité de direction. Ces procès-verbaux sont signés par un des administrateurs présents à la séance.

Les extraits de ces procès-verbaux, pour être valablement reçus en justice ou ailleurs, doivent être visés par le président et certifiés par le secrétaire général de la Compagnie.

Art. 40. Le comité de direction est investi de tous pouvoirs pour la gestion des affaires de la Société.

Il pourvoit à l'exécution, tant des obligations imposées par le cahier des charges et les statuts, que des résolutions adoptées par l'assemblée générale et des décisions du Conseil d'administration.

Il soumet au Conseil d'administration les propositions relatives aux objets définis à l'article 34 ci-dessus.

Il représente la Société et agit en son nom, par un ou plusieurs de ses membres, dans tous les cas où une disposition expresse n'exige pas l'intervention de l'assemblée générale des actionnaires ou du Conseil d'administration, notamment en ce qui concerne les objets ci-après :

1° Nomination et révocation des employés ; fixation de leurs fonctions et de leur solde ;

2° Travail des bureaux ;

3° Règlements et ordres de service ;

4° Ordonnancement et règlement des dépenses ;

5° Transferts de rentes, d'effets publics et de commerce ;

6° Perceptions de droits, recouvrements de créances, quittances et mainlevées avec ou sans payement, instances judiciaires et administratives, mesures conservatoires ;

7° Défenses en justice, compromis, transactions, désistements ;

8° Traités, marchés, adjudications, achats de mobilier, baux et locations.

Les actions judiciaires en demandant ou en défendant sont dirigées par ou contre le président et les membres composant le comité de direction.

En conséquence, les notifications ou significations sont faites et reçues par le comité de direction au nom de la Société.

Les décisions du comité, les actes et engagements approuvés par lui sont signés par le président ou par deux membres du comité délégués à cet effet.

Art. 41. Le comité de direction et le président du Conseil peuvent déléguer, par procuration authentique, à un ou plusieurs administrateurs, fonctionnaires de la Compagnie, employés ou autres, le pouvoir de signer tous les actes et engagements mentionnés ci-dessus.

Art. 42. Un administrateur délégué comme agent supérieur et chef de service, réside à Alexandrie.

Il est investi de tous les pouvoirs nécessaires pour l'exécution des travaux et la marche de l'exploitation.

Il représente la Compagnie dans tous ses rapports avec le gouvernement égyptien et les tiers.

TITRE V.

ASSEMBLÉE GÉNÉRALE DES ACTIONNAIRES.

Art. 43. L'assemblée générale régulièrement constituée représente l'universalité des actionnaires.

Art. 44. L'assemblée générale se compose de tous les actionnaires propriétaires d'au moins vingt-cinq actions.

Elle est régulièrement constituée lorsque les actionnaires qui la composent sont au nombre de quarante, et représentent le vingtième du fonds social.

Art. 45. Lorsque, sur une première convocation, les actionnaires présents ne remplissent pas les conditions spécifiées ci-dessus pour constituer la validité des délibérations de l'assemblée générale, la réunion est ajournée de plein droit, et l'ajournement ne peut être moindre de deux mois.

Une seconde convocation est faite dans la forme prescrite par l'article 47 ci-après.

Les délibérations de l'assemblée générale dans cette seconde réunion ne peuvent porter que sur les objets à l'ordre du jour de la première. Ces délibérations sont valables, quel que soit le nombre des actionnaires présents et des actions représentées.

Art. 46. L'assemblée générale se réunit, chaque année, dans la première quinzaine du mois de mai.

Elle se réunit, en outre, extraordinairement toutes les fois que le Conseil d'administration en reconnaît l'utilité.

Art. 47. Les convocations ordinaires et extraordinaires sont faites par un avis publié deux mois avant l'époque de la réunion dans les formes prescrites pour les appels de fonds, par l'article 9 ci-dessus.

Art. 48. Les actionnaires, pour avoir le droit d'assister ou de se faire représenter à l'assemblée générale, doivent justifier, au domicile de la Société, au moins cinq jours avant la réunion, du dépôt fait de leurs titres dans la caisse sociale ou chez un représentant de la Compagnie désigné à cet effet par le Conseil d'administration, dans les villes dénommées à l'article 8 ci-dessus.

Les dépôts faits dans ces conditions donnent droit à la remise de cartes d'admission nominatives.

Les actionnaires porteurs de certificats de dépôt ont également la faculté de se faire représenter aux assemblées générales par des mandataires munis de pouvoirs réguliers, dont la forme est déterminée par le Conseil d'administration.

Les fondés de pouvoirs doivent déposer leurs procurations au domicile de la Société cinq jours au moins avant la réunion.

Nul ne peut représenter un actionnaire à l'assemblée s'il n'est lui-même membre de cette assemblée.

Art. 49. L'assemblée générale est présidée par le président ou par l'un des vice-présidents du Conseil d'administration, et, à leur défaut, par un administrateur nommé par le Conseil.

Les deux plus forts actionnaires présents au moment de l'ouverture de la séance, et qui acceptent, sont nommés scrutateurs.

Le président désigne le secrétaire.

Art. 50. Les délibérations de l'assemblée générale sont prises à la majorité des voix des membres présents ou régulièrement représentés, conformément à l'article 48 ci-dessus.

En cas de partage, la voix du président est prépondérante.

Art. 51. Vingt-cinq actions donnent droit à une voix; le

même actionnaire ne peut réunir plus de *dix voix*, soit comme actionnaire, soit comme mandataire.

Art. 52. Le scrutin secret peut être réclamé par *dix* membres.

Art. 53. Les délibérations de l'assemblée générale sont constatées par des procès-verbaux, signés par le président, par les scrutateurs et par le secrétaire.

Les copies ou extraits de ces procès-verbaux, pour être valablement produits en justice ou ailleurs, doivent être certifiés par le secrétaire général de la Compagnie.

Art. 54. Une feuille de présence, destinée à constater le nombre des membres assistant à l'assemblée et celui des actions représentées par chacun d'eux, reste annexée à la minute du procès-verbal, ainsi que les pouvoirs conférés par les actionnaires absents.

Cette feuille doit être signée par chaque actionnaire à son entrée à la séance.

Art. 55. L'ordre du jour de l'assemblée générale est arrêté par le Conseil d'administration.

Aucune autre question que celles portées à l'ordre du jour, ne peut être mise en délibération.

Art. 56. L'assemblée générale entend les rapports du Conseil d'administration sur la situation et les intérêts de la Société. Elle délibère sur ses propositions, en se renfermant dans les limites des statuts et du cahier des charges, concernant tous les intérêts de la Compagnie. Elle nomme les administrateurs en remplacement des membres du Conseil sortants ou à remplacer. Elle confère, lorsqu'il y a lieu, au Conseil les pouvoirs nécessaires pour la suite à donner à ses résolutions.

L'approbation de l'assemblée générale est nécessaire pour toute décision statuant sur les objets ci-après, savoir :

1° Concessions nouvelles ;
2° Fusion avec d'autres entreprises ;
3° Modifications aux statuts de la Société ;
4° Dissolution de la Société ;
5° Augmentation du capital social ;
6° Emprunts ;
7° Règlement des comptes de premier établissement en fin de l'exécution des travaux ;
8° Règlement des comptes annuels ;
9° Fixation de la retenue pour le fonds de réserve ;

10° Fixation du dividende à distribuer annuellement aux actions.

Art. 57. Les délibérations relatives aux objets mentionnés à l'article 56, §§ 1er, 2e, 3e, 4e, 5e et 6e, doivent, pour être valables, être prises par une assemblée réunissant au moins le dixième du fonds social et à la majorité des deux tiers des voix des membres présents, au nombre de cinquante au moins.

Lorsque, sur une première convocation, les actionnaires présents ne remplissent pas ces conditions, il est procédé à une deuxième convocation, conformément aux prescriptions de l'article 47 ci-dessus.

Les délibérations de l'assemblée générale réunie en vertu de cette deuxième convocation sont valables, quel que soit le nombre des actionnaires présents et des actions représentées.

Art. 58. Les délibérations de l'assemblée générale prises conformément aux statuts obligent tous les actionnaires, même ceux qui sont absents ou dissidents.

TITRE VI.

COMPTES ANNUELS. — AMORTISSEMENT. — INTÉRÊTS.

FONDS DE RÉSERVE. — DIVIDENDES.

Art. 59. Pendant l'exécution des travaux, il est payé annuellement aux actionnaires un intérêt de 5 pour 100 sur les sommes par eux versées, en exécution de l'article 9 ci-dessus.

Il est pourvu au payement de ces intérêts par le produit des placements temporaires de fonds et autres produits accessoires, et au besoin sur le capital social.

Art. 60. Après l'achèvement des travaux, le compte des recettes et dépenses de la Compagnie pendant la durée de ces travaux est arrêté et soumis à l'assemblée générale des actionnaires par le Conseil d'administration.

Art. 61. A dater de l'ouverture du canal maritime à la grande navigation, un inventaire général de l'actif et du passif de la Société au 31 décembre précédent est dressé dans le premier trimestre de chaque année. Cet inventaire est soumis à l'assemblée générale des actionnaires réunie dans le courant du mois de mai suivant.

Art. 62. Les produits annuels de l'entreprise servent d'abord à acquitter dans l'ordre ci-après :

1° Les dépenses d'entretien et d'exploitation, les frais d'administration, et généralement toutes les charges sociales;

2° L'intérêt et l'amortissement des emprunts qui peuvent avoir été contractés;

3° *Cinq pour cent* du capital social pour servir aux actions amorties et non amorties un intérêt annuel de *vingt-cinq francs* par action, les intérêts afférents aux actions amorties devant rentrer au fonds d'amortissement, constitué conformément à l'article 66 ci-après;

4° *Quatre centièmes* p. 100 du capital social également applicables à ce fonds d'amortissement;

5° La retenue destinée à constituer ou à compléter un fonds de réserve pour les dépenses imprévues conformément aux dispositions de l'article 69 ci-après.

L'excédant des produits annuels, après ces divers prélèvements, constitue les produits nets ou bénéfices de l'entreprise.

Art. 63. Les produits nets ou bénéfices de l'entreprise sont répartis de la manière suivante :

1° 15 p. 100 au gouvernement égyptien;

2° 10 p. 100 aux fondateurs;

3° 3 p. 100 aux administrateurs;

4° 2 p. 100 pour la constitution d'un fonds destiné à pourvoir aux retraites, aux secours, aux indemnités ou gratifications accordées, suivant qu'il y a lieu, par le Conseil, aux employés;

5° 70 p. 100 comme dividende à répartir entre toutes les actions amorties et non amorties indistinctement.

Art. 64. Le payement des intérêts et dividendes est fait à la caisse sociale, ou chez les représentants désignés par le Conseil d'administration dans les villes dénommées à l'article 8 ci-dessus.

Le payement des intérêts est fait en deux termes, le 1ᵉʳ juillet et le 1ᵉʳ janvier de chaque année.

Le dividende est payé le 1ᵉʳ juillet.

Toutefois le Conseil peut, lorsqu'il juge qu'il y a lieu, autoriser le payement d'un à-compte de dividende le 1ᵉʳ janvier.

Chaque payement est annoncé au moyen de publications faites conformément aux prescriptions de l'article 9 ci-dessus pour les appels de fonds.

Art. 65. Les intérêts et dividendes qui ne sont pas réclamés à l'expiration de cinq années après l'époque annoncée pour le payement sont acquis à la Société.

Art. 66. L'amortissement des actions est effectué en quatre-vingt-dix-neuf ans, suivant le tableau d'amortissement dressé en exécution des présents statuts.

Il est pourvu à cet amortissement, ainsi qu'il a été dit à l'article 62 ci-dessus, au moyen d'une annuité de 0 fr. 04 p. 100 du capital social et de l'intérêt à 5 p. 100 des actions successivement remboursées.

S'il arrivait que, dans le cours d'une ou de plusieurs années, les produits nets de l'entreprise fussent insuffisants pour assurer le remboursement du nombre d'actions à amortir, la somme nécessaire pour compléter le fonds d'amortissement serait prélevée sur la réserve, et, à défaut, sur les premiers produits nets disponibles des années suivantes, par préférence et antériorité à toute attribution de dividende.

La désignation des actions à rembourser a lieu au moyen d'un tirage au sort fait publiquement chaque année au domicile de la Société, aux époques et suivant la forme déterminées par le Conseil.

Art. 67. Les numéros des actions désignées par le sort pour être remboursées sont annoncés au moyen de publications faites conformément aux prescriptions de l'article 9 ci-dessus.

Art. 68. Le remboursement des actions désignées par le tirage au sort pour être amorties est fait aux lieux indiqués pour le payement des intérêts et dividendes par l'article 64 ci-dessus.

Les porteurs d'actions amorties conservent les mêmes droits que les porteurs d'actions non amorties, à l'exception de l'intérêt à 5 p. 100 du capital qui leur a été remboursé.

Art. 69. La retenue opérée pour la constitution ou le complément du fonds de réserve, conformément au § 5 de l'article 62 ci-dessus, est de 5 p. 100 des produits annuels, après déduction des charges définies aux §§ 1, 2, 3 et 4 du même article.

Lorsque le fonds de réserve atteint le chiffre de *cinq millions* de francs, l'assemblée générale des actionnaires peut, sur la proposition du Conseil, réduire ou suspendre la retenue annuelle à ce affectée ainsi qu'il vient d'être expliqué.

Cette retenue reprend cours et effet dès que le fonds de réserve descend au-dessous de *cinq millions* de francs.

Art. 70. La part attribuée aux fondateurs dans les bénéfices annuels de l'entreprise par le cahier des charges est représentée par des titres spéciaux dont le Conseil détermine le nombre, la nature et la forme.

Dans tous les cas, les prescriptions des articles 17, 18, 19 et 21 ci-dessus, concernant les actions, sont également applicables aux titres des fondateurs, dont les droits suivent ceux des actionnaires sur la jouissance des terrains faisant partie de la concession.

TITRE VII.

MODIFICATIONS AUX STATUTS. — LIQUIDATION.

Art. 71. Si l'expérience fait reconnaître l'utilité d'apporter des modifications ou additions aux présents statuts, l'assemblée générale y pourvoit dans la forme déterminée à l'article 57.

Les résolutions de l'assemblée à cet égard ne sont toutefois exécutoires qu'après l'approbation du gouvernement égyptien.

Tous pouvoirs sont donnés d'avance au Conseil d'administration, délibérant à la majorité des deux tiers des voix des membres présents dans une réunion spéciale à cet effet, pour consentir les changements que le gouvernement égyptien jugerait nécessaire d'apporter aux modifications votées par l'assemblée générale.

Art. 72. Dans le cas de dissolution de la Société, l'assemblée générale, sur la proposition du Conseil d'administration, détermine le mode à adopter, soit pour la liquidation, soit pour la reconstitution d'une Société nouvelle.

TITRE VIII.

ATTRIBUTION DE JURIDICTION. — CONTESTATIONS.

Art. 73. La Société étant constituée, avec approbation du gouvernement égyptien, sous la forme anonyme, par analogie aux sociétés anonymes autorisées par le gouvernement français, elle est régie par les principes de ces dernières sociétés.

Quoique ayant son siège social à Alexandrie, la Société fait élection de domicile légal et attributif de juridiction à son domicile administratif à Paris, où doivent lui être faites toutes significations.

Art. 74. Toutes les contestations qui peuvent s'élever entre les associés sur l'exécution des présents statuts et à raison des affaires sociales sont jugées par arbitres nommés par les parties, sans qu'il puisse être nommé plus d'un arbitre pour toutes les parties représentant un même intérêt.

Les appels de ces sentences sont portés devant la Cour d'appel de Paris.

Art. 75. Les contestations touchant l'intérêt général et collectif de la Société ne peuvent être dirigées, soit contre le Conseil d'administration, soit contre l'un de ses membres, qu'au nom de la généralité des actionnaires et en vertu d'une délibération de l'assemblée générale.

Tout actionnaire qui veut provoquer une contestation de cette nature doit en faire la communication au Conseil d'administration quinze jours au moins avant la réunion de l'assemblée générale, en la faisant appuyer par la signature d'au moins dix actionnaires en mesure d'assister à cette assemblée. Le Conseil est alors tenu de mettre la question à l'ordre du jour de la séance.

Si la proposition est repoussée par l'assemblée, aucun actionnaire ne peut la reproduire en justice dans son intérêt particulier. Si elle est accueillie, l'assemblée désigne un ou plusieurs commissaires pour suivre la contestation.

Les significations auxquelles donne lieu la procédure ne peuvent être adressées qu'auxdits commissaires. Dans aucun cas, elles ne doivent l'être aux actionnaires personnellement.

TITRE IX.

COMMISSAIRE SPÉCIAL DU GOUVERNEMENT ÉGYPTIEN

PRÈS LA COMPAGNIE.

Art. 76. Conformément au cahier des charges, un commissaire spécial est délégué près la Compagnie, à son domicile administratif, par le gouvernement égyptien.

Le commissaire du gouvernement égyptien peut prendre connaissance des opérations de la Société, et faire toutes communications ou notifications nécessaires à l'accomplissement de son mandat, pour l'exécution du cahier des charges de la concession.

TITRE X.

DISPOSITIONS TRANSITOIRES. — PREMIER CONSEIL D'ADMINISTRATION.

Art. 77. Par dérogation aux articles 24, 26, 27, 30, 56 ci-dessus, et sauf l'exception déterminée par l'article 20 de l'acte de concession, le Conseil d'administration est constitué comme suit, pour toute la durée des travaux et pendant les cinq premières années qui suivront l'ouverture du canal maritime à la grande navigation.

MM. . . . .
. . . .

Indépendamment des attributions déterminées par les articles 34 et 35 des présents statuts, le Conseil d'administration, constitué comme il est dit ci-dessus, est investi de tous pouvoirs pour assurer l'exécution de l'entreprise. — A cet effet, il peut choisir le mode qui lui paraît le plus favorable, tant pour l'acquisition et la revente des terrains que pour l'achat des matières, l'exécution des travaux et la fourniture du matériel de toute nature. Il peut autoriser la mise en adjudication de tout ou partie des travaux, l'acquisition de tous biens meubles et immeubles nécessaires à l'établissement et à l'exploitation des canaux et dépendances faisant partie de la concession. Il peut également, et dans le même but, autoriser les travaux en régie et les marchés à forfait pour tout ou partie de l'entreprise.

Le premier Conseil d'administration est autorisé, pendant la durée du mandat spécial qui fait l'objet du présent article, à se compléter, en cas de vacances, de quelque manière que ces vacances se produisent.

TITRE XI.

PUBLICATIONS.

Art. 78. Tous pouvoirs sont donnés au porteur d'une expédition des présentes pour les faire publier à Alexandrie et partout où besoin sera.

Nous, MOHAMMED-SAÏD-PACHA, VICE-ROI D'ÉGYPTE,

Après avoir pris connaissance du projet des statuts de la

Compagnie universelle du canal maritime de Suez et dépendances, lequel nous a été présenté par M. Ferdinand de Lesseps, et dont l'original, contenant 78 articles, reste déposé dans nos archives.

Déclarons donner auxdits statuts notre approbation, pour qu'ils soient annexés à notre acte de concession et cahier des charges, en date de ce jour.

Alexandrie, le 26 rebi-ul-akher 1272 (5 janvier 1856).

O, Cachet de S. A. le vice-roi.

Pour traduction conforme à l'original en langue turque déposé aux archives du cabinet,

Le Secrétaire des commandements de Son Altesse le vice-roi,

Signé Koenig-Bey.

Au commencement de cette année, le grand vizir Aali-Pacha, chargé de représenter la Turquie au congrès de Paris, déclare à ses collègues et au gouvernement français lui-même que le sultan ne pouvait voir qu'avec faveur et sympathie le projet du canal de Suez, également favorable aux intérêts de l'empire turc et aux progrès du monde, et que son gouvernement était tout disposé à lui accorder un loyal concours.

Le 20 juillet, le vice-roi, voulant assurer l'exécution des travaux du canal maritime de Suez, signe un contrat confirmatif du décret du 5 janvier précédent, par lequel le gouvernement égyptien s'engage à fournir tous les ouvriers qui seront jugés nécessaires à son exécution. Il fixe l'organisation, le traitement et la paye des ouvriers égyptiens à employer par la Compagnie,

Un journal est fondé à Paris sous le titre de l'*Isthme de Suez, Journal de l'union des deux mondes*. M. Ernest Desplaces en est le directeur et le principal rédacteur.

Le 20 novembre, le *Journal de Constantinople*, organe du gouvernement ottoman, exprime la pensée que le percement de l'isthme de Suez ne pouvait, considéré en lui-même, trouver de contradicteurs sérieux ; qu'il y avait unanimité sur les immenses résultats qui en découleraient pour l'Orient et l'Occident ; que dénigrer une si grande entreprise, ce serait s'engager à prouver que les moyens qui abrégent les distances et multiplient les relations entre les peuples ne doivent pas être employés ; qu'il ne peut donc pas se trouver d'opposants sur les avantages économiques du percement de l'isthme de Suez. Sous ce rapport, aucune volonté ne s'élève nulle part comme aucune difficulté.

Ces assertions n'ayant été aucunement démenties, n'est-ce point là l'autorisation la plus explicitement exprimée de l'exécution du canal ? et la ratification matérielle de la part de la Turquie de l'acte de concession du vice-roi d'Égypte n'est-elle plus uniquement qu'une affaire de forme ?

M. de Lesseps devait en conséquence se considérer aux yeux de tout le monde comme parfaitement autorisé à donner suite à son projet. C'est aussi ce qu'il a fait avec l'approbation générale, sauf toutefois celle du gouvernement anglais.

On doit d'autant plus remarquer que c'était au vice-roi, et non à M. de Lesseps, qu'il appartenait d'obtenir la ratification du sultan, réservée dans l'art. 14 de l'acte de concession du 5 janvier 1856, que dans un appendice de cet acte, le vice-roi dit :

« La concession accordée à la Compagnie uni-
« verselle du canal de Suez devant être ratifiée par
« S. M. I. le Sultan, je vous remets cette copie au-
« thentique afin que vous puissiez constituer ladite
« Compagnie financière. Quant aux travaux relatifs
« au percement de l'isthme, elle pourra les exécuter
« elle-même dès que l'autorisation de la Sublime
« Porte *m'aura* été accordée. »

Précédemment, dans une circulaire datée du Caire, le 3 décembre 1854, que M. Ferdinand de Lesseps était chargé d'adresser à tous les représentants des puissances étrangères en Égypte, il s'exprimait ainsi :

« Le vice-roi, dont vous connaissez les bons rap-
« ports avec la Porte, ne doute pas de l'acquiesce-
« ment du sultan, avec lequel *il s'entendra* direc-
« tement. »

1857.

Le *Journal de Constantinople*, organe du gouvernement ottoman, déclare le 16 mars « que ce pro-

« jet grandiose s'est vu entouré de sympathies géné-
« rales et que les gouvernements et la presse de tous
« les pays l'ont discuté et lui ont donné leur entière
« approbation... Que la réalisation du percement de
« l'isthme de Suez importait aux intérêts du monde
« entier. »

Pendant les mois d'avril, de mai et de juin, M. de Lesseps parcourt les principaux ports et centres industriels de l'Angleterre, de l'Irlande et de l'Écosse, et y recueille de la part des négociants, armateurs et manufacturiers des témoignages authentiques favorables à son projet.

1858.

L'ambassadeur à Constantinople d'une grande puissance, se trouve en rapport d'affirmation avec le journal de cette ville en rendant compte, en ces termes, à M. de Lesseps, le 8 avril, d'une conférence qu'il venait d'avoir avec deux des principaux ministres du divan.

« J'ai vu ce matin Aali-Pacha (grand vizir) et
« Fued-Pacha (ministre des affaires étrangères) ; je
« les ai trouvés l'un et l'autre dans les mêmes dis-
« positions, c'est-à-dire toujours favorables au canal
« et désireux d'établir publiquement que la Porte

« n'oppose, de son chef, aucun obstacle à la réali-
« sation de votre grande entreprise. »

M. de Lesseps fait une excursion rapide dans toute l'Europe et s'assure que partout les esprits sont favorables à son projet. Il retourne en Égypte pour rendre compte de ses impressions au vice-roi son ami, et va passer encore quelques jours à Constantinople avant de revenir à Paris au mois d'août.

Pendant son court séjour dans cette première ville, il entretient le nouveau vizir, successeur de Réchid-Pacha, que la mort avait enlevé, de la situation décisive et pratique de l'affaire.

Une souscription au capital de 200 millions, divisée en 400,000 actions, de 500 fr. est ouverte le 5 novembre et fermée le 30 du même mois, pour le percement de l'isthme de Suez.

Elle s'est élevée en France seulement, où elle devait trouver et où en effet elle a rencontré une grande sympathie, à 207,111 actions réparties entre 23,300 personnes. Presque toutes les classes de la population y ont pris part depuis les simples mécaniciens jusqu'aux plus riches propriétaires. Le premier nom sur la liste des souscripteurs est celui de S. A. I. le prince Jérôme Napoléon ; le second, celui de S. A. Mohammed-Saïd, vice-roi d'Égypte.

Sur la liste figurent aussi les noms de M. le comte de Chambord et de M. le duc de Montpensier.

Le président de la Chambre de commerce de Paris est allé lui-même faire inscrire cette Chambre au nombre des souscripteurs, d'après une résolution votée par elle.

Les souscriptions des autres pays ont été de 192,889 actions, dont voici la liste :

PAYS.	ACTIONS.
Angleterre.	5,085
Autriche.	51,246
Belgique.	324
Danemark.	7
Deux-Siciles.	97
Égypte, le vice-roi personnellement.	96,517
Espagne.	4,046
États romains.	54
États-Unis.	5,000
Pays-Bas.	2,615
Portugal.	5
Prusse.	15
Régence de Tunis.	1,714
Russie.	24,174
Sardaigne.	1,353
Suède.	1
Suisse.	460
Toscane.	176
Total.	192,889

Les intérêts des sommes versées courront à partir du 1ᵉʳ janvier 1859, à raison de 5 pour 100 par an.

Cet événement, auquel on devait s'attendre, à moins de désespérer de l'intelligence humanitaire ou intéressée des hommes de toutes les nations, a cependant trouvé une critique aussi amère qu'inconvenante dans quelques organes de la presse anglaise. Voici un échantillon de leur style ; il est tiré du journal de Londres *le Globe*, 30 novembre, jour même de la clôture de la souscription :

« Les souscripteurs principaux sont des garçons
« de café, trompés par les journaux qu'ils ont sous
« la main, et des garçons épiciers habitués à lire
« des *puffs* sur les enveloppes de leurs propres pa-
« quets.

« Le clergé a été largement victimé, et trois mille
« portefaix ont réuni leurs sous pour acheter des
« actions.

« Toute l'affaire est un vol manifeste commis au
« préjudice des gens simples qui se sont laissé duper ;
« car jamais on ne percevra un maravédis du péage
« d'un canal impossible. »

Quel modèle d'urbanité et d'intelligente prévision !

Malgré les mille entraves qui lui sont suscitées, M. de Lesseps continue son chemin sans s'en inquiéter. Son regard clairvoyant aperçoit dans le lointain un bienfait à doter le monde entier, un honneur à faire luire sur la France ; il marche résolûment vers ce but, la tête haute, et son mépris fait justice des obstacles successivement accumulés sur sa route.

Des divers conquérants qui se sont rués sur l'Égypte, Cambyse a porté la dévastation la plus déplorable dans les villes célèbres de Memphis et de

Thèbes; Alexandre a fondé une cité magnifique; Amrou a exercé d'affreux ravages et a détruit la plus précieuse bibliothèque de l'antiquité. Qu'est-il resté de leur passage sur cette riche et brillante contrée?... Des ruines! rien que des ruines! M. de Lesseps, au contraire, a conquis pacifiquement le désert, en vaincra la stérilité, et léguera à toutes les nations de la terre une œuvre aussi grandiose qu'utile. Bienfait civilisateur autant qu'humanitaire.

Il est intéressant de conserver les noms des lieutenants de ce vaillant capitaine, de ceux qui l'ont aidé de leur savoir, de leur expérience, de leur dévouement, et qui ont contribué à l'exécution de ce vaste travail du percement de l'isthme.

La Compagnie universelle du canal maritime étant constituée par la souscription de son capital, M. de Lesseps institue un *conseil supérieur des travaux*, lequel tient sa première séance le 22 novembre. Il a appelé pour en faire partie :

MM.

PALEOCAPA, ancien ministre des travaux publics, ministre d'État du royaume de Sardaigne;
CONRAD, inspecteur du Waterstaat du royaume des Pays-Bas;
RENAUD, inspecteur général et membre du conseil général des ponts et chaussées de France;
C. de FOURCY, ingénieur en chef, secrétaire du même conseil (section de la navigation);
PASCAL, ingénieur en chef des ports de Marseille;

Larousse, ingénieur hydrographe de la marine impériale française, comme membre adjoint;

Bourdon, chef de la section des travaux à l'administration de la Compagnie, comme secrétaire adjoint.

MM. Mongel-Bey, ingénieur en chef, directeur des travaux du canal maritime, et Laroche ingénieur assistent aux séances.

MM. de Négrelli-Moldelbe, inspecteur général des chemins de fer d'Autriche; Lieusson, ingénieur hydrographe de la marine impériale de France, et Rendel, ingénieur à Londres, qui faisaient partie de la Commission internationale, ont été enlevés tous les trois par une mort prématurée.

Le chemin de fer du Caire à Suez est inauguré dans le mois de décembre.

Le gouvernement anglais, qui a sans cesse l'œil ouvert sur ses intérêts et qui trouve toujours moyen de les soutenir, négocie avec la Turquie l'acquisition de l'île de Périm dans la mer Rouge, près du détroit de Bab-el-Mendeb, à 120 kilomètres d'Aden et 180 de Moka. Cet endroit est le plus rétréci de la mer Rouge à laquelle il ne laisse que 8 à 10 kilomètres de passage. Et comme l'antique Albion a toujours eu une préférence marquée pour le fait sur le droit, elle commence par occuper Périm en attendant l'issue des négociations, et s'y installe sans vergogne aucune.

Le 15 décembre, un acte notarié auquel est jointe la liste nominative des souscripteurs et le lieu de résidence de chacun d'eux, constate que le capital est entièrement souscrit.

Le 20 décembre a lieu la première séance du conseil d'administration de la Compagnie du canal maritime de Suez. Cette compagnie est déclarée définitivement constituée.

Le mouvement de la navigation par le cap de Bonne-Espérance est de plus de 4 millions de tonneaux par an. Ce chiffre ne doit pas paraître exagéré quand on voit le mouvement du seul port de Marseille se monter pendant le même temps à 3 millions de tonneaux, et le canal du Bosphore donner passage à une navigation annuelle de 3,600,000 tonneaux.

ORGANISATION DE LA COMPAGNIE.

S. A. I. le prince JÉRÔME NAPOLÉON est *protecteur* de la Compagnie universelle du canal maritime de Suez.

MM.

JOMARD-BEY, membre de l'Institut, président de la Société impériale de géographie;

Le baron Charles Dupin, sénateur, membre de l'Institut;

Le maréchal Narvaez, duc de Valence;

Sont présidents honoraires.

Le conseil d'administration, formé des principaux fondateurs et actionnaires de l'entreprise, se compose de :

MM.

Ferdinand de Lesseps, ancien ministre plénipotentiaire, *président;*

Le duc d'Albuféra, député au Corps législatif;

Paul Forbes, de la maison A. B. Forbes, banquiers à Boston (États-Unis);

Le chevalier Revoltella, banquier, délégué en Autriche, *vice-présidents.*

Et comme *membres*, de

MM.

Arman, membre de la chambre de commerce de Bordeaux, député au Corps législatif;

Alléon (Jacques), banquier, délégué à Constantinople;

F. L. Alvarès d'Andrada, ancien diplomate portugais;

Brusi (Antonio), président de la Société catalane de crédit, délégué en Espagne;

De Chancel, ancien officier de marine, inspecteur général du chemin de fer d'Orléans;

Le baron Nicolas Clary, propriétaire;

Corbin de Mangoux, conseiller à la Cour impériale de Bourges;

Couturier (Gustave), ancien banquier en Turquie, banquier à Paris;

Delamalle (Victor), propriétaire;

Deloche, ancien négociant en Turquie;

Élie de Beaumont, sénateur, secrétaire perpétuel de l'Académie des sciences;

Flury-Hérard, banquier à Paris;

Le comte de Galbert, propriétaire, correspondant de la Compagnie dans l'Isère;

D'Hoffschmidt, ancien ministre des travaux publics et des affaires étrangères, délégué à Bruxelles;

Jadimerowsky (Alexis), de la maison *les fils d'Alexis Jadimerowsky*, de Saint-Pétersbourg;

De Lagau, ancien ministre plénipotentiaire;

D. A. Lange, chef de la maison *Lange Brothers et comp*, de Londres;

Lefebvre (Gabriel), propriétaire;

Le baron de Lesseps (Jules), propriétaire;

Le marquis de Pons, propriétaire;

Le marquis de Pontoi-Pontcarré, membre du conseil général d'Eure-et-Loir;

Préfontaine, ingénieur civil, inspecteur général du chemin de fer d'Orléans;

Quesnel (Alfred), de la maison *Quesnel frères*, délégué au Havre;

J. Randoing, manufacturier, maire d'Abbeville, député au Corps législatif;

Le chevalier de Reali, président de la chambre de commerce de Venise;

Renée, député au Corps législatif;

Rouffio (Eugène), négociant, délégué à Marseille;

J. W. Ruyssenaers, consul général des Pays-Bas en Égypte ;

Le vicomte Tirlet, propriétaire ;

Et le chevalier Torelli (Luigi), député au parlement sarde, délégué à Turin.

M. W. Conrad est commissaire de S. A. le vice-roi d'Égypte, près de la Compagnie.

M. Paul Merruau est secrétaire général de la Compagnie.

Un conseil supérieur des travaux est formé de :

MM.

Renaud, inspecteur général et membre du conseil général des ponts et chaussées de France, *vice-président* ;

Charles de Fourcy, ingénieur en chef, secrétaire du conseil général des ponts et chaussées de France, *secrétaire* ;

Conrad, inspecteur du Waterstaat du royaume des Pays-Bas ;

Paleocapa, ancien ministre des travaux publics, ministre d'État du royaume de Sardaigne ;

Pascal, ingénieur en chef des ports de Marseille ;

Larousse, ingénieur hydrographe de la marine impériale de France ;

Ernest Jolly, architecte ;

Et Bourdon, chef de la section des travaux à l'administration de la Compagnie du canal.

Un conseil judiciaire est composé de :

MM.

Senard, avocat à la Cour impériale de Paris, *vice-président;*

Paul Fabre, avocat au conseil d'État et à la Cour de cassation ;

Champetier de Ribes, avocat à la Cour impériale de Paris ;

Fréville, agréé au tribunal de commerce de Paris ;

Mocquart, notaire à Paris ;

Denormandie, avoué près le tribunal de première instance de la Seine ;

Moreau, avoué près la Cour impériale de Paris ;

Et A. Belland, ancien avoué, chef du contentieux à l'administration de la Compagnie, *secrétaire.*

1859.

Le 5 janvier, un message officiel notifie au vice-roi que la Compagnie universelle du canal maritime de Suez, fondée par décret de S. A. le vice-roi d'Égypte, est définitivement constituée.

Un premier versement de 150 fr. par action est demandé pour être effectué, savoir :

50 fr. dans le mois de janvier 1859 ;
50 fr. dans le mois de juillet suivant ;
50 fr. dans le mois de janvier 1860.

Le 4 février, S. A. R. le duc de Porto, infant de Portugal, accepte le titre de protecteur de l'entreprise du canal de Suez.

Le 14 février, un traité est conclu entre la Compagnie universelle et M. Alphonse Hardon, entrepreneur à Paris, pour l'exécution des travaux préparatoires du canal.

Celui-ci doit opérer, entre autres travaux :

Art. 1er Le creusement du canal maritime projeté entre la mer Méditerranée et la mer Rouge, et la construction des ports et jetées en dépendant ; le creusement du canal fluviatile du Nil au canal maritime, avec sa rigole et la construction de ses écluses.

Par l'art. 6. Les dépenses à la charge de l'entreprise comprennent : l'achat, l'entretien et la location du matériel, le personnel, la nourriture, les frais de transport, la fourniture et la main-d'œuvre des matériaux, enfin toutes les dépenses généralement quelconques applicables aux travaux concédés.

Les frais du personnel de la Compagnie, ingénieurs, conducteurs, surveillants et les dépenses d'études et de tracés, sont seuls à la charge directe de la Compagnie en dehors de l'entreprise.

A cette époque-ci, le transport des marchandises par le chemin de fer d'Alexandrie au Caire et du Caire à Suez coûte 331 fr. par tonne.

Le 26 février, le roi d'Espagne déclare accepter le

titre de haut protecteur de la Compagnie universelle du canal de Suez.

Après avoir réuni à Paris ses collaborateurs et leur avoir fait ses adieux, M. de Lesseps se rend en Égypte pour y organiser le commencement des travaux du percement de l'isthme. Mais à peine est-il débarqué le 5 mars à Alexandrie et parfaitement accueilli par le vice-roi, que les oppositions à son utile projet se renouvellent avec plus d'ardeur. On fait courir le bruit que le vice-roi a refusé à M. de Lesseps l'autorisation écrite de commencer les travaux du canal maritime, et que, par suite, l'ingénieur en chef a donné sa démission.

Mais cette fable, imaginée comme moyen d'intimidation, est bientôt démentie victorieusement par la présence dans l'isthme du président de la Compagnie et de M. Mongel-Bey, se livrant à l'examen des premiers travaux à exécuter.

Cependant l'opposition anglaise continue une marche parallèle à ces travaux. Elle ne laisse pas néanmoins que d'en être honteuse aux yeux du monde, et pour dissimuler son mauvais vouloir, elle fait publier le 23 juin les lignes suivantes par l'organe le plus accrédité de sa presse :

« Si la France peut raccourcir et rendre plus éco-
« nomique la route d'Orient, ce que nous ne croyons
« pas pour le moment, voici sur quoi elle peut
« compter: personne ne sera plus satisfait que nous
« de lui voir accomplir cette œuvre ; car, quoi

« qu'on fasse, l'Angleterre y recueillera certai-
« nement la plus large part des bénéfices. »

Et les intrigues d'aller leur train.

Lord Palmerston, premier ministre d'Angleterre, opposé systématiquement au projet du percement de l'isthme de Suez, déclare d'abord en plein parlement, sous le voile de son affectueuse sollicitude pour les intérêts de la Turquie, qu'il y a impossibilité de l'exécuter. Il ne nie plus dans la suite la possibilité de l'exécution ; mais il affirme que le canal à établir entre les deux mers pour livrer passage aux vaisseaux ne sera point rémunérateur, et que conséquemment les capitaux se refuseront à aller s'engloutir dans des sables stériles. Mais les négociants anglais ne partagent pas l'opinion, ou plutôt le mauvais vouloir de leur éminent homme d'État, en attestant, dans vingt-deux *meetings*, que le canal maritime de Suez sera favorable au commerce et aux intérêts de l'Angleterre. Et comme ce commerce s'élève annuellement pour cette nation seule, en Orient, à près de 2 milliards de francs, un chiffre aussi considérable milite puissamment en faveur d'une voie offrant à la fois économie et célérité, puisque le passage par le canal de Suez abrége de trois mille lieues la route maritime entre l'Occident et l'Orient.

Pour l'Angleterre, du cap Lezard à la pointe de Galles à Ceylan, par exemple, un bâtiment à voiles met en moyenne :

Par le cap de Bonne-Espérance. 106 jours.

Par Suez pendant l'été, ... 55 —

Pour la France, de Marseille à Ceylan, un bâtiment à voiles met en moyenne :

Par le cap de Bonne-Espérance. 109 jours.

Par Suez pendant l'été. .... 42 —

A l'économie de temps se joint nécessairement l'économie de dépenses.

Le lundi 25 avril, M. de Lesseps se trouve dans la baie de Péluse sur la côte de la Méditerranée à l'endroit même où doit s'ouvrir le canal maritime. Il est accompagné de MM.

Mongel-Bey, ingénieur en chef des ponts et chaussées, directeur général des travaux ;

De Montaut et Laroche, ingénieurs ;

Larousse, ingénieur hydrographe ;

Aubert-Roche, médecin en chef ;

Hardon, entrepreneur général des travaux ;

Et d'un personnel de cent cinquante employés, conducteurs, marins et ouvriers fellahs.

M. de Lesseps, après avoir fait déployer le drapeau égyptien et prononcé quelques paroles encourageantes et sympathiques, saisit une pioche et en donne le premier coup sur ce terrain qui ouvrira, s'écrie-t-il, l'accès de l'Orient au commerce et à la civilisation de l'Occident.

Tous les membres de la commission d'exploration prennent la pioche à leur tour, ils sont imités par les personnes ci-dessus, et le percement de l'isthme de Suez se trouve désormais inauguré.

L'embouchure du canal maritime est établie sur la saillie formée par la côte, entre la baie de Peluze et celle de Dibeh. On ne l'a pas faite dans le fond de cette baie parce que la profondeur d'eau de 8 mètres ne se trouve qu'à 6,000 mètres en mer, tandis que là cette profondeur se rencontre à moins de moitié de distance de la plage.

Le port recevra le nom du vice-roi d'Égypte et il s'appellera *port Saïd*.

Les travaux commencent aussitôt. M. Laroche s'occupe de l'élévation d'un phare, tandis que M. Larousse continue ses études hydrographiques sur le lac Menzaleh, et M. de Lesseps travaille à l'organisation de l'administration de la Compagnie en Égypte.

On pense que les travaux du percement de l'isthme se résumeront en un déblai de 55 à 60 millions de mètres cubes.

Il est certain que le percement de l'isthme de Suez est vu d'un mauvais œil par le cabinet anglais, parce que l'homme qui en a eu la pensée est Français, parce qu'il doit être exécuté avec des fonds en grande partie français, que les travaux sont dirigés par des ingénieurs français, que le canal sera exploité par une compagnie française. Il y a bien là, en effet, de quoi raviver la jalousie anglicane.

Jusqu'alors le plus fort champion de l'Angleterre contre le percement de l'isthme, s'appuyant pour la forme sur les assertions inexactes d'un ingénieur anglais renommé, avait prédit hardiment, ainsi qu'il a été dit ci-avant, que ce projet n'était qu'une chimère, une impossibilité, et les journaux qui lui sont dévoués avaient fait chorus à qui mieux mieux en termes même un peu moins parlementaires.

Or voici que malgré ces affirmations réitérées, l'entreprise, armée de science et d'argent, se met résolument à ouvrir la marche vers le but qu'elle se propose d'atteindre avec certitude.... Des obstacles, dont on devine aisément la source, se mettent aussitôt en travers.

Les travaux suivaient leur cours, non pas d'une manière subreptice, dissimulée, mais à la face du monde entier, lorsque paraît une circulaire de Chériff-Pacha, ministre des affaires étrangères du vice-roi d'Égypte, portant la date du 9 juin 1859. Elle est adressée aux représentants des puissances européennes à Alexandrie, et rappelle que les firmans du vice-roi relatifs à la concession du canal de l'isthme de Suez expriment formellement la réserve de la ratification du Sultan, et la condition que les travaux de percement ne seront exécutés qu'après l'autorisation de la Sublime-Porte.

Elle invite en conséquence les consuls généraux, sous une forme légèrement comminatoire, à prévenir leurs nationaux qu'ils aient à cesser immédiatement de prendre part à des travaux qui n'ont en aucune manière le caractère d'études préparatoires.

M. de Lesseps répond le même jour à cette circulaire et envoie au vice-roi un memorandum raisonné qui se résume ainsi :

« Le vice-roi n'est responsable de rien si la Compagnie déjà régulièrement constituée suit, sans entraves de sa part, la marche prudente et conciliante qu'elle a adoptée.

« Il est responsable de tout si les actionnaires, que son mandataire a régulièrement appelés en son nom, peuvent lui imputer le dommage résultant de la non-exécution des engagements en vertu desquels ils ont été réunis en Société. »

Et le président de la Compagnie, comme un bon cheval de bataille, ne s'effraie pas du bruit qui se fait autour de lui. Il n'ignore pas qu'avec les gouvernements faibles, il faut savoir être fort, et leur faire du bien en quelque sorte malgré eux. Il continue donc l'œuvre commencée sous les auspices du vice-roi.

Le 17 août, le journal semi-officiel de Constantinople insère une note ainsi conçue :

« M. de Lesseps, qui est de retour à Paris, se dispose à partir bientôt pour se rendre à Londres, dans le but, assure-t-on, d'aplanir et de lever les obstacles que le gouvernement anglais oppose au percement de l'isthme de Suez. »

Dans les derniers jours du mois de septembre, un coup violent est porté. Mouktar-Bey, *capou Kaya* du vice-roi d'Égypte à Constantinople, arrive à Alexandrie porteur d'une lettre de la Sublime-Porte notifiant à Saïd-Pacha d'avoir à faire suspendre immédiatement tous les travaux commencés dans l'isthme, à exiger l'évacuation des chantiers et l'enlèvement du matériel.

A la réception d'une notification faite d'un ton si impérieux et si précis, le vice-roi, qui s'était déjà vu contraint de défendre à tous ses nationaux de travailler dans l'isthme, convoque le corps consulaire d'Égypte, et obtient de chaque consul qu'il fera signifier à ses nationaux de cesser tout travail dans cette partie du désert et d'évacuer les lieux avant le 30 octobre courant, sous peine d'y être contraints par la force.

Pour mettre un terme à ces incessantes tracasseries, le conseil d'administration de la Compagnie universelle juge le moment arrivé d'appeler l'attention de l'Empereur des Français sur cette question, si vivement combattue en sous-main par l'Angleterre, du canal maritime de Suez.

Le 23 octobre, une députation choisie parmi les membres de ce conseil obtient une audience de Napoléon III. Elle est composée de MM. Ferdinand de Lesseps, président de la Compagnie ; Jomard, ancien membre de la commission scientifique d'Égypte et membre de l'Institut ; Élie de Beaumont, sénateur et membre de l'Institut, tous les deux présidents honoraires de la Compagnie ; le duc d'Albufera, vice-président et député de l'Eure ; Randoing, maire et député d'Abbeville ; Arman, député de Bordeaux ; et de plusieurs administrateurs français et étrangers.

Cette députation remet à l'Empereur une pétition

invoquant sa puissante intervention auprès du gouvernement anglais afin de faire cesser son opposition au percement de l'isthme de Suez dont elle rappelle le but et les avantages pour le commerce universel.

L'Empereur répond à la députation que des négociations sont déjà entamées par son gouvernement afin d'arriver à la solution des difficultés pendantes, et que sa protection est acquise aux droits et aux intérêts de l'œuvre.

Et des ordres sont expédiés au consulat général de France à Alexandrie pour que nulle atteinte ne soit portée aux opérations de la Compagnie dans l'isthme.

Sur l'injonction de leurs consuls, quelques employés et ouvriers étrangers avaient cessé leurs travaux, mais pas un Français n'avait lâché pied.

L'infatigable M. de Lesseps, et d'esprit et de corps, quitte Paris le 11 novembre, assuré de l'appui du gouvernement français, et court à Constantinople où il est parfaitement accueilli par les principaux ministres du Sultan.

Il expose au divan, le 10 décembre, dans un memorandum, empreint de vérité et de clarté, tous les faits relatifs au percement de l'isthme de Suez, et il en obtient la déclaration suivante :

La Porte, en ce qui la concerne, n'élève aucune objection contre le projet de M. de Lesseps ; elle l'accepte en principe ; elle en reconnaît l'utilité, tant au point de vue de l'intérêt particulier de l'empire ottoman qu'au point de vue de l'intérêt général des nations civilisées. Elle invite les puissances alliées à se concerter et à se mettre d'accord sur les questions que ce projet soulève au point de vue international. Elle s'engage à rendre le firman d'autorisation pour l'ouverture des travaux immédiatement après que ces questions auront été réglées.

M. de Lesseps quitte Constantinople le 28 décembre et débarque à Alexandrie le 2 janvier 1860. Il se rend aussitôt auprès du vice-roi qui était dans la Haute-Égypte.

Cependant les études préparatoires suivent leur cours sans interruption et cette année 1859 n'a point été stérile.

Les explorations hydrographiques sur la Méditerranée ont permis de choisir pour l'embouchure du canal la partie du rivage la plus rapprochée de la profondeur requise pour l'entrée des navires.

Les marées de cette mer ne varient que de 20 à 40 centimètres.

Le lac Menzaleh a été complétement étudié. Ce lac a 50 lieues de circonférence; il est en partie entouré de villages offrant une population d'environ 15,000 âmes. Elle descend des anciens pasteurs, prétendus d'origine assyrienne, dont la dynastie de leurs rois a régné 500 ans sur l'Égypte, et elle vit très-misérablement du produit de la pêche à laquelle elle se livre exclusivement.

Cette pêche est très-productive, mais seulement pour celui qui en est le fermier. Homme cupide et dur, il ne considère les pêcheurs que comme des esclaves. L'attention de Saïd-Pacha est appelée, dit-on, sur la triste position des habitants du lac Menzaleh.

Cette lagune très-poissonneuse, puisque d'après la Bible elle était le vivier des Pharaons, est aussi peuplée de troupes innombrables d'oiseaux aquatiques tels que flamants aux ailes roses dont les langues sont un mets recherché, pélicans blancs, oies, canards, sarcelles, plongeons, ibis, bécassines, hérons, etc., qui y trouvent journellement leur nourriture.

A la crue du Nil, ce fleuve verse ses eaux dans le lac Menzaleh qui rend le trop-plein à la Méditerranée et cette mer entre dans le lac lorsque le Nil est très-bas. Les eaux douces et salées se trouvent ainsi mélangées à tous les degrés de salure depuis 0 jusqu'à 7 ou 8 degrés.

Des plantes végètent dans ce lac qui ne donne naissance à aucune fièvre pernicieuse; il n'en existe en effet ni à Menzaleh, ni à Matarieh, ni à Damiette, non plus que dans les autres pays environnants. Il est même remarquable que la population des lacs Menzaleh et Bourlos est une des mieux portantes et des plus vigoureuses de l'Égypte.

Un phare a été établi à Port-Saïd pour la sécurité de la navigation dans le golfe de Peluse.

L'organisation d'un bon personnel a été préparée.

1860.

La première assemblée générale des actionnaires a lieu le 15 mai dans la salle Herz à Paris, sous la présidence de M. Ferdinand de Lesseps, assisté de MM. le duc d'Albufera, vice-président du conseil d'administration, et Conrad, commissaire du viceroi d'Égypte auprès de la compagnie universelle.

MM. Jomard et Élie de Beaumont, présidents honoraires de la compagnie, sont présents à la séance.

M. Paul Merruau, secrétaire général de la compagnie, est choisi pour secrétaire.

Il résulte du rapport lu par le président, entre autres renseignements :

Que l'appontement du port provisoire de Port-Saïd, commencé depuis un an sur l'emplacement de la jetée ouest du port définitif, s'avance déjà à 300 mètres en mer par des fonds de 3 mètres 50 centimètres.

Qu'un phare de quatrième ordre, à feu fixe, système Fresnel, est élevé sur une tour carrée en charpente de 20 mètres de hauteur, reposant sur des pilotis ; il est visible à 25 milles en mer.

Que des ateliers pour le montage et la réparation des machines et outils et une scierie mécanique sont en construction à peu de distance de l'appontement.

Qu'une boulangerie, des machines distillatoires pour l'approvisionnement de l'eau douce, des baraquements pour les ouvriers et vingt maisons en bois pour les ingénieurs et les employés sont établis.

Qu'à Zâheireh, îlot situé vers le milieu du lac Menzaleh, un campement a été établi pour la facilité des communications par eau entre Port-Saïd et les chantiers de Kantara-El-Krasné, de l'autre côté du lac, à l'endroit où le canal coupe la route de Syrie. Une briqueterie y a été organisée.

Que le campement de Kantara-El-Krasné se compose de dix maisons en bois, en briques ou en pisé, d'un puits et d'un four à chaux. Un poste militaire égyptien en ruines a été reconstruit et est destiné à servir d'hôpital.

Qu'à El-Ferdane, situé à 18 kilomètres au sud de Kantara, près du tracé du canal, s'élèvent quatre maisons, un four à chaux provisoire, et qu'un puits a été creusé à 5 mètres de profondeur.

Qu'un autre campement est établi à Bir-Abou-Ballah, au bord occidental du lac Timsah, bassin privé d'eau dans presque toute son étendue, à proximité du tracé du canal de jonction au Nil. Le puits qui, à Bir-Abou-Ballah, existe depuis la plus haute antiquité doit être réparé et utilisé pour commencer l'exploitation de quelques terres.

Que le campement de Toussoum (nom du fils du vice-roi Mohammed-Saïd), à huit kilomètres de Bir-Abou-Ballah, au sud du lac Timsah et sur un plateau élevé, se compose de 33 constructions en pisé pour hôpital, ateliers, magasins, logements, boulangerie, étables, forges, puits, mosquée auprès de laquelle se trouve le tombeau du cheick Ennedek, que la Compagnie fait religieusement restaurer.

Qu'entre le Serapeum et Suez un campement a été établi pour préparer l'exploitation des carrières de Gebel-Geneffé, qui se développent à pic au-dessus du campement sur une hauteur de 150 mètres. En outre du calcaire de bonne qualité que présentent ces carrières, il s'y trouve d'immenses bancs de sulfate de chaux qui fourniront d'excellent plâtre.

Qu'à Awebed il y a un magasin de dépôt, une maison en bois et quatre tentes. Awebed est une station du chemin de fer du Caire à Suez. Une partie de l'eau que ce chemin transporte dans cette dernière ville est laissée à Awebed pour en alimenter les campements de Gebel-Geneffé et du Serapeum. Quant à ceux de Toussoum et Ferdane ils sont approvisionnés d'eau provenant du lac Maxama, et celui de Kantara-El-Krasnó par les canaux dépendant de l'ancienne branche Pélusiaque du Nil.

Que pour l'établissement des jetées et autres constructions de Port-Saïd, où la pierre fait défaut, le vice-roi vient de livrer à la Compagnie les carrières de Mex, situées à l'ouest-sud-ouest de la rade d'Alexandrie, dont l'exploitation est même commencée.

Des chalets, baraques et magasins sont établis à Port-Saïd. Les premières constructions ont été élevées sur les petites dunes qui s'étendent le long du rivage de la mer et sur pilotis. Ces dunes forment une langue de sable très-étroite, de cent mètres de largeur environ, battues par la Méditerranée au nord-est et resserrées au sud-ouest par les eaux du lac Menzaleh. Les ouvriers européens et indigènes sont néanmoins parfaitement logés.

D'autres campements sont formés à Bir-Favar et à Mourrah.

On travaille activement au batardeau et à la plantation des pieux pour l'établissement d'un îlot à 1500 mètres en mer, destiné à joindre l'appontement ouest de Port-Saïd.

La tranchée, qui doit conduire l'eau douce de sa prise dans le lac Maxama jusqu'au centre de l'isthme, a été ouverte dans le lit même de l'ancien canal des Ptolémées et ce travail est poursuivi sans relâche.

Ce lac Maxama, de 3 kilomètres de long sur un de large et d'une profondeur variable de 60 centimètres à $1^m,50$ est formé par les eaux venant directement du Nil.

En attendant que l'eau douce soit amenée à Port-Saïd, les machines distillatoires y fonctionnent journellement et pourvoient aux besoins, mais assez chèrement.

Le 10 juin, dimanche de la Fête-Dieu, une cérémonie simple et touchante a lieu après la messe célébrée par l'abbé Bel, supérieur des Lazaristes, sur le péristyle du chalet des ingénieurs, où un autel avait été dressé. La foule y assiste groupée sur la place. M. de Lesseps tient sur les fonts de baptême le premier enfant né à Port-Saïd de père et mère corse et lui donne les prénoms de Ferdinand-Saïd (Saïd correspond à Félix).

Un village arabe, renfermant une mosquée, est en construction à Port-Saïd, à l'extrémité ouest de la ville. Un iman est installé avec son muezzin pour réciter la prière aux musulmans.

On jette les fondements d'une église catholique, d'un presbytère, d'une maison d'école, d'un hôpital et d'habitations destinées aux médecins, pharmaciens, sœurs de charité, etc., toujours sur pilotis.

Un petit canal a été creusé entre le lac Menzaleh et le Nil, à Damiette ville de 40,000 âmes, en raison de sa position la plus rapprochée de Port-Saïd et de ses vastes magasins occupant une superficie de dix hectares sur les bords du Nil, lesquels servaient autrefois de casernes et de greniers publics, et ont été acquis par la Compagnie.

Damiette a été prise pour centre principal de l'administration des travaux, ainsi que pour l'approvisionnement des vivres à des prix modérés.

L'eau du Nil est également apportée par cette voie à Port-Saïd au prix de 5 fr. la tonne, par conséquent à bien meilleur marché que celle provenant de la distillation de l'eau de mer dont la tonne revient à 20 fr.

Des dragues fonctionnent, d'autres sont montées aussitôt leur arrivée. Les sables retirés de la mer sont transportés derrière le cordon littoral ou lido pour servir au remblai de la ville et la mettre au-dessus des hautes eaux du lac Menzaleh à l'époque de la crue du Nil.

Voilà quels sont les travaux exécutés jusques à présent. Il est intéressant de les indiquer et de constater les difficultés de toutes sortes qu'il a fallu vaincre, sans parler des entraves morales suscitées par une politique jalouse et tracassière, pour commencer au milieu du désert ces nombreux établissements sur tout le tracé du canal destiné à relier les deux mers. La postérité tiendra certainement compte de l'énergie, de la persévérance, du courage des hommes qui s'y sont dévoués et dont la plus grande part revient sans contredit au promoteur de cette noble et utile entreprise.

1861.

Pendant que les travaux de Port-Saïd se continuent sans interruption, que 14 voies de fer sillonnent les rues de cette nouvelle cité, et qu'un remblai de 2 mètres facilite son développement, le commencement de cette année est signalé par l'entreprise de la tranchée du seuil d'El-Guisr.

Sur 14 kilomètres de longueur, en comprenant le contre-fort de Ferdane et sur une hauteur offrant jusqu'à 19 mètres de déblai au-dessus de la ligne d'eau, cette tranchée est sans contredit le travail le plus grandiose, l'obstacle le plus considérable à vaincre pour la jonction de la Méditerranée au lac Timsah.

Le terrain est attaqué sur plusieurs points à la fois. Chaque arabe a sa tâche tracée de 40 mètres cubes de forme rectangulaire. Il a pu amener avec lui sa femme et ses enfants, et ces derniers, dès l'âge de 9 à 10 ans, prêtent à leur père le secours de leurs jeunes bras et de leur merveilleuse activité.

Les terrassements faits à la brouette volante sont payés à raison de 20 centimes le mètre cube et à 25 centimes ceux de la brouette à la corde. Les fellahs gagnent ainsi des journées de 1 fr. 10 c. à 1 fr. 30 c., salaires supérieurs à ceux qu'ils obtiennent en Égypte. Il est bien entendu que toute espèce de punition corporelle est interdite par la Compagnie ; le courbache est inconnu dans les ateliers.

Des bâtiments d'habitation, des magasins, des ateliers de menuiserie, de serrurerie, de charronnage, un grand four à cuire le pain, une boucherie, etc., s'élèvent à El-Guisr. La première pierre d'une église est posée le 22 septembre.

Tous les matériaux nécessaires à ces constructions ont été transportés d'Alexandrie à Maxama par le chemin de fer et le canal d'eau douce, et de ce dernier endroit au seuil par des chameaux.

Pour le service de santé, des ambulances et hôpitaux continuent à être construits à Port-Saïd, à Kantara, à El-Guisr, à Toussoum. Rien n'est négligé pour le traitement des malades. La Compagnie a constitué à cet effet une commission d'hygiène et de salubrité. Tous les soins, la sollicitude pour la santé des hommes, sont couronnés de succès. En effet, la maladie et la mortalité ont suivi leur marche ordinaire pendant la fouille du canal à travers le lac Menzaleh où les hommes travaillaient enfoncés à mi-corps dans l'eau et dans la boue, tandis que le creusement du canal de Mahmoudieh, il y a 40 ans, a coûté en quelques mois la vie à plus de vingt mille hommes.

Un cadi est institué à Port-Saïd, comme dans toutes les autres stations, pour rendre la justice aux Arabes selon la loi musulmane.

Cependant le nombre des ouvriers fellahs, que le vice-roi s'était engagé à fournir à la Compagnie, faisant défaut pour donner un grand développement aux travaux, il a fallu recourir au système des travailleurs libres. Des agents actifs ont parcouru l'Égypte pour obtenir des terrassiers, et maintenant plus de 8,000 Arabes sont occupés aux travaux. Ce nombre s'est même élevé dans toutes les parties entreprises de l'isthme à près de 12,000. Dans le principe, ces hommes habitués au joug de la corvée gratuite ne pouvaient pas se faire à l'idée qu'il étaient des ouvriers libres et payés. Mais lorsqu'ils eurent reçu le prix de leur travail, ils se livrèrent à la joie et exécutèrent leur tâche avec plus d'entrain et plus d'ardeur.

Au mois d'avril, 3,000 d'entre eux entament le creusement du canal d'eau douce.

Il faut se bien rendre compte de ce qu'a toujours été la corvée en Égypte et de ce qu'elle est, par exception, pour les travaux du percement de l'isthme de Suez. Institution du pays remontant aux plus anciens temps, et sans laquelle aucune entreprise ne serait possible, la corvée ou travail forcé n'a pas cessé d'être mise en usage pour les réparations indispensables et l'entretien des canaux qui donnent la vie à l'Égypte ; puis elle s'est étendue à tous les travaux, non déterminés par la même urgence, qu'il a plu au gouvernement et à de puissants personnages de faire exécuter. Les Anglais, eux-mêmes, ne s'en sont pas privés pour l'établissement et les réparations de leurs chemins de fer. Dans tous les cas, elle a toujours conservé son caractère obligatoire et gratuit.

Mais pour le percement de l'isthme de Suez il n'en a pas été ainsi. L'obligation de venir y travailler a, il est vrai, dû être conservée, sans quoi aucun fellah n'eût voulu quitter son village ; mais en outre de ce que les travailleurs sont traités avec douceur, avec justice, qu'ils ne sont jamais frappés, contrairement à l'habitude égyptienne, leur tâche à faire est mesurée à leurs forces et pour la première fois leur travail n'est point gratuit ; ils sont payés. Ils se trouvent donc dans les conditions de tous les ouvriers ordinaires.

La vérité est qu'ils sont forcés de quitter leurs villages pour venir travailler et gagner de l'argent. Mais il n'est pas moins vrai qu'ils ne feraient rien dans l'intérêt général de leur patrie, s'ils n'y étaient obligés par la force. Insouciants, fatalistes, que la vase vienne combler les canaux, que l'eau du Nil se trouve perdue et n'arrive plus à féconder leurs terres, ils ne chercheront point d'eux-mêmes à réparer des maux qui menacent pourtant leur existence.

Voilà pourquoi tous les gouvernements de l'Égypte se sont vus dans l'obligation de maintenir l'institution de la corvée forcée, toute odieuse qu'elle est, principalement pour le curage annuel, avant la mi-juin, des canaux de toute l'Égypte; travail qui nécessite l'emploi, dit-on, de 300,000 fellahs. Mais ce système a été depuis longtemps appliqué à toutes les espèces de travaux d'utilité publique, puis il s'est étendu à ceux des particuliers puissants.

Le fellah tient avant tout à ne pas s'éloigner du lieu qui l'a vu naître. S'il était toujours maître de ses actions, il ne le quitterait jamais; on lui offrirait le salaire le plus élevé et les conditions de travail les plus avantageuses pour aller au loin employer ses forces, qu'il refuserait avec obstination. Il préfère l'état misérable auquel il est réduit chez lui au profit, même certain et lucratif, qu'il obtiendrait loin de sa masure.

Le domaine du Ouady, provenant de la succession du prince El-Hamy-Pacha, fils du vice-roi Abbas, et contenant 22,000 feddans, ou 9,240 hectares, est acheté 1,997,000 fr. par la Compagnie, grâce à l'intervention de M. Ruyssenaërs, consul général de Hollande, l'un des vice-présidents de la Compagnie. Il est situé dans la riche vallée de Gessen, si fertile au temps des Hébreux (Gessen signifie *terre des pâturages*), et arrosé, sur un parcours de 30 kilomètres, par le canal d'eau douce allant de Zagazig au centre de l'isthme.

Une société artistique de l'Isthme de Suez, sous le patronage de M. Ferdinand de Lesseps, est fondée à El-Guisr. Elle a pour objet d'étudier l'Égypte et en particulier l'isthme de Suez à tous les points de vue scientifique, historique et artistique.

Au mois de juillet un versement de 50 fr. par action de la souscription est demandé et versé.

Le 2 décembre, M. le comte de Chambord débarque à Mansourah, puis va visiter les travaux de Port-Saïd où il séjourne deux jours.

1862.

Non content d'Aden, pris dès l'année 1838, de l'île de Périm et de plusieurs autres points encore dans la mer Rouge, tels que l'île de Camaran, achetée d'un cheik arabe, située entre Djeddad et Moka, et plus immédiatement entre les deux ports commerçants et importants de Hodeidah et de Lodeiah, le gouvernement anglais fit visiter par un navire de guerre, comme simple curiosité sans doute, où tout au plus pour l'occuper à titre provisoire, l'archipel de Dalhac, situé à peu de distance de Massouah sur la côte d'Abyssinie. Cet archipel se compose des trois îles de Nora, Nackla et Dalhac, qui contiennent plusieurs villages et dont la dernière possède un bon port. Il convoite en outre l'île de Zanzibar.

De son côté, au mois de février 1862, la France signe avec les délégués de deux chefs danakils un traité qui lui accorde 112 kilomètres de littoral sur l'océan Indien et la mer Rouge, depuis Ras-Doumeirah au nord, jusqu'à Ras-Ali au sud, et qui comprend Obok pouvant devenir un port important de l'Afrique orientale. Cette cession est faite moyennant 10,000 talaris (53,200 fr.).

Il faut ajouter aux possessions de la France : l'île de Desset (l'ancienne Orine) cédée par Négoussié, le chef du Tigré ; l'île d'Ouda, près de Massouah ; le port d'Ed, près du volcan d'Haycock, sur la côte du pays des Danakils, et Zoula, l'illustre Adulis des Grecs.

Au commencement de cette année, la rigole de service est établie entre Port-Saïd et Ferdane, sur une longueur de plus de 60 kilomètres, et peut servir aux transports des approvisionnements et des matériaux jusqu'au pied du seuil d'El-Guisr. On peut, dès lors, supprimer une partie des nombreux chameaux employés à ces transports. La compagnie en a possédé un moment jusqu'à sept cents, sans compter la location de beaucoup d'autres.

La boue liquide et argileuse du fond du lac Menzaléh, jetée sur les berges, se solidifie promptement, se cuit pour ainsi dire, aux rayons ardents d'un soleil persistant et offre de la résistance à l'érosion des eaux mouvantes. Cette calcination tient sans doute à ce qu'elle est très-salée, trois fois plus que l'eau de mer.

Le dimanche 5 janvier la messe est célébrée pour la première fois dans l'église de Port-Saïd, tout nouvellement construite.

Le 10 janvier le canal d'eau douce amène l'eau du Nil jusqu'auprès du lac Timsah, après un travail de neuf mois et au moyen d'un personnel de six à sept mille ouvriers en moyenne. Il est ouvert sur une largeur au plafond de $7^m,70$ et de $12^m,50$ à la ligne d'eau et sur une profondeur de $1^m,20$.

Ce canal est alimenté par la branche tanitique du Nil qui traverse Zagazig, et par l'ancienne branche pélusiaque appelée *Cherkaouieh* dont la prise d'eau est au Caire; mais de Zagazig à Tell-el-Kébir, la compagnie n'a fait qu'approfondir et réparer l'ancien canal existant dans le Ouady.

Les carrières de Mex sont en pleine exploitation. C'est à ciel ouvert que se fait facilement l'extraction des pierres; elles cubent de 1 à 2 mètres et reviennent à 16 fr. le mètre cube rendues à Port-Saïd. Cependant les ingénieurs de la compagnie s'occupent des avantages que présenterait une autre exploitation, celle des carrières de Gebel-Geneffé, dans lesquelles il existe de la pierre à plâtre. Elles sont situées à peu de distance des lacs Amers.

On se prépare à fonder en mer, à 1,500 mètres de Port-Saïd, l'îlot, premier jalon de la jetée ouest de cette ville.

Des magasins d'une superficie de 1 hectare sont achetés par la compagnie, au prix de 200,000 fr. à Boulak, port du Caire sur le Nil. Ces bâtiments, construits à grands frais par Méhémet-Ali, étaient nécessaires au fonctionnement du monopole créé par ce vice-roi.

Les locations des terres du Ouady ont été portées de 80,000 à 150,000 fr. par année. Cependant le taux relativement peu élevé de ce loyer a attiré des cultivateurs nomades, et ce domaine, réduit à une population de 5,000 âmes lorsque la compagnie en a fait l'acquisition, est maintenant occupé par 8,000 habitants; il est susceptible d'en recevoir le double.

Au mois de juillet, 100 fr. par action sont demandés et versés.

Le trésor égyptien est aujourd'hui souscripteur de 177,642 actions, soit 88,821,000 fr. tant pour la propre souscription du vice-roi que pour celles abandonnées par un certain public auquel ce prince s'est substitué.

La commission supérieure, instituée en 1858 résidant et délibérant à Paris, est reconstituée sous le nom de *Commission consultative*. Elle reste composée de ses anciens membres, auxquels est adjoint M. Tostain, inspecteur général des ponts et chaussées.

M. Mougel-Bey, ne pouvant résider continuellement dans l'isthme, où l'agrandissement du cercle des opérations nécessite la présence permanente du directeur général des travaux, résigne ses fonctions. Il est remplacé par M. Voisin, de Versailles, ingénieur des ponts et chaussées, déjà sous-directeur, puis directeur général par intérim.

M. Sciama, ingénieur des ponts et chaussées, dirige les services de l'exécution.

A la tranchée d'El-Guisr, les fellahs ne peuvent s'habituer à employer les instruments européens, les brouettes, etc.; ils préfèrent se servir de la pioche égyptienne et du panier fait de roseaux ou de branches de palmiers, appelé *couffe*. Ils remplissent celui-ci de terre avec leur pioche ou plus souvent avec leurs mains, le chargent sur leur épaule, et le transportent à la décharge ; 20,000 fellahs travaillent ainsi à fouiller le seuil. La couche supérieure est formée de pierre calcaire sur une épaisseur de $1^m,50$. On trouve ensuite une pierre sablonneuse ou sable agglutiné, puis au fond du sable pur. Des pierres ont été rencontrées dans quelques petites parties.

Le village d'El-Guisr prend de l'importance. Sur le minaret de la mosquée, un fanal allumé pendant la nuit sert de phare aux voyageurs du désert.

A Port-Saïd, dont la population s'élève à 1,000 Européens et environ 2,500 Arabes, des ateliers sont établis dans de vastes bâtiments en charpente, garnis de maçonnerie en briques. Ils comprennent : la fonderie, la forge, la serrurerie, la scierie, la menuiserie, l'ajustage. L'atelier de charpente est en plein air.

A la fin d'avril, on commence les constructions de la ville de Timsah, située près du lac de ce nom, au centre de l'isthme, à l'endroit où se joindront presque le canal maritime et celui d'eau douce dérivé du Nil. Une fête inaugure, le 27 avril, la pose de la première pierre de cette nouvelle ville. Les charpentes sont façonnées dans les ateliers de Port-Saïd.

Le 14 mai, le vice-roi d'Égypte, Mohammed-Saïd, débarque à Toulon et arrive le 18 à Paris. Il occupe des appartements dans le pavillon de Marsan au palais des Tuileries. — Le 2 juin il se rend en Angleterre où il séjourne dans un simple hôtel jusqu'au 5 août qu'il revient en France par Cherbourg. Il repart de Paris le 28 août pour Constantinople et rentre à Alexandrie le 1er octobre.

Pendant son séjour en France, Mohammed-Saïd

fait don à l'empereur d'une importante collection de 11,500 monnaies grecques, romaines et musulmanes; plusieurs de ces dernières sont rares et précieuses. Napoléon III les fait placer toutes à la Bibliothèque impériale.

On a toujours dit, on a répété mille fois, les adversaires du canal d'abord, puis les gens craintifs, que les sables soulevés par les vents, ne tarderaient pas à se répandre dans le canal, à le combler et à y rendre la circulation impossible.

Ces craintes auraient été détruites, comme bien d'autres, si l'on avait bien voulu porter ses observations sur toutes les parties de l'isthme. De grands terrains déprimés existent dans tout son parcours, tels que le lac Menzaleh, le lac Ballah, le lac Timsah, les lacs Amers, et cependant depuis des milliers de siècles, les sables charriés par les vents, loin de les combler et de niveler ainsi le sol de l'isthme, l'ont conservé tel qu'il a toujours été connu.

Pourquoi donc les sables, qui ont toujours respecté ces dépressions considérables, viendraient-ils combler uniquement le canal maritime ?

On s'occupe avec activité de l'élargissement du chenal, jusqu'alors simple rigole de service, ouvert dans le lac Menzaleh, et de la formation du côté de l'ouest d'un fort bourrelet isolant complétement les eaux du canal de celles de ce lac, avant l'époque où la crue du Nil se fera sentir dans ce dernier. Les dragues opèrent en moyenne un déblai d'environ

400 mètres cubes par jour. Cependant dans quelques parties leur produit n'a pu être retenu en berge qu'à l'aide de palplanches et de fascines.

Dans d'autres, les dragues ont rencontré de fortes résistances dues à des bancs de 7 à 8 centimètres d'épaisseur, formés de sables et de coquillages agglomérés.

Les contingents d'ouvriers égyptiens, envoyés d'office par le vice-roi, se succèdent régulièrement sur les travaux. Dans l'espace de vingt à trente jours leur tâche est achevée, ils sont payés, et reprennent le chemin de leurs villages. Ils sont bien nourris, bien traités dans tous les chantiers où ils sont employés. Un officier du vice-roi, Ismaïl-Bey, mudir des travaux de l'isthme, veille d'ailleurs à ce que les engagements stipulés à leur égard par la compagnie soient soigneusement exécutés. Il maintient, en outre, la discipline parmi cette multitude de travailleurs.

D'après un rapport officiel du directeur général des travaux, à la date du 20 mars de cette année, il a été érigé sur la ligne des opérations :

209 maisons d'habitation, — 45 bâtiments d'ateliers ou de magasins, — 22 hangars, — 122 baraques, — et, en outre, 7 villages arabes en pisé, ou gourbis.

La santé générale dans l'isthme est parfaite. En voici une preuve évidente : Pendant toute une année, du mois de mars 1861 au mois de mars 1862, la population européenne a été de 1250 habitants environ et la mortalité de 20 personnes, soit de 1,60 pour cent. La population arabe qui a passé sur les travaux dans la même période de temps a été de 120,933 hommes, la mortalité ne s'est élevée qu'à 23 individus. Il est vrai qu'il n'arrivait sur les chantiers que des hommes jeunes, valides et généralement sobres.

En Égypte tout excès de la part des Européens, tout écart de régime ou des règles hygiéniques, produisent immédiatement les plus funestes conséquences; les médecins sont d'accord à cet égard.

Le 19 mai, les actions du canal maritime de Suez sont cotées pour la première fois à la Bourse de Paris.

Le 20 août, une ligne télégraphique est complétement établie le long du canal d'eau douce. Elle fonctionne entre Timsah et Zagazig où elle se relie au télégraphe électrique installé depuis longtemps par le gouvernement égyptien le long du chemin de fer du Caire à Alexandrie.

Une plâtrière est construite à Ferdane; elle est alimentée par le sulfate de chaux qui se trouve en grande quantité dans le lac Ballah.

Le 18 novembre, une cérémonie intéressante se passe au centre du désert. Le seuil d'El-Guisr, cet énorme obstacle éantt tranché, l'eau de la Méditerrapée va être introduite dans le lac Timsah. A 11 heures du matin, M. Ferdinand de Lesseps, accompagné du cheick Islam, des Ulémas, du Pope grec, de l'évêque catholique d'Alexandrie, à la tête des Pères de la Terre-Sainte, des consuls généraux de France, d'Italie, de Hollande, d'Autriche, du prince Czartoriski, de la princesse sa femme, de plusieurs autres personnages de distinction, et entouré des employés de la Compagnie, s'avance auprès de la digue et prononce ces paroles :

« Au nom de S. A. Saïd-Pacha, je commande
« que les eaux de la Méditerranée soient introduites
« dans le lac Timsah, par la grâce de Dieu. »

Aussitôt la digue est rompue et la mer se précipite dans le lac. Il semblait voir à l'horizon méridional la mer Rouge lui ouvrir les bras ! La musique joue l'air national égyptien ; les Ulémas invoquent Allah à haute voix, et un *Te Deum* est chanté dans l'église d'El-Guisr. A 3 heures un banquet réunit 150 convives, tant personnes invitées, qu'employés de la Compagnie, dans la grande rue d'El-Guisr ; et le soir, chacun reprend sa monture pour retourner à Timsah. La nuit était venue, mais le désert est éclairé par des torches arabes, appelées *maachals*, sortes de grillages fixés au haut de longs bâtons et dans lesquels brûlent des bois résineux. La marche de 8 kilomètres se fait au milieu de ces lueurs rougeâtres et pittoresques, agitées par les Saïs qui les portent toujours courant. A Timsah un bal termine la fête.

Le peintre français Bary a retracé cet épisode dans quatre dessins qui représentent : l'entrée de l'eau du canal maritime dans le lac Timsah ; le retour aux flambeaux d'El-Guisr à Timsah ; le départ des invités par le canal d'eau douce, avec une ovation anglaise faite à M. de Lesseps ; le départ de Timsah de l'évêque d'Alexandrie et du Caire.

Le désert est vaincu !

Dans les mois de novembre et décembre, le creusement du canal d'eau douce est poursuivi dans la direction de Suez. Douze mille hommes l'ont prolongé de Timsah jusqu'auprès de Toussoum, sur une longueur de 10 kilomètres. Ce dernier campement se trouve donc approvisionné d'eau douce.

1863.

Un grand malheur frappe l'Égypte et par contre-coup l'entreprise du percement de l'isthme de Suez. Le vice-roi Mohammed-Saïd-Pacha meurt au Caire dans la nuit du 17 au 18 janvier, ayant à peine dépassé sa quarantième année. Il laisse un fils, Toussoum-Pacha, âgé de neuf à dix ans. Saïd-Pacha avait mis les finances du pays dans un déplorable état.

Le 18 janvier, Ismaïl-Pacha, second fils d'Ibrahim, âgé de 33 ans, est proclamé au Caire vice-roi d'Égypte. Il a fait ses études à l'École égyptienne de Paris.

Le 25 janvier, le traité d'entreprise générale fait avec M. Hardon le 14 février 1859, est résilié, et cet entrepreneur reçoit de la Compagnie, aux termes de son traité, une indemnité de 1,200,000 francs. Il lui est en outre payé la somme de 600,000 francs, montant de la commission qui lui est due pour travaux accessoires, en régie fixe, et qui n'entraient pas dans la régie intéressée.

Le 4 mars, dans une réunion de quelques étrangers et de tous les chefs de service de la Compagnie convoqués exprès, M. Ferdinand de Lesseps fait accepter sa proposition de donner désormais à la nouvelle ville de Timsah, le nom d'Ismaïlia, en l'honneur du nouveau vice-roi Ismaïl-Pacha.

Le 15 mars, les principales habitations construites à Timsah permettent, dans ce centre de l'isthme, la translation de la direction générale des travaux du personnel et du matériel qui étaient installés à Damiette.

M. Auguste Mariette, savant archéologue français, qui, depuis plusieurs années opérait des fouilles dans le sol de l'Égypte, et M. Schmidt, ingénieur, sont chargés de faire construire à Boulak, faubourg du Caire, près de l'Esbékieh, un musée égyptien destiné à recevoir les objets antiques découverts par ce premier savant. Il contiendra en outre un musée d'antiquités grecques recueillies en Égypte et un musée arabe.

Le vice-roi, qui fait élever cet édifice à ses frais, charge M. Mariette de continuer ses fouilles pour lesquelles il lui fournit des ouvriers.

Le 18 mars, par une convention conclue au Caire entre le vice-roi d'Égypte, représenté par Nubar-Bey, et M. Ferdinand de Lesseps, au nom de la Compagnie du canal maritime de Suez, cette Compagnie renonce au droit qui résulte pour elle des actes de sa concession, à l'effet d'établir par elle-même au Caire la prise d'eau de son canal dérivé du Nil, et de prendre possession des terrains nécessaires à la construction du canal depuis le Caire jusqu'à sa jonction, au point qui sera déterminé par les ingénieurs de la Compagnie dans le Ouady, avec le canal du Ouady déjà ouvert à la navigation. Le gouvernement égyptien prend à sa charge la fouille du canal ayant sa prise d'eau au-dessus de Boulak et doit la terminer pour le mois de mars 1865.

En outre, la Compagnie s'engage à donner à la dérivation actuellement en construction depuis Néfiche jusqu'à Suez, les dimensions suffisantes pour que cette dérivation ne soit pas seulement propre à l'irrigation et à l'alimentation, comme il est stipulé au cahier des charges, mais pour qu'elle soit, en même temps, propre à la navigation fluviale.

Comme compensation des dérogations consenties

par la Compagnie aux droits de son acte de concession, stipulés ci-dessus, le gouvernement égyptien s'oblige et s'engage à établir la jonction au Nil du canal d'eau douce de la Compagnie, avec prise d'eau directe, spéciale et permanente, au Caire, et raccordement du canal du Ouady ; le tout dans les conditions stipulées dans l'acte de concession du 5 janvier 1856..... et en sorte que l'alimentation du canal du Ouady soit assurée d'une manière complète et permanente avant le mois de mars 1865.

Le 7 avril, le sultan Abdul-Aziz vient rendre en Égypte à Ismaïl-Pacha la visite qu'il en a reçue à Constantinople. Il débarque à Alexandrie, se rend au Caire le lendemain et repart le 17 du même mois pour Constantinople sans avoir visité les travaux du canal maritime de Suez.

Le 27 avril, le prince Napoléon et la princesse Clotilde sa femme s'embarquent à Marseille pour l'Égypte.

Le 14 mai, le prince remet, de la part de l'empereur des Français le grand cordon de la Légion d'honneur au vice-roi Ismaïl, et la plaque de grand officier à son oncle Halim-Pacha.

Du 18 au 23 mai, il visite les travaux de l'isthme de Suez.

Il eût été bien extraordinaire qu'en présence des

progrès accomplis dans le percement de l'isthme, de la destruction du principal obstacle offert par le seuil d'El-Guisr, de l'arrivée de l'eau de la Méditerranée dans le lac Timsah, enfin de la marche régulière et active des travaux, l'opposition au succès du canal maritime ne se fût pas fait sentir. Il lui était trop désagréable de voir, l'arme au bras, tant d'éléments de réussite, et n'osant pas se mettre en travers au grand jour, elle suscita de ténébreuses intrigues.

Ainsi paraît comme une bombe une note turque datée de Constantinople le 6 avril. Elle est reproduite par tous les journaux et obtient de suite un grand retentissement.

Cette note, signée Aali, ministre des affaires étrangères de Turquie, et adressée aux représentants de la Sublime Porte à Paris et à Londres, porte, dans un style étudié, sur deux faits :

Le premier, que malgré l'abolition dans l'empire de la corvée, et malgré le dernier décret du vice-roi établissant la même prohibition, les travaux préparatoires ne s'effectuent que par le seul concours de ce régime.

Le second, qu'en concédant à la Compagnie, avec des canaux d'eau douce, tout le territoire qui les environne, partout où les canaux en question s'étendraient, la Compagnie aurait, selon le projet de contrat, le droit de revendiquer, en toute propriété, les terrains qui les bordent. De cette manière les villes de Suez, de Timsah, de Port-Saïd, ainsi que toute la frontière de la Syrie, passeraient naturellement et forcément dans les mains d'une compagnie anonyme.

Que par conséquent la Sublime-Porte manquerait à tous ses devoirs, perdrait l'estime de tous ses amis et laisserait s'établir un état de choses destiné à amener de continuels conflits, si elle ne déclarait pas que cette clause n'aura jamais sa sanction.

Qu'en résumé, le consentement de la Sublime Porte est et doit être indissolublement lié à la solution préalable des trois questions suivantes, savoir : la stipulation de la neutralité du canal; l'abolition du travail forcé; et l'abandon par la Compagnie de la clause qui concerne les canaux d'eau douce et la concession des terrains environnants.

Cette note imprévue occasionne la plus vive émotion, surtout parmi les actionnaires du canal maritime. A la Bourse de Paris, elle se traduit par une baisse de 40 fr. par action.

Tandis que la plupart des journaux anglais triomphent à la nouvelle de l'inqualifiable note du 6 avril, et jettent des cris de victoire, la presse de toute la France et des pays étrangers en exprime la plus profonde indignation.

Cependant les travaux de l'isthme continuent à marcher avec leur régularité ordinaire.

On trouve dans un rapport du médecin en chef de la Compagnie que le nombre des travailleurs dans l'isthme se compose de :

Européens. 1,500
Arabes sédentaires, ouvriers, etc. 3,500
Fellahs des contingents. . . 20,000
Total. . . . 25,000

Et que la mortalité a été pendant l'année :

Européens. . . . . 22, soit 1. 46 p. 100
Arabes sédentaires. . 60, soit 1. 42 —
Contingents. . . . 97, soit 0. 48 —

En France, les plus riches départements donnent une mortalité de 2,27 p. 100, et dans l'armée, population choisie, jeune et bien soignée, elle est de 1.94 p. 100.

Mais en raison de la grande mortalité des enfants en bas âge, due à leur mauvaise nourriture et au peu de soins dont ils sont entourés, la mortalité dans les villages d'Égypte est généralement d'au moins 3 p. 100.

Un traité est passé entre la Compagnie et M. Lasseron, membre de la société des ingénieurs civils de Paris, pour l'établissement de machines à vapeur élévatoires, prenant l'eau douce à Ismaïlia et la déversant dans un réservoir en tôle de 500 mètres cubes, établi sur les hauteurs voisines d'Ismaïlia, d'où elle est conduite par des tuyaux de fonte placés sur la berge ouest du canal maritime, sur une longueur de 80 kilomètres, jusqu'à Port-Saïd, afin d'alimenter d'eau cette ville ainsi que les campements qui existent sur toute la ligne d'Ismaïla à Port-Saïd.

Le 1ᵉʳ octobre, un traité est passé avec M. Couvreux pour l'achèvement complet, en quatre années, du canal maritime aux abords et à la traversée du plateau d'El-Guisr, sur une longeur de 15 kilomètres. L'entreprise comprend un déblai de 9 millions de mètres cubes à 1 fr. 60.

Le 20 du même mois, un traité est conclu avec MM. Dussaud frères, entrepreneurs des ports de Marseille, d'Alger et de Cherbourg, pour la construction en blocs artificiels de deux jetées, ouest et est, de Port-Saïd, dans le même délai de quatre ans. Il consiste dans la fabrication et la pose de 250,000 mètres cubes de blocs de mortier de chaux hydraulique à raison de 40 fr. le mètre cube, soit dix millions de francs.

Au nombre des travaux exécutés cette année, il faut citer :

L'enlèvement de 1,200,000 mètres de déblais, par les ouvriers des contingents, dans la portion du canal maritime entre Port-Saïd et El-Ferdane, c'est-à-dire sur une longueur de plus de 60 kilomètres.

Celui de 131,000 mètres cubes, à sec, d'un banc de pierre gypseuse formant dans une certaine étendue le fond du lac Ballah. Ces pierres à plâtre, déposées sur la berge, trouveront à être utilisées.

L'extraction dans la partie du canal, entre le lac Timsah et le plateau de Toussoum ou du Sérapéum, de 2,150,000 mètres cubes, au moyen d'une partie des contingents, dont la totalité a ensuite été reportée sur le canal d'eau douce.

Le commencement, vers le milieu de décembre, du percement du seuil de Chalouf-el-Taraba, qui sépare le petit bassin des lacs Amers des lagunes de Suez.

Le creusement et l'ouverture de deux canaux de jonction, dérivés du canal maritime; l'un pour le service d'une carrière de pierres, dite *plateau des hyènes*, à l'est du lac Timsah; l'autre au débouché du canal maritime dans ce lac pour le faire communiquer avec le canal d'eau douce à Ismaïlia.

La branche du canal d'eau douce depuis Néfiche, près d'Ismaïlia, jusqu'à Suez. Son exécution, dirigée par M. l'ingénieur Cazeaux, a nécessité le travail de treize mois, et a donné lieu à l'extraction de 3,347,000 mètres cubes de terre sur une longueur de 89 kilomètres 700 mètres et une largeur de 12 mètres à la ligne d'eau.

Le creusement, par quatre dragues et deux grues à vapeur, des bassins de Port-Saïd qui n'a pas discontinué.

Le prolongement jusqu'à Port-Saïd d'un côté, et jusqu'à Toussoum de l'autre, de la ligne télégraphique qui ne s'étendait que de Zagazig à Ismaïlia.

Pendant cette dernière campagne 33,434 mètres carrés de terrains ont été couverts de constructions sur la ligne des travaux.

24 dragues ont fonctionné. Le canal maritime est amené à sa largeur entre Port-Saïd et Ferdane, sur une longueur de 62 kilomètres.

La ville d'Ismaïlia prend de l'accroissement, elle possède de larges rues bordées de trottoirs et des maisons abritées du soleil par des vérandas.

A mesure que le canal d'eau douce s'avance vers Suez, les transports par terre, d'eau et de denrées alimentaires, remplacent avec avantage les 1,000 à 1,500 chameaux qui étaient journellement employés à ces transports pour l'alimentation des ouvriers.

Cependant les effets de la note du 6 avril ne laissent pas que de se faire sentir. Nubar-Pacha se rend en France et provoque une consultation de trois avocats célèbres de Paris, MM. Odilon-Barrot, Dufaure et Jules Favre, sur les droits de la Compagnie.

Cette consultation, datée du 30 novembre 1863, et publiée dans un grand nombre de journaux, est déclarée par M. de Lesseps reposer sur un texte matériellement falsifié. De son côté, Nubar-Pacha maintient que les textes sont puisés dans des documents officiels émanés de M. de Lesseps lui-même.

Dans cette position, la Compagnie universelle du canal de Suez forme, le 24 décembre 1863, une demande judiciaire contre M. N. Nubar; et dans l'assignation qu'elle lui fait donner par huissier, elle demande la juste réparation du préjudice qui lui a été occasionné, et réclame à titre de dommages et intérêts la somme de 300,000 fr.

Le 29 décembre, le canal d'eau douce partant d'Ismaïlia commence à couler dans la mer Rouge.

La ville de Suez se trouve enfin dotée, après des siècles de privation, de l'avantage inappréciable de recevoir à profusion et gratuitement l'excellente eau du Nil, et 90 kilomètres de terrains arides vont se trouver arrosés. Arrachée à une stérilité séculaire, cette partie du désert se couvrira de végétaux dont la luxuriance devra sa richesse à la présence de l'eau et de la chaleur, les deux principaux agents de toute végétation.

Cet événement est, sans contredit, l'un des plus mémorables et des plus bienfaisants de ce siècle. Il a été célébré à Suez par une fête où l'allégresse la plus vive était générale. Le Nil! le Nil à Suez! s'écriaient avec enthousiasme des gens de toutes les nations et de toutes les races.

Pour cette partie de l'isthme, de cette Égypte où tant de dynasties se sont succédé, celle du désert, de la stérilité, de la mort a été subjuguée ; elle est remplacée par celle de la fécondité et de la vie. Son règne y sera de longue durée, car sa puissance ne rencontrera pas d'ennemis.

Avant l'établissement du canal, l'eau était d'abord apportée dans des outres à dos de chameau, ensuite depuis peu d'années, par le chemin de fer venant du Caire. Une somme annuelle de plus de 1,200,000 fr. était employée à charrier chaque matin de l'eau douce à Suez dans des wagons-citernes pour la consommation de la journée. Une famille arabe en consommait pour 45 fr. par mois. A ce prix, on ne pouvait songer à entretenir des jardins, aussi la ville était-elle privée de toute espèce de verdure.

Le gouvernement égyptien, auquel le transport de l'eau douce à Suez occasionnait une dépense énorme en pure perte, trouve donc une magnifique économie dans la création du canal par la Compagnie.

La religion mahométane se ressent aussi de cet événement. Le nombre de pèlerins allant à la Mecque et passant par Suez était limité et mis en rapport avec l'eau apportée dans cette dernière ville. Pendant leur séjour, le prix de l'eau augmentait considérablement, et donnait lieu à des rixes souvent sanglantes. Aujourd'hui que l'eau arrive en abondance, le pèlerinage est entrepris par une bien plus grande quantité de fidèles musulmans.

1864.

L'hiver de cette année (1863 à 1864) se fait sentir d'une manière tout à fait exceptionnelle à Chalouf et même à Suez. Les pluies qui se bornent ordinairement à quelques ondées dans l'année, y sont fréquentes, le froid est vif et amène même de la gelée. Il en résulte une recrudescence dans la mortalité de cette partie la plus méridionale de l'isthme ; elle s'élève à 4,36 p. 100.

Le 13 janvier, un marché est signé à Paris avec M. William Aiton, connu par ses entreprises de dragages et de terrassements à Glasgow, pour l'achèvement à toute la profondeur des 60 premiers kilomètres du canal maritime depuis Port-Saïd jusqu'à l'origine du lot de M. Couvreux. Ce travail consiste dans l'enlèvement de 21,700,000 mètres cubes à 1 fr. 35 c., et doit être terminé dans quatre années.

Le 11 février, un banquet offert à M. Ferdinand de Lesseps, et aux membres du Conseil d'administration de la Compagnie universelle du canal maritime de Suez, à l'occasion de l'arrivée des eaux du Nil dans la Mer Rouge et de l'achèvement du canal d'eau douce établissant une première communication fluviale entre les deux mers, est donné à Paris dans le palais de l'Industrie aux Champs-Élysées. Il est présidé par le prince Napoléon et réunit 1,600 convives souscripteurs.

Au dessert le prince Napoléon improvise un très-long et très-incisif discours en faveur du percement de l'isthme de Suez.

Le 1er mars, une assemblée générale extraordinaire des actionnaires de la Compagnie se réunit dans le cirque de l'Impératrice aux Champs-Élysées, sous la présidence de M. Ferdinand de Lesseps. Elle emprunte une curiosité et un intérêt extrême à la position créée à la Compagnie par les difficultés soulevées dans la note vizirielle du 6 avril 1863 et par la présence hostile de Nubar-Pacha à Paris.

Lorsque le président annonce que le vice-roi d'Égypte a déclaré s'en rapporter complétement à l'Empereur Napoléon pour régler amiablement et définitivement toutes les questions en litige, et que Sa Majesté a daigné se charger personnellement de la suprême décision de toutes ces questions, des bravos éclatent dans toutes les parties de la salle, ils sont mille fois répétés, et l'enthousiasme est à son comble.

Deux jours après, M. Drouyn de Lhuys, ministre des affaires étrangères, soumet à l'Empereur des Français un rapport ayant pour objet la formation d'une commission destinée à préparer les éléments de la décision dont Sa Majesté a bien voulu se charger. Elle est composée de :

MM. Thouvenel, sénateur, président.
 Mallet, sénateur.
 Suin, sénateur.
 Gouin, député au Corps législatif.
 Duvergier, conseiller d'État.

Le 1er avril, un marché est passé avec MM. Borel, Lavalley et C°, ingénieurs et entrepreneurs de travaux publics à Paris, pour l'ouverture et l'achèvement du canal maritime entre le lac Timsah et la mer Rouge. Il comprend l'enlèvement d'environ 25 millions de mètres cubes au prix moyen de 2 fr. 28 c. le mètre cube, soit 57 millions de francs.

Le dimanche 10 avril, la conduite d'eau douce partant d'Ismaïlia est terminée jusqu'à Port-Saïd. La ville est en fête ! Les tuyaux en fonte sont parfaitement établis sur la berge du canal maritime. Port-Saïd se trouvera désormais alimenté d'eau douce ainsi que les stations entre cette ville et le lac Timsah. La machine élévatoire de M. Lasseron établie près d'Ismaïlia fournit 200 mètres cubes d'eau par jour.

L'eau douce abreuve donc les travailleurs dans toute la traversée de l'isthme de la Méditerranée à la mer Rouge. De grandes auges de fer sont établies de distance en distance et disposées de manière à être toujours pleines. Les Arabes, étonnés qu'en consommant beaucoup d'eau, elle ne vient pas à baisser, croient que c'est l'esprit malin qui opère ce mystérieux effet.

Par les soins de la commission nommée plus haut un compromis est signé, le 24 avril, entre Nubar-Pacha, au nom du vice-roi d'Égypte et spécialement autorisé à cet effet, et M. Ferdinand de Lesseps, au nom et comme président fondateur de la Compagnie universelle du canal maritime de Suez. Par ce compromis, les parties s'engagent à accepter le jugement arbitral qui doit être rendu par l'empereur Napoléon III.

Le 27 mai, l'évêque catholique du Caire, délégué apostolique en Égypte et en Arabie, bénit à Ismaïlia la première pierre d'une petite église.

Le 1ᵉʳ juin, la Compagnie est obligée de renoncer aux ouvriers des contingents égyptiens dont le nombre décroissait depuis trois mois ; elle remplace leur travail par celui des machines et des ouvriers libres.

Le 1er juillet un appel de 100 francs par action est fait. Cette somme est versée par les actionnaires.

Le 6 juillet, l'empereur Napoléon III rend la sentence arbitrale entre le vice-roi d'Égypte et la Compagnie du canal maritime de Suez. En voici le résumé :

Le gouvernement égyptien payera à la Compagnie une indemnité totale de 84 millions, savoir :

Pour la suppression des contingents d'ouvriers indigènes....................	38,000,000 fr.
Pour la rétrocession au gouvernement égyptien de la partie du canal d'eau douce comprise entre le Ouady, Timsah et Suez.......	6,000,000
Pour la rétrocession de 60,000 hectares de terrain sur les 63,000 qui avaient été concédés à la Compagnie, laquelle conserve 3,000 hectares affectés aux besoins de l'exploitation du canal maritime.	30,000,000
Et pour les travaux exécutés et à exécuter au canal d'eau douce..	10,000,000
Total.........	84,000,000 fr.

Cette somme sera payée par annuités à partir du 1er novembre 1864 jusqu'au 1er novembre 1879.

Le retrait des contingents égyptiens paralyse momentanément les travaux de l'isthme. On ne remplace pas sans un certain trouble, au milieu du désert, le travail d'hommes facilement obtenus en grand nombre par celui des machines à construire. Une aussi importante modification exige de nouvelles études, un surcroît de dépenses et beaucoup de temps.

Le dédommagement alloué à cet égard à la Compagnie par la sentence impériale ne peut atténuer entièrement le tort causé à l'entreprise du percement de l'isthme.

Les ouvriers égyptiens sont remplacés, en minime partie, principalement par des Grecs. Ils se nourrissent de pain, de poisson frais ou salé, de fromage, boivent de l'eau, du café, jamais de vin, et mangent rarement de la viande. Ils jouissent avec cela d'une bonne santé, sont vigoureux et travaillent bien. En adoptant le régime des indigènes, ils s'identifient plus sûrement aux influences du climat.

Le 6 août, l'assemblée générale annuelle des actionnaires de la Compagnie se tient dans le cirque de l'Impératrice aux Champs-Élysées.

M. Ferdinand de Lesseps, qui la préside, annonce que le conseil a fait l'acquisition de deux hôtels contigus, situés dans le square Clary, nos 9 et 11, comprenant une superficie de terrain de 1,057 mètres, moyennant la somme de 680,000 fr., pour y établir tous les services de l'administration centrale de la Compagnie, à Paris.

Le 15 octobre, les bureaux y sont transportés de la maison n° 12 de la place Vendôme, où était le siège de la Compagnie.

L'entrepreneur M. W. Aiton, ayant éprouvé des embarras financiers et se trouvant dans l'impuissance de payer non-seulement les fournisseurs de machines, les frets du matériel qu'il avait commandé en exécution de ses engagements, mais encore ses propres ouvriers, suspend ses travaux.

La Compagnie, usant des termes de son contrat, en prononce la résiliation; mais M. Aiton élevant des prétentions et restant d'ailleurs détenteur de tout le matériel de la Compagnie, celle-ci pour en reprendre possession dans le plus court délai et éviter les retards d'un procès, offre, comme transaction, à M. Aiton, une somme de 200,000 fr. qui est acceptée par lui.

En conséquence de cette rupture, un nouveau marché est passé, le 12 décembre, avec MM. Borel, Lavalley et compagnie pour l'exécution des travaux qui avaient été compris dans le lot de M. Aiton. Mais le cube des terres à enlever (21,700,000 mètres) leur sera payé 2 fr. au lieu de 1 fr. 35 c.

Pendant cette année, les travaux ont consisté :
A consolider les berges; continuer les dragages; développer le travail des ateliers de Port-Saïd, dont la population d'environ 5,000 âmes se compose de 2,000 Européens et de 3,000 Arabes.

La santé continue à être bonne sur toute la ligne

des travaux ; mais Kantara semble privilégié. Voici ce qu'en rapporte le médecin en chef de la Compagnie : « Dans l'année qui vient de s'écouler, Kantara « a maintenu sa réputation de salubrité, malgré les « influences climatologiques, la pluie, le froid et « l'humidité ; malgré la mauvaise alimentation due « à la cherté des vivres ; malgré les influences épi- « démiques du typhus et de la petite vérole. La « santé a été meilleure à Kantara que partout ailleurs « dans l'isthme, même qu'à Port-Saïd. »

1865.

Le 31 janvier, une circulaire de M. Ferdinand de Lesseps est adressée aux chambres de commerce de France et à l'étranger, pour les inviter à choisir chacune un délégué chargé de se rendre en Égypte, afin d'examiner l'état actuel des travaux du percement de l'isthme, les perspectives que présente leur achèvement prochain, et plus spécialement quelles ressources peut fournir actuellement au commerce l'établissement d'un service de batelage pour le transport des personnes et des marchandises entre les deux mers, sur une ligne d'eau continue.

La plupart des chambres de commerce répondent à cette invitation par l'envoi d'un de leurs membres ; et l'intérêt de cette visite est tellement général que d'autres associations telles que celle de navigation à vapeur du Lloyd autrichien, celle des ingénieurs civils de Paris, celle d'agriculture de Versailles (ville qui a donné le jour à M. Ferdinand de Lesseps), celle russe de navigation à vapeur et de commerce, etc., délèguent également des représentants.

Le 11 février, M. de Lesseps part pour Constantinople et l'Égypte en passant par Florence, où il va offrir ses remercîments au roi d'Italie pour avoir recommandé l'entreprise du canal de Suez à l'intérêt et à l'influence de tous ses agents diplomatiques à l'étranger, et aussi pour l'avoir décoré du cordon de grand officier dans son ordre des saints Maurice et Lazare.

Presque tous les délégués français, dont faisait partie l'auteur de ce livre, envoyé par la Société d'agriculture et des arts de Seine-et-Oise dont il avait alors l'honneur d'être président, s'embarquent à Marseille, le 29 mars à deux heures après midi, sur le *Saïd*, un des magnifiques bâtiments de la Compagnie des messageries impériales. La mer est tellement mauvaise qu'elle oblige à rester dans le port et que le paquebot pour la Syrie et celui en destination d'Alger, déjà partis, sont forcés eux aussi de se réfugier dans les eaux moins agitées du port. Enfin vers sept heures du soir toutes ces maisons flottantes se lancent en pleine mer et sont horriblement ballottées. Le *Saïd* ne trouve une eau plus hospitalière que dans le canal séparant la Corse de la Sardaigne.

Il semble alors glisser avec rapidité sur un lac entouré de rochers à silhouettes bizarres.

Ce bâtiment, suivant une ligne presque directe de Marseille à Alexandrie, ne s'arrête que quelques heures à Messine pour le service des lettres et des voyageurs. Quelques délégués italiens s'y embarquent dans la nuit du 30 au 31 mars, et viennent grossir le noyau des passagers français.

Le 4 avril, au point du jour, le pyroscaphe s'engage doucement et prudemment dans les brisants du port d'Alexandrie, qu'aucun navire n'ose affronter pendant la nuit. Le comte Sala, inspecteur général de la Compagnie, vient à bord recevoir les délégués ; il donne ensuite des ordres pour que les personnes et leurs bagages ne soient pas exposés aux vexations incroyables et à la visite minutieuse et ridicule des douaniers égyptiens.

Le 6 avril, jour indiqué dans la circulaire, une centaine de délégués successivement arrivés de presque toutes les parties du monde se trouvent exactement à Alexandrie, lieu du rendez-vous. Pour le plus grand nombre d'entre eux, la vue de cette ville africaine si renommée, de ses habitants indigènes, de la variété, de l'étrangeté de leurs costumes, de leurs femmes voilées, de leurs animaux, est frappée d'étonnement. Il faut quelque temps pour s'habituer à tout ce qui s'offre aux yeux, et l'on croit parfois rêver en se trouvant au milieu de cette foule diaprée, à moitié nue, sale et hurlante. Ce spectacle dépasse toute idée que d'avance on a pu s'en faire.

Ce même jour, 6 avril, M. de Lesseps réunit dans un banquet, au consulat général de France, le gouverneur d'Alexandrie, les consuls des diverses nations et tous les délégués. Il fait connaître à ces derniers l'itinéraire qu'ils suivront, et leur donne avis que le vice-roi, empêché de recevoir la délégation, a néanmoins mis gratuitement à sa disposition ses chemins de fer et tous les moyens de faciliter son exploration.

Dans la ville d'Alexandrie, où sont établis un grand nombre de négociants européens, faisant, dit-on, de bonnes affaires, l'entreprise du percement de l'isthme de Suez ne rencontre pas beaucoup de sympathie. Cette cité commerçante, en possession du monopole du transit de la Méditerranée à la mer Rouge, a regardé avec défiance et jalousie ce nouveau-né, qu'on appelle Port-Saïd, grandir et prospérer. Elle craint de le voir devenir homme fort et puissant, et une opposition sourde et étendue contre l'exécution du canal maritime n'a pas échappé aux appréciations d'un grand nombre de délégués. L'œuvre la plus avantageuse à tout le monde ne peut généralement être créée sans froisser quelques intérêts particuliers; c'est un malheur inévitable.

Suivant l'itinéraire formulé par le Président de la Compagnie, les délégués quittent Alexandrie le 7 avril à 9 heures du matin, pour prendre place dans les wagons du chemin de fer qui doit les mener au Caire. Vers midi, le train, qui traverse au sortir de la ville les terres marécageuses du lac Maréotis, s'arrête à la station de Kafré-Zayad, où un excellent déjeuner est offert aux délégués qui y font largement honneur. C'était le premier repas du voyage où ils se trouvaient tous réunis à la même table. Ils étaient gais et contents, et cette satisfaction était même partagée par une foule d'oiseaux, commensaux de la grande salle à manger, acceptant tout ce qu'on leur donnait et venant même familièrement becqueter dans les assiettes.

Chacun reprend ensuite sa place et roulant avec une prudente rapidité sur ce chemin à une seule voie, sans déblais ni remblais, voyant toujours à perte de vue la plaine couverte de moissons, meublée de nombreux animaux domestiques de toutes sortes, faisant bon ménage ensemble, et animée par des villages assez multipliés, les délégués arrivent au Caire à 3 heures.

Le train ne s'était arrêté que quelques minutes à la station de Tantah, ville commerçante où se tient une foire renommée, et à Benah-l'Assal, qui vit massacrer le vice-roi Abbas-Pacha dans le joli palais qu'il venait d'y faire construire.

Le 8 avril est indiqué comme jour de repos, au Caire, mais il ne tarde pas à se métamorphoser en journée très-fatigante. Comment en effet tenir sa curiosité prisonnière? Chacun s'empresse dès le matin de lui donner essor, des groupes se forment, et soit à pied, soit à âne, la délégation s'égrène dans ce labyrinthe appelé le Caire. C'est, dit-on, la ville la plus orientale de tout l'Orient. Il est certain qu'elle offre tout d'abord le plus vif attrait d'aspect et d'originalité.

L'après-midi est employée à visiter la riche citadelle élevée par le sultan Saladin en 1166, la mosquée de Méhemet-Ali, toute bâtie en marbre imitant l'albâtre oriental, les autres mosquées, les édifices les plus remarquables, et le musée égyptien dont il a été parlé et dont son créateur et son conservateur, M. Auguste Mariette, fait lui-même les honneurs aux délégués.

Les découvertes de ce savant s'élèvent à plus de 25,000 monuments ou objets, tels que bijoux d'or, chaînes, colliers, anneaux, pendants d'oreilles, etc., etc., travaillés avec un art et une délicatesse infinis.

C'est à cet infatigable compatriote qu'on doit la précieuse découverte d'une statue du roi Cephren, trouvée dans le temple du Sphinx, peu éloigné de la seconde des grandes pyramides de Gizeh, élevée par lui. Ce prince est représenté assis; le marbre est d'un fini remarquable et d'un parfait modelé.

M. Mariette a fait une autre découverte beaucoup plus importante : celle des magnifiques tombeaux des bœufs Apis à Saccarah, dont il sera parlé plus loin.

Il a aussi ressuscité le temple Edphon, à Abydos, un des mieux conservés de toute l'Égypte. Non-seulement ce monument était enfoui sous les sables, mais un village arabe le recouvrait encore.

Plusieurs délégués vont en voiture voir, à quelques lieues du Caire, les délicieux jardins et le palais de Choubrah, propriété du prince Halim-Pacha. Ce gracieux édifice, de forme carrée, composé d'une immense galerie construite en marbre et renfermant un très-grand bassin dans lequel se baignent, jouent et folâtrent les nombreuses femmes du Pacha, était alors converti en magasin à coton que de sales enfants des deux sexes désagrégeaient pour le soumettre ensuite aux machines à égrener.

Le lendemain, 9 avril, toute la délégation quitte le Caire; non pas toute, il est vrai, car les délégués de Sheffield, de Birmingham, de Plymouth et de Falmouth, ainsi que l'agent de la Compagnie anglaise de navigation péninsulaire et orientale, ont fait connaître au moment du départ que des causes imprévues et importantes ne leur permettaient pas de participer à l'excursion projetée. Ils s'étaient cependant réunis, jusqu'à Alexandrie et au Caire, aux autres délégués.

Il faut ajouter que quelque temps auparavant sir Henri Bulwer, ambassadeur d'Angleterre à Constantinople, s'était rendu en Égypte, où il avait visité tous les travaux du canal maritime en compagnie de M. de Lesseps, et qu'après une courte absence en Syrie il était revenu au Caire ce même jour, 9 avril. Sa présence n'était sans doute pas étrangère à cet empêchement inopiné des délégués anglais.

De tous ceux-ci, il n'y eut donc que le représentant de Malte qui se joignît à ses collègues des autres pays pour la visite des travaux.

La délégation représentant presque toutes les parties du monde se trouvait donc ainsi composée :

ANGLETERRE.

Malte. — Alfred CHRISTIAN, président de la chambre de commerce.

AUTRICHE.

Consulat général. — DE SPINSIO, délégué du consulat général à Alexandrie.

Vienne. — Alfred DE LINDHEIM, consul pour la principauté de Schwartzbourg.

Vienne. — H. Ch. DE MAURER, représentant de la première Société d'exportation pour le Mexique.

Trieste. — RIETER, membre de la chambre de commerce.

Trieste. — B. VERONA, capitaine de marine et armateur.

Lloyd autrichien. — EICHHOFF, directeur de la Société de navigation à vapeur du Lloyd autrichien.

Venise. — CANALI, membre de la chambre de commerce.

Venise. — D'OLIVO (chevalier), membre de la chambre de commerce.

BELGIQUE.

Consulat général. — DEMBLON, ingénieur de la Société Cockerill, à Seraing, délégué du consulat général.

Anvers. — John DAVID, négociant.

BRÉSIL.

Consulat général. — M. GILLY, délégué du consulat général à Alexandrie.

ESPAGNE.

Barcelone et *Cadix.* — Édouard LAFUENTE.

ÉTATS-UNIS D'AMÉRIQUE.

New-York. — Cyrus-W. FIELD, membre de la chambre de commerce.

San-Francisco (Californie). — Washington-M. RYER.

FRANCE.

Alger. — Félix DESVIGNES, place du Gouvernement.

Angoulême. — N. BICHE.

Havre. — J. CLAUDE, maison J. Claude et compagnie, à Alexandrie.

Limoges. — P. MARQUET, fabricant de porcelaines.

Lyon. — Jules BONNET, rue Pisay, 16.

Lyon. — Maurice CHABRIÈRES.

Lyon. — Armand ARLÈS-DUFOUR.

Lyon. — DUSEIGNEUR-KLÉBER, cours Morand, 29.

Marseille. — Sébastien BERTEAUT, ancien secrétaire de la chambre de commerce de Marseille.

Marseille. — J. ROUX fils, négociant.

Mayotte. — Th. DE CAMBOURG. Quimper (Finistère).

Montpellier et Rodez. — CAZALIS DE FONDOUCE, rue des Étuves, à Montpellier.

Montpellier. — Paul CASTELNAU, rue Saint-Guillem, 36.

Montpellier. — Ernest BLOUQUIER, rue Aiguillerie.

Montpellier. — Victor FRAT, rue Maguelonne.

Moulins. — Théophile CLAYEUX, propriétaire.

Moulins. — N. BRUEL.

Mulhouse. — G. BURNAT, maison G. Burnat et compagnie, à Alexandrie.

Mulhouse. — G. FRAUGER, Guebhwiller (Haut-Rhin).

Nantes. — Jules ROUX.

Société des Ingénieurs civils de Paris. — EIFFEL.

Sainte-Marie-aux-Mines. — N. ANCEL, notaire.

Versailles. — Alfred GUILLEMIN, président de la Société d'agriculture de Seine-et-Oise.

GRÈCE.

Consulat général. — ZYGOMALAS, consul général.

HOLLANDE.

Consulat général. — L. J. N. LANDRÉ, délégué du consulat général.
Amsterdam. — J. N. ANSLYN.

ITALIE.

Consulat général. — Kalil BACOS, premier interprète du consulat général.

Alexandrie. — L. REGAZZONI.

Ancône. — BERETTA.

Bologne. — Gerolamo BOCCARDO, professeur à Gênes.

Bologne. — Lazzaro PATRONE, consignataire de guano en Italie, négociant à Lima, résidant à Gênes.

Cagliari. — KRAMER, ingénieur, délégué du ministère des travaux publics et de Cagliari. Milan, rue San-Pietro-All-Orto, 16.

Caltanisetta. — Guillaume RAVA, avocat.

Catane et *Reggio* (Calabre). — D° PIAZZI, négociant à Alexandrie.

Como. — J. DE GAVAZZI, Milan, Contrada-Casani, 8.

Florence. — L. PIATTOLI, ingénieur, via della Condotta, 4.

Gênes. — Giacomo MILLO, vice-président de la chambre de commerce.

Gênes. — Alessandro BARABINO, secrétaire de la chambre de commerce.

Lecce. — Biagio CARANTI, délégué du ministère de l'agriculture et du commerce et de Lecce. Florence.

Lecco. — Felice MONDELLI, Como.

Livourne et *Pise.* — G. G. LEVI (baron).

Messine et *Syracuse.* — LELLA-SIFFREDI.

Milan. — Angelo Villa-Pernice, vice-président de la chambre de commerce. Milan, via Casani, 10.

Milan. — Giuseppe Parola.

Naples. — Tito Cacace (sénateur).

Palerme. — Thomas Abbate, secrétaire de la chambre de commerce.

Palerme. — D' Abbate (bey), Alexandrie.

Plaisance. — Barattieri (comte).

Plaisance. — Pavesi (marquis).

Turin. — Luigi Pantaleone, négociant et fabricant.

Turin et *Chiavenna*. — Felice Chiesa, négociant et fabricant en cotons.

Turin, *Ancône* et *Coni*. — Gaetano Capuccio, ingénieur. Turin, rue Charles-Albert, 18.

Turin et *Bergame*. — Luigi Dupré (baron), maison Dupré et fils.

Turin et *Bari*. — Giuseppe Ferrero (chevalier), avocat et secrétaire de la chambre de commerce de Turin.

Trapani. — Arturo Issel, docteur. Gênes, via Caffaro, 7.

Varese. — Pietro Castagna. Como.

Varese. — Bonanomi.

PERSE.

Consulat général. — Mirza Hussein-Khan, consul général.

Consulat général. — Mirza Hassan, premier secrétaire de l'ambassade persane à Constantinople.

RUSSIE.

Consulat général. — Alexandre de Smelsky, vice-consul.

Compagnie russe de navigation et de commerce. — De Steiger, agent principal des lignes du Levant. Constantinople.

Compagnie des paquebots russes. — De Goulak, délégué de la Compagnie russe des paquebots.

SUÈDE ET NORWÉGE.

Consulat général. — Henri BARKER, Vice-consul.

VILLES LIBRES HANSÉATIQUES.

Consulat général. — MENSHAUSEN, consul général.

Ce jour donc, 9 avril, partis du Caire à sept heures du matin par le chemin de fer d'Alexandrie, les délégués, toujours sous la conduite de M. de Lesseps, mettent pied à terre à la station de Benah pour aller prendre place, à une petite distance, dans les wagons du chemin de fer de Zagazig, où ils arrivent à neuf heures.

Les travaux de terrassement pour établir cet embranchement de Benah à Zagazig, sur une longueur de 40 kilomètres, ont été faits en sept jours par 20,000 fellahs.

Auprès de Zagazig, ville noire, sale et très-animée, sont les ruines, d'un aspect tout aussi triste, de l'ancienne cité de Bubaste.

Les délégués avaient eu le soin, sur l'avis de M. de Lesseps, de laisser au Caire leurs malles et la plus grande partie de leurs effets. A Zagazig, chacun portant à la main un simple sac de nuit et toujours prudemment muni de son manteau ou de sa couverture, gagne le canal où des barques attendaient. Ces barques, appelées *dahabiehs*, ont 8 à 9 mètres de longueur, sur une largeur de 2 1/2 à 3, calent 60 à 70 centimètres d'eau et contiennent à l'arrière une cabine avec des bancs. Elles sont remorquées par des mulets ou des chameaux montés d'Arabes; quelquefois la voile est employée, et le convoi est dirigé par des cawas à cheval, espèces de gardes ou gendarmes, très-respectés du peuple, portant à la ceinture une paire de gros pistolets, traînant un large sabre à fourreau éclatant, et se livrant à un mouvement perpétuel de surveillance.

Cette flottille, remplie de gens joyeusement étonnés, dont les mâts sont ornés de banderolles aux couleurs turques, rouge et blanche, attirant sur son passage les fellahs qui cultivent sur les bords du canal; les cawas galopant avec ardeur sur les berges, de la tête à la queue du convoi; le chef chamelier courant au grand trot de son dromadaire tout frangé de grossières et longues passementeries flottantes, l'aspect du pays, la température la plus douce, un soleil éclatant dont le rayonnement était adouci par un vent frais et agréable, tout cet ensemble donne à ce voyage un piquant et un pittoresque qui ne laisse pas de ravir les délégués.

Une ample provision de viandes et volailles froides, de jambon, de fromage, d'oranges et de bon vin forment le déjeuner, exécuté, comme on dit vulgairement, sur le pouce. Il en fut ainsi pour tous les trajets en barques, où les délégués étaient répartis sans distinction de nationalité.

Un léger incident avait cependant marqué le départ de Zagazig. Tout le monde s'était distribué dans les barques, lorsque le consul général de Grèce, désirant se placer seul avec son domestique dans un petit batelet, y monta; mais il ne tarda pas à trébucher, fit pencher l'esquif sur le côté, perdit équilibre et tomba dans le canal. Il y avait peu d'eau, heureusement pour lui, mais assez pour que le bain fût d'autant plus complet que le temps d'aller à son secours et de le tirer de sa baignoire accidentelle permît à ses vêtements de s'abreuver largement. Ses collègues de la dahabieh qui suivait sa trop frêle embarcation s'empressèrent de le recevoir, et comme sa valise, qui elle aussi avait fait un plongeon, s'était un peu métamorphosée en éponge, on lui prêta de quoi changer. Néanmoins le naufragé sembla ressentir un certain mécontentement du résultat de son à part, mais il le garda *in petto*.

Il était dix heures lorsque la flottille un peu retardée se mit en route; elle se composait de sept barques.

Le canal, qui part de Zagazig en se dirigeant presque directement vers l'orient, est la continuation du canal de Moës (Moïse), ancien canal des Ptolémées, prenant ses eaux près de Bénah, dans la branche de Damiette. Sa longueur de Zagazig au Ouady est de 35 kilomètres, sa largeur d'environ 10 mètres et sa profondeur très-variable doit être de 2 mètres en moyenne. Il a été restauré par Méhémet-Ali.

Vers la fin de cette première course aquatique, M. de Lesseps met pied à terre; un joli cheval arabe est là, il l'enfourche, et tout en galopant gracieusement sur la berge du canal, il s'informe à chaque barque de la santé de tout son monde. Il semble avoir vingt-cinq ans !

A deux heures et demie, la délégation débarque à Téll-el-Kébir, chef-lieu du domaine du Ouady. La population la plus voisine était accourue pour la recevoir et se charger avec empressement du port des légers bagages.

Les délégués sont distribués dans le petit château de Tell-el-Kébir, dans un hôtel assez exigu récemment construit pour les voyageurs, et sous des tentes.

Le domaine, ses jolis jardins, renfermant entre autres arbres rares, le *galiptus globulus* de l'Australie. arbre géant s'élevant jusqu'à 35 mètres, à odeur très-forte et guérissant la fièvre, et le *filao* de l'île Bourbon; la magnanerie, à laquelle M. Duseigneur-Kléber, l'un des délégués de Lyon, fait don de graines de vers à soie du Japon, etc., etc., sont visités par les délégués jusqu'à l'heure où ils se trouvent tous réunis dans une salle à manger improvisée, édifiée tout en branches de palmiers très-artistement entrelacées dans la cour du château, celui-ci était un des harems de Méhémet-Ali, que ce vice-roi avait fait bâtir et meubler de ses plus jolies esclaves.

La table compte plus de 120 couverts, y compris les principaux employés de la Compagnie, M. Guichard, directeur du domaine et sa famille. Il s'y trouve en outre plusieurs dames, et l'une d'elles, femme du délégué de la Californie, jeune et jolie, s'était identifiée à la délégation et la suivait partout. La musique et la danse terminent la magnifique soirée.

Le village de Tell-el-Kébir est peuplé d'environ 2,000 fellahs.

Le lendemain 10 avril, rembarquement des délégués à sept heures et demie du matin. On navigue en pleine vallée de Gessen, et la luxuriance des cultures fait juger de tout le parti qu'on peut tirer de cette fertile terre d'Égypte en lui répartissant des arrosages intelligents.

Vers dix heures, on parvient à la limite Est du domaine, au lieu nommé Raz-el-Ouady ou Gassassine. Les mules qui traînaient les barques y trouvent des relais. M. de Lesseps et la courageuse californienne montent chacun un chameau et suivent la flottille en trottant sur la berge.

Les cultures s'étaient graduellement amoindries de largeur sur les bords du canal, comme si le désert les rongeait pour reprendre son empire; bientôt elles cessent complétement, quelques buissons épineux, appelés *hattabs*, poussant çà et là, les remplacent et rompent par leur verdure la monotonie des sables. L'animation du convoi contraste singulièrement avec la morne stérilité qui l'enserre.

Le lac Maxama, que le canal traversait il y a trois ans, est laissé à droite.

A une heure la délégation arrive sur la gauche du

canal à Rhamsès, ville florissante au temps de Moïse et faisant aujourd'hui partie du désert; elle débarque et va visiter à peu de distance une découverte récemment faite. C'est un morceau de granit rose encore debout, de 2 mètres de hauteur sur 1 mètre 50 centimètres de largeur, représentant trois figures semblables assises à la manière rigide égyptienne et accolées ensemble : c'est, dit-on, Rhamsès II. Le derrière de la pierre est uni et presque entièrement couvert d'hiéroglyphes. Cet antique morceau, découvert par hasard, se trouve dans un trou fouillé à la profondeur de 2 mètres environ.

C'est dans cette plaine que, suivant la Bible, Joseph assigna une possession à son père et à ses frères, comme étant la meilleure terre du pays. C'est de ce lieu que Moïse, à la tête de 600,000 israëlites fuyant l'Égypte, se dirigea vers la mer Rouge. Aujourd'hui il ne reste rien de l'antique ville de Rhamsès, et cet endroit, jadis si peuplé, serait complétement le désert si une habitation européenne n'avait pas été tout nouvellement implantée sur les ruines inaperçues de tant d'autres. Elle est occupée par l'inspecteur du canal et sa famille. Madame Masson, sa femme, y a gracieusement offert du café et des liqueurs, copieusement versés aux trop nombreux visiteurs qui ont fait rafle en un instant de toutes ses provisions. Mais après ce brouhaha causé par tant de monde à la fois, la pauvre dame est retombée tout d'un coup dans l'unique société du désert. Très-souvent le passage de l'orage apporte en quelques heures l'inondation dans les lieux qu'il parcourt; celui des délégués a fait le contraire, il a occasionné à Rhamsès en un quart d'heure la sécheresse des cafetières et des carafons.—

De Rhamsès on aperçoit très-distinctement les montagnes qui avoisinent Suez, quoiqu'à 90 kilomètres de distance, tant le pays est plat et l'air transparent.

Les délégués sont remontés dans les barques. Vers 4 heures ils passent à Néfiche, où ils laissent sur leur droite la branche du canal qui se dirige vers Suez.

Quelques kilomètres avant d'arriver à Ismaïlia, M. de Lesseps qui était rentré en barque à Rhamsès, met de nouveau pied à terre, monte un cheval arabe blanc qui suivait la berge conduit à la main par un nègre, et après avoir caracolé quelques instants en habile et solide cavalier, il délaisse les sinuosités du canal et s'élance à fond de train à travers le désert pour devancer son monde et s'occuper de le bien recevoir.

A 5 heures et demie, arrivée à Ismaïlia, où une nombreuse population attendait la délégation.

La partie du canal d'eau douce exécutée par la Compagnie, de Gassassine à Ismaïlia, sur une longueur de 35 kilomètres, a été souvent mesurée par les délégués; elle offre de 10 à 15 mètres de largeur sur 1 à 2 mètres de profondeur.

A peine débarqués, les délégués trouvent des arabes, des chevaux, des ânes, des chameaux pour le transport de leurs bagages dans les divers gîtes qui leur ont été préparés. Ils passent sous une espèce d'arc de triomphe et suivent un quai large et pierré, garni de trottoirs. Sur toute sa longueur, de près d'un kilomètre, s'élèvent plusieurs centaines de mâts au haut desquels flottent des banderolles aux couleurs égyptiennes.

A Ismaïlia se rencontre le confortable. Les chalets du président de la Compagnie, du directeur général des travaux, et plusieurs autres, sont de véritables petits palais. Cette ville née d'hier, sortie comme par enchantement des sables arides du désert, contient aujourd'hui de 4 à 5,000 habitants tant européens qu'arabes, et compris une population flottante. Elle possède une église catholique, une autre grecque, une mosquée, un hôpital, de vastes hôtels pour les voyageurs, un cercle et des cafés ; les rues sont larges ; droites, se coupant à angle droit et aboutissent à de vastes places. L'aspect de la rue principale, ou plutôt du quai établi parallèlement et à peu de distance du canal d'eau douce, et la ligne des jolies constructions, d'architecture variée, ornées de délicieux et frais jardins imposés à la stérilité séculaire du sol par le génie et le travail de l'homme, rappellent nos villes de bains de mer, les Cabourg, les Trouville, les Arcachon, etc. L'Océan manque, il est vrai, mais n'a-t-on pas devant soi le lac Timsah, éloigné au plus d'un kilomètre? Ce lac crocodile (Timsah signifie crocodile), a 14 kilomètres de tour, sa profondeur varie de 1 à 7 mètres, c'est presque une mer. En définitive, de l'avis de tous ceux qui l'ont vue, Ismaïlia est une charmante ville.

Ce qui lui donne plus d'animation, un mouvement de va-et-vient continuel, c'est qu'on en a fait le siége de la direction générale des travaux. Sa position lui a valu ce choix; elle est au centre de l'isthme (on ne saurait plus dire du désert), et elle communique aisément avec Port-Saïd, au nord par le canal maritime, avec Suez, au sud par le canal d'eau douce et par conséquent avec toute la ligne des travaux.

A l'arrivée des délégués, Ismaïlia avait pris un air de fête. N'en était-ce pas une en effet pour ses habitants que la vue de cette troupe accourue de presque toutes les contrées de la terre pour les visiter? Ces hommes choisis par leurs concitoyens, doués de la politesse et de la distinction qui révèlent la bonne éducation, pleins de curiosité et très-questionneurs, se montraient partout avec cette gaieté et cette bienveillance qui attirent en peu d'instants la réciprocité. Plusieurs d'entre eux retrouvèrent avec une douce émotion des compatriotes connus d'eux et furent heureux de leur serrer cordialement la main.

Après le dîner de 130 couverts, la musique et la danse qui réunirent plus de vingt dames en jolies toilettes prouvèrent une fois de plus la conquête du désert par la civilisation.

C'est ici que commence pour les délégués la visite des travaux spéciaux au percement de l'isthme. La fouille du canal d'eau douce qu'ils ont parcouru n'a été qu'un ouvrage préparatoire, mais indispensable.

A une petite distance d'Ismaïlia se trouve l'établissement des machines à vapeur de M. Lasseron, dirigé par M. Maigret, élevant l'eau du canal et la laissant couler jusqu'à Port-Saïd tout en desservant les stations intermédiaires. Les délégués ne manquèrent pas de l'aller visiter et d'y admirer la transformation du sable en un jardin dont le peu d'étendue n'enlève aucun charme à la manière dont il est distribué, avec mouvements de terrain, rochers, pièce d'eau, plantes rares, ravissantes fleurs, etc.

Deux écluses destinées à régulariser la différence de niveau de l'eau douce du canal avec celle salée du canal maritime sont en construction à Ismaïlia. Elles ont une largeur de 8 mètres 50 centimètres. Le canal d'eau douce est supérieur de 7 mètres environ ; c'est cette différence de niveau que les écluses ont pour but de racheter.

D'Ismaïlia à la mer Rouge le canal d'eau douce présente une pente de 3 centimètres par kilomètre ; cette différence de niveau de 2 mètres 85 centimètres est rachetée par quatre écluses, et l'eau de ce canal arrivant avec 50 centimètres d'élévation au-dessus des plus hautes marées de la mer Rouge, s'y déverse, sans être jamais altérée par l'eau salée de cette dernière.

Le 11 avril était indiqué au programme pour faire séjour à Ismaïlia. Afin d'employer utilement la journée, M. de Lesseps propose une visite aux travaux en cours d'exécution au Sérapéum. Des barques reçoivent une partie des délégués, une autre partie monte sur des ânes, des chevaux, des chameaux, et laissant les barques suivre les contours du canal, part au galop en suivant une ligne plus directe. Cette caravane, ainsi lancée à travers le désert, sur un sol ferme et ondulé, chacun suivi d'un nègre habillé de blanc toujours courant, qui ne semblait pas toucher la terre, la jeune américaine montant un cheval très-vif et tenant la tête comme la reine d'une ruche suivie de son essaim, cette course sans ordre, sans piste, échevelée, la diaprure des costumes, et pour le plus grand nombre l'étrangeté du site, donnent à cette furia un aspect original et pittoresque.

La cavalcade arrivée au bord du canal attend les barques, et la délégation réunie va visiter une oasis appelée Bir-Abou-Ballah, vallée où existe un ancien puits dont l'origine remonte aux temps bibliques. C'est le lieu où les commerçants égyptiens et syriens se donnaient rendez-vous pour l'échange de leurs marchandises, pour la vente des dattes et où l'on croit que Joseph vint à la rencontre de Jacob son père. Bir-Abou-Ballah signifie mot à mot : *le père du puits des Dattes*. La Compagnie y a fait construire une habitation qu'elle a offerte à Abd-el-Kader avec 180 hectares de terres cultivées en partie. Cet émir est déjà venu plusieurs fois y demeurer et le docteur Aubert-Roche, qui ne quitte pas la délégation, y est venu lui donner des soins. Ismaïlia tire des fourrages et des légumes de ces cultures qui produisent en outre du blé, de l'orge, du coton et même des cannes à sucre.

Après cette visite, chacun reprend sa monture ou sa barque et l'on arrive au chantier de Toussoum puis au Sérapéum à midi. Ce Sérapéum a une longueur de 12 kilomètres et sa plus haute élévation au-dessus du niveau de la mer est de 10 mètres 50 centimètres. Le canal maritime y exigera un déblai d'environ 10 millions de mètres cubes.

Quelques centaines d'ouvriers grecs, gagnant de 4 à 6 francs par jour, y enlevaient à sec les sables argileux et préparaient ainsi la partie du canal maritime que MM. Borel et Lavalley doivent fouiller à la drague lorsqu'on y aura fait arriver de l'eau par une dérivation du canal d'eau douce. Ces deux ingénieurs entrepreneurs accompagnent la délégation.

M. de Lesseps s'étant emparé d'une pelle et d'une brouette, chacun l'imite, charge sa brouette de sable, la roule jusque sur la berge et l'y vide. Les délégués ont donc travaillé manuellement, pour une bien faible part à la vérité, au percement de l'isthme de Suez.

A Toussoum, une tranchée de 58 mètres de largeur et de 4 mètres de profondeur au-dessous du niveau de la mer, offre un magnifique spécimen du canal maritime sur plusieurs kilomètres de longueur.

A 6 heures du soir on rentrait à Ismaïlia. Ce retour a été signalé par une tourmente assez violente qui gênait un peu la navigation ; il est tombé quelques gouttes de pluie qu'on aurait pu compter, et la température fort chaude dans le milieu du jour, s'est très-sensiblement refroidie.

Le 12 avril, M. de Lesseps, toujours levé dès l'aube et prêt le premier, à l'exemple du berger vigilant, réunit son troupeau. On prend le café; les poignées de main, les compliments sur la bonne santé, sur la délicieuse température, sont échangés, puis à 8 heures on se dirige vers la rigole provisoire, d'environ 2 kilomètres, alimentée par l'eau de la Méditerranée, où attendaient 17 petites barques à fond plat, munies des provisions de bouche et remorquées par des mules et des chameaux. Les dahabiehs du canal d'eau douce y étaient demeurées, en raison de la solution de continuité qui existe en cet endroit pour la construction encore peu avancée des écluses, ainsi qu'il a été dit. C'est le canal maritime lui-même que la délégation va parcourir du lac Timsah à Port-Saïd. Les bords de ce lac sont couverts d'arbustes et principalement de tamaris. On récolte dans ses eaux des roseaux avec lesquels les gens du pays fabriquent les nattes grossières qui leur servent de coucher.

A 9 heures on met pied à terre pour visiter le chalet démeublé du vice-roi, construit par la Compagnie, offert en cadeau à Saïd-Pacha, puis ensuite au successeur de ce prince. Ismaïl ne s'est pas encore prononcé sur l'acceptation ou le refus qu'il en fera. C'est un édifice assez considérable, mais ne se composant que d'un rez-de-chaussée. Il est situé sur une éminence et l'on y jouit de la vue du lac Timsah, non encore complétement rempli d'eau, de l'entrée de la haute tranchée du seuil d'El-Guisr, de Toussoum, d'Ismaïlia et de l'immensité du désert.

Cette courte visite effectuée, les barques se regarnissent et passent dans la merveilleuse tranchée du seuil. Après deux heures de navigation, on se trouve au campement et au centre de cette partie des travaux.

Les barques se vident de nouveau, et ici on se croit transporté au milieu du matériel de quelque chemin de fer. Des trucs, sur lesquels des siéges de bois de palmiers grossièrement faits ont été placés, reçoivent les délégués; une locomotive siffle, part, et les promène sur la ligne des travaux en cours d'exécution. C'est l'entreprise Couvreux.

Des excavateurs, mus par la vapeur et s'avançant progressivement, prennent le sable à sec au moyen d'une chaîne munie de godets très-forts qui le versent dans des trucs, et ceux-ci, conduits sur des voies ferrées, le montent en zig-zag jusqu'au sommet des berges où ils le déchargent. Plus de 25 kilomètres de rails mobiles sont posés et parcourus par 12 locomotives.

Chaque excavateur élève ainsi journellement 400 mètres cubes de sable; sa force équivaut à celle de 16 chevaux; 9 hommes sont employés à le faire fonctionner et 8 autres sont occupés du transport et du déchargement. Chaque excavateur consomme environ 500 kilos de charbon de terre par jour de

10 heures de travail. Ce charbon, qui vaut à Port-Saïd 50 fr. la tonne, revient à 70 fr. à El-Guisr. Un seul excavateur fonctionnait, 4 autres peuvent être mis en marche; leur nombre doit être porté à 20.

Cet intéressant travail excite chez les délégués un examen attentif. Ils se livrent ensuite à celui du village, de l'église, de la mosquée, de la pharmacie, de l'hôpital, où l'élément constitutif d'un tel établissement faisait défaut : il n'y avait pas un seul malade. L'habitation de l'ingénieur italien, M. Gioja, est fort jolie; un réservoir contient 500 mètres cubes d'eau sans cesse renouvelée.

Une longue galerie improvisée, soutenue par des colonnettes entourées de branches de tamaris, réunit à table les délégués. Après le déjeuner une collecte est faite parmi eux au profit de l'église.

M. de Lesseps propose de donner à cet endroit le nom de la courageuse américaine qui, seule de femme, accompagne la délégation, et aux acclamations de tous il est baptisé du nom de *Mariam*, qui en arabe signifie Marie.

Chacun ensuite va reprendre sa place en barque, vers une heure après-midi.

Cet immense travail de la fouille d'un canal à travers le seuil d'El-Guisr, commencé par les contingents égyptiens, qui ont fourni jusqu'à 25,000 terrassiers à la fois, serait complétement achevé si les fellahs n'avaient pas été retirés, et si les entraves multipliées suscitées à la Compagnie n'étaient point venu paralyser les travaux et rendre pendant longtemps stationnaire ce bel ouvrage du percement du seuil.

Les délégués y ont au moins trouvé la preuve manifeste que le sable n'encombrait pas les canaux aussi facilement et aussi promptement qu'on avait cherché à le faire croire. En effet, depuis deux ans et demi que cette tranchée a été ouverte et quoiqu'elle présente des berges de la plus grande hauteur formées de terres rapportées et par conséquent légères, exposées aux vents et à la pluie, aucune partie du canal n'a été sensiblement ensablée.

La largeur du canal est environ de 15 mètres, sa profondeur, souvent mesurée par les délégués sur toute la ligne, varie entre 1^m,50 et 0^m,60. Dans quelques parties les barques les plus chargées talonnent quelquefois. On passe, sans s'y arrêter, devant le campement d'El-Ferdane, situé au 64e kilomètre à partir de Port-Saïd, et on commence à naviguer à travers le lac Ballah. Le canal s'élargit progressivement ; vers le 58e kilomètre il atteint sa largeur déterminée de 58 mètres, mais un chenal permet seul le passage des barques.

A cinq heures et demie on arrive à Kantara, l'ancienne ville romaine de Selæ, l'antique Messès des Égyptiens. La température avait été plutôt fraîche que chaude, le temps s'était souvent couvert et le soir il voltigea quelques gouttes de pluie.

Kantara, au 44e kilomètre du canal, est sur la terre d'Asie, c'est une des étapes du voyage de Syrie en Égypte, à travers le désert ; il y passe en moyenne cinq à six cents personnes par jour et environ trois cents chameaux ou autres animaux. Ce lieu doit son nom de Kantara-el-Krasné (pont du Trésor), à ce qu'il servait de passage aux collecteurs des douanes.

Ce campement ne contient qu'une population de trois cents personnes. Les constructions y sont assez légères ; les briques d'un beau rouge, qui scellaient les tombeaux ruinés d'un cimetière voisin, servent aujourd'hui à abriter les vivants. Les délégués y passent la nuit et couchent jusqu'à douze dans la même pièce sur des lits faits en bois de palmier.

Les réservoirs d'eau amenée d'Ismaïlia sont d'une grande ressource pour les caravanes qui se croisent presque journellement à Kantara. C'est à la Compagnie que les Arabes voyageurs doivent ce précieux avantage.

Le 13 avril, à 6 heures du matin, les barques sont reprises, et le convoi se dirige vers Port-Saïd. Les berges peu élevées offrent un terrain très-solide aux pieds des animaux remorqueurs, et permettent de parcourir du regard le lac Ballah, puis le lac Menzaleh. Des bateaux chargés de marchandises et marchant à la voile sont rencontrés ainsi que ceux du service postal journalier.

Le canal, dont toute la largeur est ébauchée, présente fréquemment deux chenaux le long des bords de droite et de gauche, laissant entre eux de longs îlots destinés à être enlevés à la drague. Quelques-unes de ces machines, et des grues qui déversent le déblai sur la berge, sont en activité.

Au 6ᵉ kilomètre avant Port-Saïd, la flottille des délégués s'arrête, ceux-ci la quittent et prennent place dans des bateaux à vapeur venus à leur rencontre. Ils sont au nombre de cinq : l'*Aigle* donné à la Compagnie par le prince Jérôme Napoléon; la *Jeanne* et la *Mathilde* destinées aux voyageurs sur le canal d'eau douce et livrées depuis peu de jours par la Société des forges et chantiers; le vapeur de MM. Dussaud et celui de MM. Borel et Lavalley. Ces légers bateaux sont de la force de quinze chevaux.

Trois d'entre eux avaient pris à la remorque, vers le 17ᵉ kilomètre, les barques en se les partageant. Ils avaient remplacé les chameaux, laissant ceux-ci bien contents de se voir débarrassés et ne paraissant pas regretter l'honneur de traîner la délégation ; ces pauvres animaux se couchent aussitôt. Il faut dire que souvent ils en prennent bien à leur aise et agissent avec un sans façon digne des temps primitifs. Par exemple, tout d'un coup l'un d'eux, sans cesser de trotter, quitte la berge du canal, entre dans l'eau pour se rafraîchir et s'y couche, malgré les efforts de l'Arabe, monté dessus, pour l'en empêcher. Ce n'est que contraint et forcé par plusieurs hommes qu'il se détermine, tout en beuglant, à abandonner sa baignoire pour reprendre son service. Une autre fois, ce bon animal, fatigué, ennuyé de tirer péniblement une corde, par l'épine endolorie du dos, lui plutôt taillé pour la charge que pour le trait, profite de son passage auprès de quelque baraque ou de quelque tente pour quitter son chemin ; il tourne brusquement à angle droit en amenant la barque échouer sur la berge, et sourd aux cris de son conducteur, insensible à ses coups, il plie tranquillement ses longues jambes et se couche auprès de l'abri. Ceci est de la plus exacte vérité et le délégué qui le raconte en a été témoin.

On atteint Port-Saïd, tête du canal maritime. Avant de débarquer, les délégués sont conduits en mer jusqu'à l'îlot éloigné de 1500 mètres de la terre ferme, lequel doit bientôt lui être relié par la jetée en construction à l'Ouest. Les bâtiments s'y trouveront à l'abri des plus mauvais coups de vent, et leur sûreté sera complète lorsque cette jetée aura atteint 3,200 mètres. Un passage de 400 mètres doit la séparer de celle de l'Est, à construire.

A 5 heures et demie, les délégués foulent le sol de la nouvelle ville formée de sable emprunté à la mer ; ils sont salués et acclamés par la population et répartis dans les nombreuses habitations qui bordent la Méditerranée.

Ici, il semble qu'on ne soit plus en Égypte : la ville de Port-Saïd est européenne, est française. Cette longue file de maisons coquettes et variées, de chalets, d'hôtels alignés, à peu de distance de la mer, une belle plage couverte de coquillages pareils à ceux de l'Océan, offrent beaucoup de ressemblance avec les établissements de bains. Et ce qui ajoutait, ce jeudi de la semaine sainte, à la similitude complète, c'était un vent violent et froid, obligeant chacun à se tenir enveloppé dans son manteau, comme il arrive le plus souvent sur les côtes de Normandie.

Les constructions de la partie de la ville occupée par les Arabes ont été appropriées à leurs mœurs et à leurs usages, mais dans de meilleures conditions que celles de leurs villages. Le soir, quelques délégués ont été satisfaire leur curiosité d'y voir danser des almées, qui sont certes peu séduisantes. Leur danse marchée, monotone, bêtement lascive, n'offre aucun charme, et elles-mêmes en sont complétement dépourvues.

Le 14 avril, la journée est des plus intéressantes. La ville renfermant 3 à 4,000 habitants, sans compter une population nomade, est visitée dans tous ses détails, ainsi que les nombreux ateliers, chantiers et bassins établis par la Compagnie, ceux de la maison Gouin, les approvisionnements de toutes sortes, etc., etc. Les blocs artificiels de MM. Dussaud attirent particulièrement l'attention. Voici comment ils sont fabriqués :

Un chemin de fer est établi sur un plan incliné. Une machine à vapeur y fait monter des wagons au moyen d'une chaîne roulant sur des galets. Ces wagons apportent le sable et la chaux nécessaires. Cette dernière est hydraulique et provient du Teil, près Montélimart, département de la Drôme.

On jette dans des auges circulaires de fonte, de 5 mètres environ de diamètre, et ayant 90 centimètres de largeur sur 50 centimètres de profondeur, le sable et la chaux dans la proportion de un mètre cube de sable pour 325 parties de chaux, environ un tiers. On y ajoute la quantité d'eau suffisante pour opérer un mortier plutôt épais que liquide. Le mélange est fait au moyen de trois roues en fonte de 1 mètre 50 centimètres de diamètre avec jantes de 22 centimètres, mues par la vapeur, et disposées de manière à passer successivement dans toute la largeur de l'auge. Entre ces roues sont des diviseurs, dont deux raclent les parois de l'auge, puis un ramasseur.

Quand le mélange est parfaitement effectué, une trappe ménagée au fond d'une partie de l'auge s'ouvre, et le mortier poussé par le ramasseur tombe dans une caisse de fonte placée au-dessous. Cette caisse est à bascule et repose par deux tourillons sur un chariot.

Lorsqu'elle est remplie, le chariot est conduit sur des rails établis sur une longue rangée de grandes caisses de bois cubant 10 mètres et servant de formes aux blocs. Arrivé au-dessus de la caisse à remplir, le chariot est arrêté, la caisse de fonte fait bascule, s'y vide et retourne prendre une nouvelle charge de mortier.

Des hommes pilonnent ce béton à mesure qu'il est versé dans les formes, et lorsqu'une d'elles est pleine, on passe à une autre, et ainsi de suite.

Toutes ces opérations, qui ont pour moteur une machine à vapeur de la force de 70 chevaux, se font assez promptement.

Au bout de deux mois on peut dégager les blocs de leurs formes, et il leur faut encore un mois pour être complétement secs. Ils acquièrent alors une forte dureté, et pèsent environ 22,000 k. chacun.

On en fabrique ainsi 30 par jour, soit 300 mètres cubes. MM. Dussaud ont traité de leur fourniture à raison de 40 fr. le mètre cube. Il en faudra 250,000 mètres, qui font la somme de 10 millions de francs, pour les deux jetées du port de Port-Saïd, lequel aura provisoirement 3,000 mètres de longueur sur 400 de largeur.

Une carcasse de drague est lancée à l'eau devant les délégués. Ces machines au nombre de 40, dont 20 de la force de 16 chevaux, et 20 de la force de 34 chevaux, doivent être portées au double.

Dans l'après-midi, une conférence des délégués a lieu avec M. de Lesseps, assisté de M. de Chancel, administrateur ; de M. Voisin, directeur général des travaux ; de M. Laroche, ingénieur ; et de MM. Borel et Lavalley, les plus forts entrepreneurs. Sur l'invitation de M. de Lesseps, un grand nombre de questions sont adressées par les délégués sur le présent et l'avenir du canal maritime. Il y est répondu de la manière suivante :

§ 1er. — CANAL D'EAU DOUCE.

D. *Quelle est la direction du Canal? Quels terrains il traverse et où il aboutit?*

R. Le Canal d'Eau douce part du Caire, traverse le Ouady et arrive à Ismaïlia d'où il se dirige vers Suez.

D. Quelle est sa longueur et sa largeur, et quelle est la hauteur de l'eau dans le Canal ?

R. La longueur du Caire au Ouady est de 70 kilomètres; sa largeur est de 25 mètres, à la ligne d'eau.

Du Ouady à Ismaïlia la longueur est de 60 kilomètres et la largeur, à la ligne d'eau, de 20 mètres.

D'Ismaïlia à Suez la longueur est de 90 kilomètres et la largeur, à la ligne d'eau, varie de 16 à 20 mètres.

Sur tout le parcours du Canal, la profondeur d'eau est de :

2^m,50 dans les hautes eaux ;

2^m,00 dans les eaux moyennes ;

1^m,50 à l'étiage.

D. Quelle était la partie du Canal qui existait auparavant, et quelle est la partie nouvelle qu'on a faite ?

R. Le Canal est entièrement neuf dans toutes ses parties.

La première partie est en voie d'exécution par le Gouvernement Égyptien.

Sur la seconde partie, il ne reste plus qu'une lacune de 23 kilomètres à construire par la Compagnie.

En attendant l'achèvement de ces deux portions du Canal, la navigation se fait par le Canal du Ouady qui a son origine à Zagazig.

D. En combien de temps, avec quels moyens on l'a exécuté, et avec quelle dépense ?

R. La partie des travaux exécutée par la Compagnie a été entreprise en 1861 et terminée à la fin de 1862. Ces travaux ont été faits à l'aide des contingents des ouvriers fellahs.

L'ensemble des travaux exécutés par la Compagnie coûtera une somme totale de 10 millions de francs qui doit être remboursée par le Gouvernement Égyptien.

Quant à la portion du Canal qu'exécute le Gouvernement, la Compagnie ne peut en estimer la dépense.

D. Quel est le trafic qu'on y fait à présent, avec quels bâtiments on le parcourt, et en combien de temps ?

R. Il ne se fait en ce moment d'autre trafic sur le Canal d'Eau Douce que celui nécessité par les besoins des chantiers de l'Isthme, savoir :

L'alimentation des populations, les approvisionnements de matériel, le transport journalier de la poste, des agents de la Compagnie et des voyageurs.

Les barques des voyageurs ont une vitesse habituelle de 6 kilomètres à l'heure.

Les chalands destinés au transport des marchandises ont, quant à présent, un tonnage de 10 à 50 tonnes, et ils circulent avec une vitesse de 3 kilomètres à l'heure.

D. Quel est le volume d'eau qu'il porte en une heure, et lequel en 24 heures ?

R. En étiage moyen, le débit du Canal est de 1,248,000 mètres cubes par journée de 24 heures ; dans les hautes eaux, ce débit atteint 1,891,000 mètres cubes ; lors des plus bas étiages le débit est encore de 373,000 mètres cubes.

§ 2. — CANAL MARITIME.

D. Description du projet, c'est-à-dire comment il devra être fait, en indiquant les territoires qu'il traverse, aussi bien que la longueur, la largeur et la hauteur d'eau qu'aura le Canal.

R. Le Canal Maritime coupe l'Isthme du Nord au Sud. Il traverse successivement le lac Menzaleh et les lacs Ballah, le seuil d'El-Guisr, le lac Timsah, le seuil du Sérapéum, le grand et le petit bassin des lacs Amers, le seuil de Chalouf-el-Terraba, la plaine et les lagunes de Suez.

Sa longueur totale est de 160 kilomètres.

Les terrains qu'il traverse sont, sur une longueur de 100 kilomètres, à la hauteur ou au-dessous du niveau de la mer; sur une longueur de 60 kilomètres seulement, les terrains sont plus élevés que le niveau des deux mers.

Sa profondeur sera de 8 mètres.

De Port-Saïd aux lacs Amers, sa largeur, à la ligne d'eau, sera de 58 mètres; entre les lac Amers et Suez, de 80 mètres.

D. *Description de la partie creusée. En combien de temps, avec quel nombre d'ouvriers, avec quelle dépense, quelles difficultés se sont présentées dans l'exécution, et avec quels moyens elles ont été vaincues; — Quel règlement a-t-on observé pour le grand nombre des ouvriers dans l'exécution des travaux?*

R. Le Canal est endigué dans toute sa largeur jusqu'au 62me kilomètre, où commencent les dunes d'El-Ferdane.

Il existe sur toute cette partie un chenal navigable pour les chalands qui se prolonge, à travers le seuil d'El-Guisr, jusqu'au lac Timsah. Ce chenal offrira, avant la fin de l'année, sur toute sa longueur, une profondeur d'eau minimum de 1^m,50.

Au Sud du lac Timsah, dans la traversée du seuil du Sérapéum, un premier creusement a été effectué depuis l'extrémité des dernières ramifications du lac jusqu'au delà du plateau de Toussoum, sur une longueur de 7 kilomètres, dont plus de moitié à la largeur complète, avec une profondeur variant de 2 à 4 mètres au-dessous du niveau de la mer. Au droit même du monticule du Sérapéum, les travaux sont entrepris sur une longueur de 3 kilomètres.

Entre les lacs Amers et Suez, un premier creusement a été effectué sur une longueur de 3 kilomètres, à toute largeur et avec une profondeur moyenne de tranchée de 5 à 6 mètres.

A l'exception des déblais faits à la drague à Port-Saïd et dans la première partie du lac Menzaleh, la presque totalité des travaux a été exécutée à la tâche par les ouvriers des contingents égyptiens jusqu'au moment où la Compagnie a passé des marchés à forfait avec des entrepreneurs.

Il n'y avait pas de règlements administratifs pour les ouvriers des contingents; ceux-ci étaient engagés et traités conformément au décret-règlement promulgué par S. A. le Vice-Roi en Juillet 1856 (document faisant partie des actes constitutifs de la Compagnie), et ils étaient soumis à l'autorité d'un délégué du Gouvernement.

Les travaux n'ont présenté aucune difficulté technique. Les plus grandes difficultés, vaincues par le temps et par la dépense, ont été celles d'une complète installation dans le désert. On ne saurait se baser sur ce qui a été fait jusqu'à ce jour pour évaluer le temps et les sommes qui restent encore à dépenser pour achever le travail. Il faut s'en rapporter, pour cette évaluation, aux contrats qui ont été passés par la Compagnie avec ses entrepreneurs.

D. *Description de la partie qui reste à exécuter, c'est-à-dire l'élargissement et le creusement du Canal déjà ouvert.*

D. *De combien il devra être élargi, à quelle profondeur. Combien de temps faudra-t-il pour compléter le Canal Maritime?*

R. D'après les contrats avec les entrepreneurs, les dépenses restant à faire, à l'époque de la dernière assemblée générale des actionnaires, où la Compagnie se trouvait avoir à sa disposition, par suite de l'indemnité du Gouvernement Égyptien, la totalité de son capital social de 200 millions de francs, pouvaient se résumer de la manière suivante :

R. 1° Entreprise Dussaud, pour la construction des jetées de Port-Saïd en blocs artificiels, 250,000 mètres cubes à 40 francs le mètre cube..................................F. 10,000,000 »

2° Marchés Valette, pour l'emploi de blocs naturels, provenant de la carrière du Mex, à la construction des mêmes jetées, à 35 francs le mètre cube........................F. 700,000 »

3° Entreprise Borel, Lavalley et Cⁱᵉ, pour le creusement du Canal Maritime : 54 millions de mètres cubes, au prix moyen de 2 fr. 50 le mètre cube...........................F. 112,200,000 »

4° Entreprise Couvreux, pour les déblais à sec du seuil d'El-Guisr..................F. 10,500,000 »

5° Entreprise Lasseron, pour la construction d'une seconde conduite d'eau entre Ismaïlia et Port-Saïd...................................F. 2,900,000 »

6° Suivant estimation, parapet et chemin de halage des jetées de Port-Saïd, et quais du port......................................F. 3,500,000 »

7° Suivant estimation, travaux de construction des jetées de Suez....................F. 2,200,000 »

8° Blocs d'enrochement des berges du Canal Maritime..................................F. 8,000,000 »

9° Dépenses pour travaux imprévus et frais généraux.................................F. 10,000,000 »

Évaluation totale des dépenses restant à faire................................F. 160,000,000 »

D'après les contrats faits avec les entrepreneurs tous les travaux doivent être terminés dans les six premiers mois de l'année 1868.

Tous les entrepreneurs ont une prime s'ils devancent leurs travaux et une pénalité s'ils sont en retard.

MM. Borel, Lavalley et C°, particulièrement ont une prime de 500,000 francs par mois si leurs travaux sont finis avant la fin de Juin 1868 et une pénalité de 500,000 francs par chaque mois en retard, à partir du 1ᵉʳ Juillet 1868.

§ 3. — LAC TIMSAH.

D. Quelle est sa superficie, et quelle est la profondeur de l'eau?

R. Le lac Timsah a environ 14 kilomètres de tour et une superficie totale de 1,200 hectares.

La profondeur de l'eau y est variable; en moyenne de 4ᵐ,50 au-dessous du niveau de la mer. Sa capacité totale, correspondante à ce niveau, est donc approximativement de 54 millions de mètres cubes.

D. Quels ouvrages devra-t-on faire pour faire un port du Lac Timsah?

D. Quels établissements devront se bâtir sur ses bords?

R. Rien n'a encore été décidé relativement aux travaux d'appropriation du lac Timsah en un port intérieur. On ne s'occupe, quant à présent, que de préparer le plus promptement possible le passage à la grande navigation dans le Canal Maritime.

D. Quelles sont les difficultés pour l'excavation du Lac?

R. Le creusement à travers le lac Timsah se fera à la drague et ne présentera aucune difficulté.

§ 4. — ENTRÉE DU CANAL PAR LA MER ROUGE.

D. Quels ouvrages devra-t-on faire afin que l'entrée du Chenal reste constamment ouverte?

R. Il n'y aura à faire aucun ouvrage pour que l'entrée du Chenal reste constamment ouverte.

D. Quelles sont les difficultés pour l'entrée et la sortie?

R. On ne prévoit aucune difficulté ni à l'entrée ni à la sortie.

D. Quels sont les dangers de la navigation dans la mer Rouge?

R. Il résulte des études faites jusqu'à présent que la mer Rouge, étant beaucoup plus navigable, par exemple, que la Manche, l'Adriatique ou la mer Noire, ne présentera pas les difficultés qu'on redoutait surtout en raison de la tranformation qui s'opère si rapidement de la navigation à voiles en navigation avec la vapeur pour auxiliaire.

Dans tous les cas, la navigation à voiles dans la mer Rouge se fera dans les mêmes conditions que celle des mers de l'Inde, c'est-à-dire qu'elle sera, pour l'aller et le retour, soumise, suivant les saisons, à l'influence des moussons; mais avec cet avantage d'abréger la route, en moyenne, de 3,000 lieues pour tous les pays.

§ 5. — ENTRÉE DU CANAL PAR LA MÉDITERRANÉE.

D. Quels ouvrages devra-t-on exécuter pour garantir de l'atterrissement l'embouchure du Canal?

R. L'entrée du Canal sera complètement garantie contre les atterrissements par la construction de jetées dont l'une doit avoir 3,200 mètres de longueur, et l'autre 2,200 mètres.

D. En combien de temps ces travaux pourront être faits, et avec quelle dépense?

R. Ces jetées seront facilement construites, avec les moyens dont dispose l'entrepreneur, dans un délai de trois années. La dépense sera de 10 millions de francs, ainsi qu'il a déjà été dit.

§ 6. — QUESTIONS GÉNÉRALES.

D. Quelle est actuellement la situation financière de la Compagnie ?

R. D'après le dernier compte rendu de la Compagnie à l'Assemblée générale des actionnaires (6 août 1864), la dépense totale, comprenant l'acquisition du Ouady et de divers immeubles, ainsi que celle de tout le matériel existant à cette époque, était de 82 millions de francs.

Cette dépense se trouvant couverte par l'indemnité allouée par le Gouvernement Égyptien ; la Compagnie s'est trouvée avoir, à partir de cette époque, l'entière disposition de son capital social de 200 millions de francs.

La Compagnie est donc fondée à penser que les ressources financières dont elle dispose suffiront à assurer l'achèvement de l'œuvre.

D. Quel est le nombre d'actions souscrit par le Gouvernement Égyptien, et quels versements ont déjà été effectués sur les actions ?

R. Le capital social de la Compagnie a été constitué par l'émission de 400,000 actions de 500 francs, dont 177,642 ont été prises par le Gouvernement Égyptien.

Les actions ont versé jusqu'à présent 400 francs.

Ce versement, en ce qui concerne le Gouvernement Égyptien, se fait suivant un mode particulier réglé par des conventions spéciales approuvées par l'Assemblée générale des actionnaires.

D. On dit qu'on a trouvé du granit dans la tranchée, entre les lacs Amers et Suez. Faut-il faire une déviation pour cela, ou pourrait-on s'en passer ? Dans ce cas, quels seraient le retard et le surcroît de dépenses ?

R. On a, en effet, trouvé des bancs de rocher calcaire sur deux points, savoir : Dans la tranchée du seuil de Chalouf-el-Terraba et dans la partie du tracé à l'abord de Suez.

Sur le premier point, le banc de rocher est extrait à sec. L'existence de ce banc de rocher est favorable à l'entreprise, puisqu'il constitue sur les lieux mêmes une carrière fournissant des pierres pour l'enrochement des berges.

Sur le second point, les bancs sont situés au-dessous du niveau de la mer. La Compagnie fait faire, en ce moment même, de nombreux sondages pour tâcher d'éviter ces bancs de roches, et tout fait espérer, jusqu'à présent, qu'on pourra trouver un nouveau tracé qui satisfera à cette condition. Dans le cas où les bancs de roches ne pourraient être complètement évités, il n'en résultera certainement aucun retard dans l'époque de l'achèvement des travaux, ni même une augmentation de frais qui puisse modifier les prévisions générales de la dépense.

D. *Les sables voyageurs ne seront-ils pas un obstacle à la confection et à la conservation des canaux?*

R. Les sables voyageurs n'existent que sur deux portions des canaux, savoir :

A la traversée du seuil d'El-Guisr, sur une longueur de 11 kilomètres ;

Et à la traversée du seuil du Sérapéum, sur une longueur de 9 kilomètres.

La Compagnie a pu se rendre compte déjà, par une expérience de plusieurs années, de l'importance annuelle de ces apports.

Les sables voyageurs, en effet, sont de deux natures bien distinctes. On a d'abord le sable ordinaire, qui chemine en rasant le sol, c'est-à-dire sans être soulevé à une hauteur de plus de 15 à 20 centimètres ; et un sable extrêmement ténu qui obscurcit l'atmosphère, et qui, entraîné par le vent, franchit de vastes espaces, sans que le transport en soit affecté par les accidents de terrains. C'est le sable cheminant à la surface du sol qui est seul à redouter pour les canaux. Or, il est évident que, quelle que soit la largeur des tranchées, la quantité de sables voyageurs qui y est apportée est la même, puisque le sable se dépose aussitôt qu'il rencontre le talus de la dépression du terrain. Dès lors, comme il a été dit plus haut, la Compagnie a pu se rendre compte des apports annuels, et elle a été à même de constater que l'enlèvement de ces apports, à supposer même qu'on ne pût pas les empêcher, ne constituerait pas une dépense exceptionnelle d'entretien des canaux.

Mais les ingénieurs de la Compagnie sont fermement convaincus de la possibilité de se rendre maîtres des apports de sable.

Dans l'étendue du seuil d'El-Guisr, ce sera au moyen des immenses digues de protection formées naturellement par le dépôt des terres provenant du déblai des tranchées.

Dans l'étendue du seuil du Sérapéum, au moyen de plantations exécutées sur une large échelle et dont la réussite est rendue certaine par la possibilité d'inonder, à l'aide de prises d'eau faites au Canal d'eau douce, tous les terrains sur lesquels cheminent aujourd'hui les sables voyageurs.

D. A quelle époque sera mis en activité le service de batelage que la Compagnie se propose d'établir entre Port-Saïd et Suez, et quels seront les tarifs?

R. Le service de batelage sera en pleine activité à partir du 1ᵉʳ Janvier 1866.

Sans engager la décision du Conseil d'administration de la Compagnie, il résulte du rapport du Directeur général des Travaux, que toutes les marchandises pourront être transportées d'une mer à l'autre à 50 p. 100 au moins au-dessous des prix actuels du chemin de fer égyptien.

Tarif général *des transports de marchandises par le chemin de fer égyptien, de la gare d'Alexandrie à la gare de Suez :*

CATÉGORIES DES MARCHANDISES.	PRIX DU TRANSPORT entre Alexandrie et Suez	
	Par cantar de 45 kilog.	Par tonne de 1000 kil.
1re CLASSE. — Harnais, ivoires travaillés, confiserie, opium, couleurs, tissus de soie, thés, tapis, etc.	P. T. 40	Francs. 229
2e CLASSE. — Bouteilles, couvertures, fournitures de bureau, ivoires non travaillés, cigares fins, parfumerie, etc.	30	173
3e CLASSE. — Amidons, bronzes, graines, cotons et laines, marbre travaillé, tapis indigènes, cotons en balles.	24	138
4e CLASSE. — Fers, fontes, machines, huiles, vins en barriques, tabac et sucres.	20	115
5e CLASSE. — Vinaigres, cafés, farines en barils ou en sacs, etc.	18	104
6e CLASSE. — Chaux, gommes, bois, riz non triés, pailles, nattes ordinaires.	16	92
Combustibles.	12	69

D. *La Compagnie se chargera-t-elle elle-même du transport des marchandises de Port-Saïd à Suez?*

R. Notre avis est que la Compagnie devra se charger elle-même du transport des marchandises pendant la durée des travaux, afin d'éviter des complications que des tiers pourraient faire naître au milieu du mouvement des opérations de creusement et d'élargissement du Canal Maritime. Le Conseil d'administration sera appelé à résoudre les questions posées, à ce sujet, par MM. les Délégués.

D. *Sera-t-elle responsable de ces marchandises depuis le débarquement à Port-Saïd jusqu'à leur consignation à Suez?*

D. *Aura-t-elle un tarif suivant la qualité ou la nature des marchandises?*

R. Si la Compagnie se charge des transports par batelage, elle devra naturellement encourir la responsabilité de ces transports, et, comme conséquence de sa responsabilité, il y aura lieu pour elle d'établir dans son tarif des catégories avec des prix gradués suivant la valeur, la qualité ou la nature des articles transportés. Ce tarif est à l'étude, et dès que la Compagnie l'aura arrêté, elle s'empressera de le faire connaître à toutes les Chambres de Commerce. Mais dès à présent, MM. les Délégués peuvent annoncer, en faveur du batelage de Port-Saïd à Suez, une différence de 50 p. 100 au moins avec les prix du tarif actuel du chemin de fer, sans compter les avantages résultant de la possibilité de prendre une cargaison sous le palan d'un navire dans le port de la Méditerranée et de le remettre sous le palan d'un autre navire dans la mer Rouge.

D. La Compagnie peut-elle dire à l'avance la quantité de marchandises qu'elle pourra transporter, par son service de batelage, d'une mer à l'autre ?

R. La Compagnie a déjà commandé dix remorqueurs à vapeur pour son service de batelage, elle se prépare à satisfaire aux premiers besoins du commerce et au fur et à mesure que ces besoins se multiplieront, elle augmentera successivement le matériel qui sera nécessaire pour suffire au mouvement de transports dont elle prévoit, dès à présent, toute l'importance.

Après avoir répondu aux questions de MM. les Délégués, il nous reste à les remercier, au nom de la Compagnie, de l'empressement avec lequel ils se sont rendus à l'invitation adressée aux Chambres de Commerce par la Circulaire du 31 Janvier dernier.

MM. les Délégués ont été chargés de recueillir dans l'Isthme les éléments de leur rapport sur l'état actuel des travaux, sur les perpectives qu'offrira à la grande navigation leur achèvement prochain, et plus spécialement sur les ressources que peut fournir actuellement au commerce de leur pays l'établissement d'un batelage d'une mer à l'autre pour le transport des personnes et des marchandises.

Nous espérons que l'inspection, aujourd'hui terminée, de toute la ligne de nos opérations dans l'Isthme, que les documents fournis, que les explications données sur les lieux par

MM. les Ingénieurs, les Entrepreneurs et tous les Agents des travaux, auront permis à MM. les Délégués d'éclairer leurs commettants sur les trois points signalés à leur attention ; et que les Chambres de Commerce, dont ils sont les dignes représentants, voudront bien faire connaître à la Compagnie le résultat de leur importante mission.

ALEXANDRIE, le 25 Avril 1865,

Le Président de la Compagnie,

FERD. DE LESSEPS.

L'Administrateur Délégué,

DE CHANCEL.

Le Directeur Général des Travaux,

VOISIN.

Le 15 avril, à 5 heures 3/4 du matin, les délégués quittent Port-Saïd sur les 3 petits bâtiments à vapeur qui les avaient amenés, et après avoir parcouru 6 kilomètres sur le canal maritime, ils reprennent leurs 17 barques. Le vent est favorable, la navigation se fait à la voile sans le secours de la remorque des chameaux ; ceux-ci suivent la berge en se prélassant. Les dragues et les grues fonctionnent activement dans le canal. A midi 1/2 la flotille repasse devant El-Kantara sans s'y arrêter et à 5 heures 1/2 elle parvient à Ismaïlia, ayant fait 7 kilomètres par heure. Chacun va reprendre la chambre qu'il avait occupée l'avant-veille.

Le dimanche de Pâques, 16 avril, la délégation

part d'Ismaïlia à 5 heures 1/2 du matin, et va prendre place, sur le canal d'eau douce, dans 7 barques larges et commodes, remorquées par des chameaux et des mulets. Le temps est magnifique, la température agréable, mais toujours à la condition de garder son manteau pendant quelque temps le matin. Le canal qui mène à Zagazig vers l'ouest d'abord, est suivi jusqu'à Néfiche ; là s'embranche celui de Suez, tournant au sud et parcourant le désert sur une longueur de 90 kilomètres jusqu'à cette dernière ville.

On revoit en passant Bir-Abou-Ballah, puis le campement de Toussoum ; à 9 heures on est en vue du Sérapéum visité le 11 avril ; on prend un relai de chameaux et de mulets. La flottille suit les nombreux contours du canal d'eau douce que longera parallèlement, mais en ligne plus directe, le canal maritime dont on n'aperçoit encore aucun indice. Les barques talonnent quelquefois, il y a peu de profondeur d'eau.

Le désert, qui jusque-là avait offert à l'œil la verdure parsemée des tamaris, se présente dans toute sa nudité des deux côtés du canal ; ce ne sont plus que des sables arides, sans aucune végétation, et presque point ondulés. On aperçoit de loin sur la droite les monts Géneffé et par dessus, à l'horizon, les hautes montagnes de l'Attaka. Cet immense spectacle est plutôt sévère et grandiose que triste ; c'est une désolation qui a son charme, car elle est splendide. Il en est ainsi d'un grand incendie, qui fait naître un mélange d'impressions d'horreur, de tristesse et d'admiration.

Au 20ᵉ kilomètre (car toute la ligne de ce canal est garnie de poteaux kilométriques), M. de Lesseps, la jolie Californienne et quelques délégués qui étaient partis à cheval d'Ismaïlia, prennent place dans les barques. Le soleil est très-chaud.

On ne tarde pas à côtoyer sur la gauche le grand bassin des lacs Amers, terrain déprimé et parfaitement sec. Ce bassin, de plus de 20 kilomètres de longueur sur 10 environ de largeur est, dans sa partie la plus basse, à 9 mètres au-dessous du niveau de la Méditerranée.

Après le 50ᵉ kilomètre, le canal fait un coude très-accusé pour se rapprocher du mont Géneffé, où la Compagnie a fait extraire des pierres de taille dont un assez grand nombre attend son chargement sur la berge. On se trouve ici à la latitude, mais très-éloignée, du petit bassin également à sec des lacs Amers. Celui-ci a moins de 15 kilomètres de longueur sur une faible largeur de quelques kilomètres; il n'est qu'à 6 mètres au-dessous du niveau de la Méditerranée.

Les sondages faits dans ces deux bassins ont donné à la surface du sable et du sulfate de chaux, puis de l'argile plus ou moins mélangée de quartz. Le grand bassin contient en outre un banc de sel d'une épaisseur considérable. On a découvert aussi dans ces lacs, aujourd'hui desséchés, un banc horizontal de coquillages agglomérés, de 20 centimètres d'épaisseur, reconnus pour être le *Cardium Edule*, commun dans la Méditerranée.

Ces lacs Amers, ainsi que celui de Timsah, serviront à amortir l'action des marées des deux mers, et à régulariser la hauteur de l'eau.

A 7 heures du soir, on parvient à Chalouf-el-Terraba, vers le 73ᵉ kilomètre. Il fait nuit ; mais le campement est éclairé jusque sur le bord du canal par des *mach'allahs*. Ce sont des feux ainsi formés : un bâton est fiché en terre, il supporte une espèce de grillage en fer dans lequel un Arabe entretient la combustion de petites bûchettes de bois résineux qui répandent une vive lumière. Et comme tout, dans ce voyage, est empreint d'une teinte d'originalité et de pittoresque, M. de Lesseps prend sa compagne sous le bras, et, suivi de tous les délégués, il leur fait visiter la tranchée d'une section du canal maritime, faite à l'aide des contingents égyptiens, sur une longueur de quelques kilomètres, et maintenant silencieuse. Cette course est effectuée à la clarté de ces grosses torches enlevées de terre et portées en courant par les Arabes. C'était prodigieux d'effet !

Au retour, dans le campement même, le café est offert aux délégués, qui vont ensuite reprendre leurs barques, et celles-ci continuent de glisser dans l'ombre sur le canal d'eau douce.

Ce n'est qu'à 11 heures du soir que la flottille arrive à Suez, à cet antique pays des bergers, puisque Suez (*Sos* en langue éthiopienne) signifie *pasteur*.

Les gîtes n'étaient point préparés pour un aussi grand nombre d'arrivants à la fois. On improvise des lits un peu partout, vingt sont établis dans la grande salle du Cercle, sur les divans, les tables, par terre, etc., et à une heure du matin la délégation se laisse engourdir dans les bras de Morphée.

Le 17 avril, les délégués s'éparpillent dans les rues de Suez, sales, poudreuses, raboteuses, tracées sans doute par des colimaçons, et ce qui ajoute à leur malpropreté, c'est la présence, à cette époque, de la foule des pèlerins venant attendre leur embarquement pour Djeddah et la Mecque. Ils sont logés dans les rues, y couchent, y font leur cuisine et y étendent leurs ignobles guenilles. On ne peut y circuler qu'à la condition d'enjamber par dessus tout cela.

La ville de Suez restée arabe, si laide à l'intérieur, offre, vue de la mer et encadrée par le mont Attaka aux mille couleurs, un fort agréable aspect. Il y a peu d'années on n'y voyait guère que des masures en ruine où s'abritaient environ 4,000 habitants; aujourd'hui ce nombre est plus que doublé, mais les nombreux squelettes de noires constructions surgissent encore de toutes parts. Sur le sommet du mont Attaka, ou montagne de la *Fenêtre*, dénomination due à la grande ouverture qu'on y remarque, les anciens prêtres égyptiens avaient fait placer une statue en cuivre de Baal Tsephone, pour effrayer les esclaves fugitifs qui passaient devant, et les obliger, par la vue de ce dieu, à retourner chez leur maître.

Il n'y a jusqu'à présent dans la rade de Suez aucun indice ni des jetées ni du port qui doivent être établis à l'extrémité du canal maritime.

A neuf heures, les délégués s'embarquent sur un bateau à vapeur qui les conduit à environ 3 kilomètres en mer examiner un bassin de radoub en construction par MM. Dussaud pour le compte du gouvernement égyptien, mais devant servir également aux vaisseaux de toutes les nations moyennant un droit à payer.

Ils visitent ensuite dans la rade deux magnifiques paquebots péninsulaires, l'un anglais le *Candia*, l'autre français l'*Impératrice*. Un splendide déjeuner leur est offert dans ce dernier par M. Girette, administrateur des paquebots des messageries impériales. Le service est fait en partie par des Chinois tous vêtus de justaucorps blancs et de pantalons noirs ; leur tête est rasée sauf le sommet d'où descend jusqu'à terre une longue tresse de cheveux. Mais ainsi que font les européennes pour se plier aux exigences de la mode qui impose aujourd'hui le chignon, ces queues chinoises ont recours aux emprunts. Les dames de Paris, de Londres, ou de partout, s'affublent d'un paquet de cheveux arrangés en ballon derrière la tête, les serviteurs du Céleste empire les transforment en une mince et longue tresse ; quel est le plus ridicule ?

A deux heures, les délégués passent de l'*Impératrice*, où ils ont reçu la plus gracieuse hospitalité, dans le bâtiment qui les a amenés. Ils expriment leur satisfaction en jetant au beau paquebot des hurras prolongés, tandis que la vapeur les entraîne à Suez.

La rade est sillonnée de remorqueurs tirant à leur suite de grands bateaux encombrés d'Arabes et de Bédouins venus de toutes parts pour accomplir le devoir sacré pour eux du pèlerinage de la Mecque. Les malheureux (du moins ceux qui purent revenir) devaient en rapporter le choléra-morbus.

Rentrés à Suez, les délégués vont voir l'écluse, en construction très-avancée, du canal d'eau douce. Celui-ci sera tenu à 3 mètres au-dessus de la mer Rouge dont les marées ordinaires montent de 2 mètres, et les plus hautes de $2^m,50$.

Et à 4 heures, le chemin de fer emmène paisiblement la délégation. A environ 8 kilomètres de Suez elle passe devant un puits et le château d'Ageroud, restes de l'ancienne Arsinoë, située au bord de la mer Rouge au temps de Ptolémée Philadelphe, et après avoir traversé un désert aride et plat, borné d'un côté par d'assez belles montagnes, elle rentre dans la capitale de l'Égypte, à neuf heures du soir.

Un dernier souper réunit les délégués. Ils y expriment à M. de Lesseps leur profonde gratitude de toutes les peines qu'il s'est données pour leur rendre facile et agréable la visite des travaux du percement de l'Isthme, et de l'amabilité dont chacun d'eux a été l'objet de sa part. Le plus grand nombre lui fait ses adieux; car M. de Lesseps va partir le soir même pour se trouver à Alexandrie à l'arrivée du nouveau consul général de France, M. Outrey remplaçant M. Tastu.

Comme témoignage de reconnaissance, les délégués font entre eux une souscription pour offrir une médaille d'or à M. de Lesseps. Cette médaille, exécutée par M. Barre, graveur général des monnaies de France, par les soins de M. Alfred Guillemin, délégué de la Société d'agriculture de Versailles, porte d'un côté l'effigie de M. Ferdinand de Lesseps et de l'autre les noms de tous les souscripteurs. Elle a été envoyée à son donataire, en Égypte, le 28 mars 1866, et chacun de ces derniers en a reçu un exemplaire en bronze.

Revenu au Caire, M. de Lesseps réunit une vingtaine de délégués restés encore à visiter cette ville, et les conduit à Saccarah. Un joli bâtiment à vapeur du vice-roi et la cuisine du bord sont galamment mis à la disposition des voyageurs; un des chambellans de ce prince préside à ce qu'ils soient bien traités tout à fait à l'européenne.

On passe devant les délicieuses habitations, ornées de frais jardins, de l'île de Roda, et l'on remonte lentement le Nil; l'eau en est si basse cette année que souvent le bateau s'engrave, et que le capitaine trouve à grand'peine des passes offrant la profondeur d'eau nécessaire.

Débarqués sur la rive gauche du Nil, après trois

heures de navigation, les touristes enfourchent des ânes et chevauchent à travers l'antique et célèbre ville de Memphis, aujourd'hui la plus fertile des terres. Sur le bord du chemin, au milieu d'un bois de palmiers, on rencontre, couchée dans un trou peu profond, la statue colossale de Sésostris, ou peut-être Rhamsès II, que lui-même s'était fait élever, ainsi qu'une autre d'égale hauteur pour sa femme, dans le temple de Vulcain. Il ne reste que celle de Sésostris, faite d'une seule pierre très-dure et capable de recevoir un beau poli ; les pieds et une partie de la tête en ont été brisés. On dit que cet antique monument a été donné au gouvernement anglais, qui depuis plus de vingt-cinq ans semble aussi peu soucieux d'en prendre possession que de l'aiguille de Cléopâtre restée couchée à côté de sa sœur, encore debout à Alexandrie, auprès de l'embarcadère du chemin de fer de Ramlé, et dont il lui a été fait également cadeau.

Par une transition nettement tranchée, on passe de la terre cultivée au sable stérile de la chaîne libyque, offrant en cet endroit une hauteur d'environ 50 mètres ; la pente en est assez douce pour que les ânes puissent y monter leurs cavaliers tout en enfonçant dans le sable.

On ne tarde pas à parvenir au campement, on pourrait dire à l'habitation de M. Mariette. Ce savant archéologue est de la partie, ainsi que M. Devéria. En parcourant ces sables arides et bouleversés nous poussions du pied, presqu'à chaque pas, des ossements et des crânes humains que la lessive des siècles avait rendus d'une éclatante blancheur.

MM. Mariette et Devéria font d'abord visiter des cryptes antiques qui renfermaient des tombeaux. Les murs de ces salles, les piliers carrés en occupant le milieu sur plusieurs rangs, et les corridors qui y donnent accès, sont couverts d'hiéroglyphes sculptés en relief sur de la pierre blanche et tendre, et colorés. MM. Mariette et Devéria les lisent couramment.

Mais un spectacle plus magnifique, plus extraordinaire, est ensuite offert à la curiosité des visiteurs. C'est une galerie voûtée d'un demi-kilomètre de longueur, taillée dans une terre homogène grisâtre revêtue d'un parement en maçonnerie, resté presque partout dans un état parfait de conservation. Cette galerie est sans doute plus longue encore, car les fouilles en sont arrêtées par un éboulement. M. de Lesseps l'avait fait éclairer par plusieurs centaines de bougies.

Des deux côtés sont des salles également voûtées, contenant chacune un immense sarcophage du plus beau et plus fin granit d'un seul morceau, de 4 mètres de long sur 2 1/2 de large et autant de hauteur; le couvercle a plus de 1 mètre d'épaisseur.

Ces tombes avaient reçu les corps des fameux bœufs Apis; il en existe 34. L'intérieur, qui laisse des parois de 40 et 60 centimètres d'épaisseur, est aussi poli que l'extérieur, et celui-ci est couvert d'hiéroglyphes admirablement gravés. On croirait que ces sarcophages sortent de la main des ouvriers, tant ils sont bien conservés.

Depuis très-longtemps tous ont été violés pour en enlever les objets précieux qu'ils pouvaient renfermer avec la dépouille du bœuf-dieu. Les couvercles, trop pesants pour être renversés, ont été seulement poussés en partie, et laissent voir les intérieurs complétement vides.

Chaque salle contenant une de ces tombes était murée sur la grande galerie, et semblait ainsi à l'abri de toute espèce de violation. Elles remontent à la dynastie des Diospolites, aux premiers Rhamsès.

Des sables encombraient l'entrée de cette galerie; c'est en les fouillant que M. Mariette a découvert ces admirables sépultures. Un de ces énormes blocs de granit est resté dans la galerie; il est plein, ce qui peut donner à croire qu'ils étaient évidés sur place.

Ces cryptes faisaient partie du merveilleux temple le *Serapeum*, auquel on montait, dit-on, par un escalier de cent marches. Théophile, patriarche d'Alexandrie, est accusé de l'avoir fait détruire en l'année 389.

Après avoir visité d'autres antiquités non moins dignes du plus vif intérêt, les délégués ont repris leurs montures, et la cavalcade ou plutôt l'asinade s'est élancée comme toujours au galop à travers les monuments absents de l'antique Memphis.

Le terrain où cette ville avait été construite par Ménès était jadis occupé par le Nil qui coulait en cet endroit le long de la chaîne libyque où se trouvent les pyramides. Ce prince fit creuser au loin un très-large canal dans lequel il fit passer le fleuve en le détournant ; l'ancien lit fut relevé et des temples grandioses en couvrirent le sol. L'emplacement de cette merveilleuse cité n'offre plus aujourd'hui qu'un ou deux pauvres villages environnés des plus riches cultures.

Arrivés au bord du Nil, la troupe de visiteurs remonta en bateau, y dîna joyeusement en dégustant de bons vins de France dont l'immanquable champagne mousseux, et elle était de retour au Caire à sept heures du soir.

Le petit nombre de délégués restés encore quelques jours dans cette ville ne tardèrent pas à se séparer avec regret, car leurs relations n'avaient pas cessé d'être aussi agréables qu'affectueuses, et successivement chacun alla s'embarquer à Alexandrie pour se rapatrier.

On devait croire qu'il n'y avait plus désormais qu'à laisser marcher les choses dans l'isthme. Point du tout. L'opposition ravivée par la publicité donnée à la satisfaction des délégués du commerce, démasque de nouveau les pièces qu'elle a soin de toujours tenir en réserve. Elle prétend encore : que la décision *extraordinaire* de l'empereur Napoléon III ne présente aucune garantie qui puisse être considérée comme pouvant maintenir la neutralité du canal maritime ; que le vice-roi, dans un accès de faiblesse *très-humiliante*, a accordé tout ce qu'on lui demandait ; que la sentence impériale n'a pas suffisamment réduit la quantité des terrains qui appartenaient à la Compagnie, à laquelle il en reste encore une surface démesurée ; que le percement du canal et l'établissement de grandes colonies de Français en Égypte serviront de levier pour mettre à exécution ce que les Français en Orient ont appris à regarder comme leur politique traditionnelle, etc., etc.

Et cependant l'Angleterre, d'où vient l'origine de l'opposition, est assez grande, assez puissante, pour exciter plutôt l'envie et l'émulation des autres nations que pour ressentir elle-même les atteintes d'une mesquine jalousie, témoignage de faiblesse et d'impuissance.

Un autre fléau, mais d'un caractère plus passager que celui de l'animosité anglaise, se déclare en Égypte. Le 2 juin un premier cas de choléra se manifeste à Alexandrie il est suivi d'un grand nombre d'autres les jours suivants.

A la nouvelle qui en arrive en France le 15 juin, le courageux M. de Lesseps se détermine immédiatement à quitter Paris. Il court s'embarquer le 19 à Marseille et aborde à Alexandrie le 25 juin. Il se rend aussitôt dans l'isthme au milieu des travailleurs pour soutenir leur moral et partager avec eux le danger.

Ce sont les milliers de pèlerins, revenant de la Mecque, où ils s'étaient rassemblés au nombre de plus de 150,000 cette année, qui rapportent avec eux le germe de cette terrible épidémie. Trois jours après leur passage à Zagazig, elle se déclare avec intensité dans cette ville. Le 26 juin, elle se développe au centre du désert, à Ismaïlia, où en quelques jours la population est décimée.

Il y a peu de cas de choléra à Port-Saïd et à Suez, où il est apporté par quelques fugitifs.

Des mesures ont été prises par la Compagnie pour combattre le fléau partout où il s'est fait sentir. Des secours ont été organisés sur toute la ligne des travaux. Les médecins et les employés font preuve d'un zèle, d'une activité et d'un dévouement à toute épreuve. M. de Lesseps se multiplie pour que rien ne manque au service de santé, et le médecin en chef, M. Aubert-Roche, le seconde admirablement.

M. Voisin, directeur général des travaux, écrivait d'Ismaïlia :

« Je suis complétement maître de la situation,
« grâce à l'énergie morale de tout mon personnel...
« Avec de pareils hommes on triomphe des fléaux
« et on perce les isthmes. »

Il va sans dire que les travaux subissent un temps d'arrêt causé par l'émotion de l'épidémie, l'effroi de la mort presque subite de ceux qui en sont frappés, et la fuite d'un certain nombre d'ouvriers.

Parmi ceux qui succombent, on compte le docteur Zuridi, au Sérapéum.

Le choléra cesse ses effets dans l'isthme vers le milieu du mois de juillet. Voici quels ont été sa marche et son action, d'abord dans les lieux où il a pris naissance, puis dans les divers centres de population de la Compagnie :

A la Mecque et à Djeddah l'épidémie est constatée en mai, les cadavres restent sans sépulture dans les rues.

Un premier navire chargé de 1,500 pèlerins, ayant jeté pendant la traversée des morts à la mer, arrive à Suez le 19 mai.

Plusieurs milliers de pèlerins, débarqués dans cette ville, vont camper à Alexandrie près du canal Mahmoudieh du 22 mai au 1er juin.

Dès le lendemain, un premier cas de choléra se déclare dans cette dernière ville. Il s'étend ensuite dans le Delta, au Caire, puis il gagne l'isthme, où il se livre à ses capricieuses évolutions.

A Toussoum, il a duré du 16 juin au 3 juillet. Au Sérapéum, du 23 juin au 4 juillet.	16 morts.
A Ismaïlia, du 24 juin au 22 juillet.	108 —
A El-Guisr, du 26 juin au 21 juillet.	5 —
A Kantara, pas de cas de choléra, importés.	4 —
A Port-Saïd, du 3 au 31 juillet.	23 —
— importés.	33 —
A Suez, du 22 juin au 30 juillet.	14 —
Total.	203 morts

sur 357 attaqués.

Dans l'Ouady, à Chalouf, il n'y a point apparence de l'épidémie.

La mortalité parmi les Européens ne s'est élevée qu'à 203 personnes ; elle a surtout atteint les Grecs, les Dalmates, les Italiens et les Bretons. Celle des Arabes n'a pu être exactement connue.

A Alexandrie, le choléra a fait 3,925 victimes.

En récompense de la belle conduite des agents du gouvernement français à Alexandrie et au Caire pendant l'invasion du choléra, l'empereur Napoléon nomme M. Maxime Outrey, consul général à Alexandrie, officier de la Légion d'honneur, et MM. Roustan, gérant du consulat du Caire, Tricou, élève consul attaché au consulat général d'Alexandrie, et Dobignie, chancelier de ce poste, chevaliers du même ordre.

A partir du 5 août, un service fluvial express de voyageurs de première classe, faisant le transport des dépêches, est établi entre Zagazig et Port-Saïd. Le prix des places est fixé à raison de 25 centimes par kilomètre.

Le service des voyageurs de deuxième et de troisième classe ainsi que celui des messageries se fait régulièrement par le train-coche.

Le 15 août, la fête de l'empereur Napoléon III est célébrée à Ismaïlia par l'ouverture des écluses et le passage d'une cargaison de houille transitant directement de la Méditerranée à la mer Rouge.

Le même jour, le télégraphe transmet cette nouvelle à Sa Majesté qui y répond immédiatement en adressant ses félicitations au président de la Compagnie par un télégramme arrivé du camp de Châlons à Suez en trois heures !

Le 5 octobre a lieu, dans le Cirque de l'Impératrice, aux Champs-Élysées, l'assemblée générale annuelle des actionnaires de la Compagnie. Elle est présidée par M. Ferdinand de Lesseps qui fait connaître :

Que l'actif de la Compagnie s'élève à la somme de 180,967,660 fr., et que cette situation permet de ne pas escompter quant à présent, à des conditions onéreuses, les obligations du gouvernement égyptien dont les payements successifs sont échelonnés sur un certain nombre d'années ;

Que l'alimentation de tous les chantiers de l'isthme est exclusivement aujourd'hui entre les mains du commerce privé ;

Que MM. Borel et Lavalley ont établi, sans subvention, le service régulier d'un bateau à vapeur entre Alexandrie et Port-Saïd, faisant chaque mois quatre voyages d'aller et retour.

Ce même jour 5 octobre, les ministres du commerce et des affaires étrangères adressent à l'empereur Napoléon III un rapport tendant à provoquer la réunion, dans un bref délai, d'une conférence diplomatique où seraient représentées les puissances intéressées aux réformes que réclame l'organisation actuelle du service sanitaire en Orient. Les membres de cette conférence auraient particulièrement à examiner s'il ne serait point nécessaire de constituer, aux points de départ et d'arrivée des pèlerins de la Mecque, des administrations sanitaires afin de combiner un ensemble de mesures dont la nécessité est démontrée par de récents et douloureux événements.

Ce rapport a été approuvé par l'Empereur et les propositions qu'il contient sont en voie d'exécution.

La perturbation occasionnée par l'invasion du choléra dans les chantiers de l'isthme ayant cessé, les ouvriers y reviennent, et les travaux sont repris sur toute la ligne.

La partie du canal d'eau douce, du Caire à Abbassieh, que le gouvernement égyptien devait terminer complétement et livrer le 1er. mars de cette année, n'est encore qu'au quart de son exécution. Du 20 au 25 décembre, 80,000 *corvéables* y sont échelonnés sous la direction du ministre Nubar-Pacha et de M. Sciama-Bey, directeur général des travaux publics en Égypte.

Au 31 décembre, M. Couvreux avait opéré dans son lot d'El-Guisr un déblai de 1,220,000 mètres cubes, et le chantier en régie d'El-Ferdane avait exécuté 199,105 mètres cubes de déblais.

Tous les autres travaux se poursuivaient avec activité.

On procédait au piquetage de la jetée Est à Port-Saïd, laquelle doit avoir une longueur de 2,800 mètres, tandis que la jetée Ouest s'étendra jusqu'à 3,500 mètres, en raison des vents de nord-ouest qui règnent le plus ordinairement sur cette côte.

1866.

La commission sanitaire du Hedjaz, qui a pour mandat d'étudier la question du choléra dans cette partie de l'Arabie, en conformité du rapport du 5 octobre dernier, par lequel le gouvernement français a pris l'initiative des mesures préventives contre l'invasion de ce fléau, est composée d'un président, Ahmet-Effendi, et deux médecins, les docteurs Akif et Youssouf-Bey. Sa mission est temporaire et ne devra pas excéder six mois, à moins que l'autorité supérieure ottomane n'en dispose autrement.

L'intendance générale sanitaire d'Égypte, sous la présidence de M. Colucci-Bey, est composée :

D'un conseil général et d'un conseil médical.

Le premier est ainsi composé :

Un président ; un vice-président ; sept membres employés du gouvernement et huit délégués des consulats généraux d'Angleterre, d'Autriche, d'Espagne, de France, de Grèce, d'Italie, de Prusse et de Russie.

Le second se compose de cinq membres faisant déjà partie du conseil général, savoir :

Un président ; un vice-président ; le médecin en chef de l'hôpital général d'Alexandrie ; le pharmacien inspecteur, et le directeur du laboratoire chimique.

Les conventions ci-après entre le vice-roi d'Égypte et le président de la Compagnie sont enfin suivies du firman de la Sublime Porte :

CONVENTION DU 30 JANVIER 1866.

Alexandrie, le 30 janvier 1866.

Entre Son Excellence Nubar-Pacha, ministre des affaires étrangères, agissant au nom et en délégation de Son Altesse le vice-roi d'Égypte,

D'une part,

Et M. Ferdinand de Lesseps, président-fondateur de la Compagnie de Suez, agissant au nom et en délégation du Conseil d'administration de ladite Compagnie,

D'autre part,

A été convenu ce qui suit :

Art. 1er. Le gouvernement égyptien occupera dans le périmètre des terrains réservés comme dépendances du canal maritime, toute position et tout point stratégique qu'il jugera nécessaire à la défense du pays. Cette occupation ne devra pas faire obstacle à la navigation et respectera les servitudes attachées aux francs-bords du canal.

Art. 2. Le gouvernement égyptien, sous les mêmes réserves, pourra également occuper pour ses services administratifs (postes, douanes, casernes, etc.) tout emplacement disponible qu'il jugera convenable, en tenant compte des nécessités de l'exploitation des services de la Compagnie.

Le gouvernement remboursera, quand il y aura lieu, à la Compagnie, les sommes que celle-ci aura dépensées pour créer ou approprier les terrains dont il voudra disposer.

Art. 3. Dans l'intérêt du commerce, de l'industrie ou de la prospère exploitation du canal, tout particulier aura la faculté, moyennant l'autorisation préalable du gouvernement et en se soumettant aux règlements administratifs ou municipaux de l'autorité locale, ainsi qu'aux lois, usages et impôts du pays, de s'établir soit le long du canal maritime, soit dans les villes élevées sur son parcours; réserve faite des francs-bords, berges et chemins de halage, ces derniers devant rester ouverts à la libre circulation sous l'empire des règlements qui en détermineront l'usage.

Ces établissements ne pourront du reste avoir lieu que sur les emplacements que les ingénieurs de la Compagnie reconnaîtront n'être pas nécessaires au service de l'exploitation, et à charge par les bénéficiaires de rembourser à la Compagnie les sommes dépensées par elle pour la création ou l'appropriation desdits emplacements.

Art. 4. Le gouvernement égyptien prendra possession du canal d'eau douce, des travaux d'art et des terrains qui en dépendent, aussitôt que la Compagnie se croira en mesure de livrer ledit canal dans les conditions antérieurement stipulées.

Cette livraison, qui impliquera réception de la part du gouvernement égyptien, sera opérée contradictoirement entre les ingénieurs du gouvernement et ceux de la Compagnie, et constatée dans un procès-verbal relatant en détail les points par lesquels l'état du canal s'écartera des conditions qu'il devait réaliser.

Le gouvernement égyptien demeurera à partir de ce moment chargé de l'entretien dudit canal, soit :

1° De faire, dans le délai possible, toutes plantations, cultures et travaux de défense nécessaires pour empêcher la dégradation des berges et l'envahissement des sables ;

2° D'assurer en toutes saisons la navigation en maintenant dans le canal un tirant d'eau de $2^m,50$ dans les hautes eaux du Nil, de 2 mètres dans la saison des eaux moyennes, et de 1 mètre au minimum dans les basses eaux ;

3° De fournir, en outre, à la Compagnie, un volume de 750,000 mètres cubes d'eau par jour pour l'alimentation des populations établies sur le parcours du canal, l'arrosage des jardins, le fonctionnement des machines destinées à l'entretien du canal et à celle des établissements industriels nécessaires à son exploitation, à l'irrigation des semis et plantations pratiqués sur les dunes et autres terrains non naturellement irrigables compris dans les dépendances du canal; enfin, l'approvisionnement des navires qui passeront par ledit canal;

4° De faire enfin tous curages et travaux nécessaires pour

entretenir le canal d'eau douce et ses ouvrages d'art en parfait état.

Le gouvernement égyptien sera de ce chef substitué à la Compagnie en toutes les charges et obligations qui résulteraient pour elle d'un entretien insuffisant, étant tenu compte de l'état dans lequel le canal aura été livré et du délai nécessaire aux travaux que cet état aura pu exiger.

Art. 5. Aussitôt après la livraison du canal, le gouvernement égyptien en aura la jouissance et disposera de la faculté d'y établir des prises d'eau; la Compagnie, de son côté, aura pendant la durée des travaux de construction du canal maritime, et au besoin jusqu'à la fin de 1869, la faculté d'établir sur le canal d'eau douce des services de remorqueurs à hélice ou de toueurs pour les besoins de ses transports et de ceux de ses entrepreneurs, et l'exploitation exclusive du transit des marchandises de Port-Saïd à Suez et *vice versâ*.

Après 1869, la Compagnie rentrera dans le droit commun pour l'usage du canal d'eau douce aux conditions antérieurement convenues.

Les bâtiments construits par la Compagnie pour ses services sur le parcours du canal d'eau douce de Zagazig à Suez seront cédés au gouvernement égyptien au prix de revient. Ceux de ces bâtiments et dépendances qui seront nécessaires à la Compagnie pendant la période ci-dessus indiquée, lui seront loués par le gouvernement au taux de cinq pour cent l'an du capital remboursé.

Art. 6. La Compagnie vend au gouvernement égyptien la propriété du Ouady telle qu'elle existe actuellement avec ses bâtiments et dépendances, au prix de 10 millions de francs.

Art. 7. Si le canal d'eau douce est remis par la Compagnie au gouvernement égyptien dans le courant de la présente année, les sommes dues par le gouvernement égyptien, tant de ce chef que pour l'acquisition du domaine de Ouady, ensemble 20 millions de francs, seront payées à la Compagnie à dater du 1er décembre 1866, en six payements égaux et mensuels de 3,333,333 fr. 33 c., opérés le 1er de chaque mois.

Au cas où l'appel de fonds restant à faire sur les actions serait rendu exigible par la Compagnie dans le courant de la présente année, le montant des sommes dues de ce chef par le gouvernement égyptien, soit environ et sauf compte à faire, 17,500,000 francs, sera payé à la Compagnie à dater du 1er janvier jusqu'au 1er décembre 1867 en douze payements égaux et mensuels de 1,458,333 francs environ, opérés le 1er de chaque mois.

Les sommes formant le solde de l'indemnité consentie par le gouvernement égyptien en faveur de la Compagnie, exigibles postérieurement au 1er novembre 1866, soit ensemble 57,750,000 francs, seront payées à la Compagnie, à dater du 1er janvier 1867 jusqu'au 1er décembre 1869, en trente-six payements égaux et mensuels de 1,604,166 francs, opérés le 1er de chaque mois.

Tous les payements seront faits à la Compagnie en francs effectifs.

Fait en double expédition, au Caire, le 30 janvier 1866.

Signé FERDINAND DE LESSEPS.

NUBAR-PACHA.

PROCÈS-VERBAL

des opérations des délégués nommés à l'effet d'établir les limites des terrains nécessaires à la bonne exploitation de l'entreprise du canal maritime de Suez et dont la jouissance doit être attribuée à la Compagnie pendant la durée de sa concession.

Les commissaires soussignés :

LE BASTEUR, inspecteur général des ponts et chaussées, délégué du gouvernement français ;

SERVER-EFFENDI, sous-secrétaire d'État au ministère de l'agriculture, du commerce et des travaux publics, délégué du gouvernement de Sa Majesté Impériale le sultan ;

ALI-BEY-MOUBARECK, colonel du génie, aide de camp de Son Altesse le vice-roi, délégué du gouvernement égyptien ;

MALLET, sénateur, délégué de la Compagnie du canal maritime de Suez ;

partis du Caire le 29 janvier 1866, sont arrivés le 30 à Ismaïlia sur le canal maritime.

Le lendemain, 31, remontant le canal vers le nord, après

avoir visité les travaux du seuil d'El-Guisr, ils sont arrivés à Kantara. Le 1ᵉʳ février, ils étaient à Port-Saïd, dont ils ont visité les divers chantiers et l'emplacement où doivent être assis le port et ses dépendances.

De retour à Ismaïlia le 3 février, ils ont parcouru l'emplacement occupé et à occuper par cet établissement.

Partant d'Ismaïlia le 5 février, ils se sont dirigés vers Suez, en visitant les chantiers du Sérapéum et de Chalouf.

Arrivés à Suez, ils ont visité la rade ; et partout, dans les diverses localités, l'ingénieur en chef, directeur général des travaux, a exposé les besoins des établissements qui doivent y être créés. De retour au Caire, les commissaires se sont réunis en conférence, les 11 février et jours suivants, à l'effet d'examiner les plans qui leur ont été soumis, d'entendre de nouveau les explications du directeur général des travaux et de fixer définitivement les limites des terrains nécessaires à la Compagnie pour l'exploitation de son entreprise.

ART. 1. — PORT-SAÏD.

Dans la séance du 13 février, M. le directeur général des travaux de la Compagnie a soumis à la commission un plan de Port-Saïd indiquant les divers bassins à construire suivant les prévisions actuelles de la Compagnie.

Un double chenal conduirait de l'avant-port dans le premier bassin, et, entre les deux passes, on conserverait le terre-plein des ateliers où se fabriquent les blocs factices pour la construction des jetées. La question de savoir si l'occupation actuelle de ces terrains doit être seulement temporaire et provisoire, ou si elle doit être considérée comme indispensable à la Compagnie pendant toute la durée de la concession, se présente. Après mûr examen, la commission est d'avis que l'occupation par la Compagnie dudit terrain ne doit être que temporaire. En conséquence, la durée de cette occupation a été fixée à un laps de dix ans. Si, ultérieurement, ce laps de dix ans venait à être reconnu insuffisant, une entente entre le gouvernement égyptien et la Compagnie en fixerait la prolongation ; par contre, le gouvernement rentrera en possession du terrain dont il s'agit, au moment même où la Compagnie cessera la fabrication des blocs artificiels. Il est bien entendu que durant l'occupation dudit terrain par la Compagnie, le gouvernement égyptien pourra y faire tous les travaux et toutes les constructions qu'il jugera utiles sans nuire aux chantiers de la Compagnie. Il est aussi à remarquer que cet îlot est nécessaire pour abriter l'arrière-port. Cependant, comme l'élargissement des passes pourra devenir indispensable, il s'ensuit que la Compagnie pourra toujours, pour opérer cet élargissement, réduire la longueur dudit îlot.

Entre la passe de l'est et l'enracinement de la jetée du même côté, il devra être laissé une voie publique d'accès, depuis la levée extérieure de l'arrière-port jusqu'à la jetée. Il ne sera fait par la Compagnie aucune construction soit le long de la plage, soit sur les levées limitant les bassins du côté de l'Est.

Une partie de la plage est réservée le long de la jetée de l'ouest pour les besoins de l'exploitation du canal, et notamment pour compléter les travaux de la jetée et asseoir les principaux bâtiments d'exploitation. Cette partie réservée à la Compagnie aura une largeur de 150 mètres et une longueur maximum de 600 mètres comptés à partir de l'origine de la jetée; elle n'est accordée que sous les conditions suivantes:

1° La Compagnie laissera libres pour la circulation publique, savoir : un quai de 50 mètres de largeur entre les bâtiments d'exploitation qu'elle se propose de construire, et la jetée ; un espace de 50 mètres de largeur entre l'extrémité de ces constructions et la baisse de la mer; la voie d'accès existante entre la plage et le quai du port.

2° Toutes les constructions faites par la Compagnie seront soumises, en cas de guerre, aux servitudes militaires, et le gouvernement pourra faire exécuter tous travaux et toutes démolitions qu'il jugera utiles à la défense du pays, sans être tenu de payer aucune indemnité quelconque à la compagnie à raison desdits travaux et démolitions.

3° Si, en cas de guerre, le gouvernement juge utile de construire une batterie dans l'étendue des 600 mètres réservés, l'emplacement de cette batterie formera la limite définitive du terrain concédé.

Sous la réserve de toutes les conditions ci-dessus, la Commission estime qu'une superficie de 430 hectares de terrain est nécessaire à la Compagnie pour le service et pour l'exploitation complète, à Port-Saïd, du canal maritime; ces terrains sont désignés au plan coté sous le n° 1, signé, parafé et annexé au présent procès-verbal.

Cette superficie se répartit ainsi qu'il suit :

Terrains réservés du côté d'Afrique, trois cent dix-neuf hectares.. 319 hectares
Terrains réservés du côté d'Asie, cent onze hectares.. 111 hectares
Superficie totale de Port-Saïd.............. 430 hectares

ART. — 2. DE LA BORNE N° 3 PLACÉE A L'EXTRÉMITÉ DU PORT, AU KILOMÈTRE N° 62, PRÈS D'EL FERDANE.

Aucune objection n'est faite à la demande de la Compagnie tendant à obtenir une largeur de 200 mètres de chaque côté de l'axe du canal; en conséquence, cette demande lui est accordée.

ART. 3. — RAZ-EL-ECH.

La Compagnie demande une zone supplémentaire de 300 mètres de large sur 500 mètres de longueur du côté d'Afrique, soit 15 hectares.

Cette demande est admise.

Le droit de pêche du gouvernement dans le lac Menzaleh s'exercera toujours jusqu'au remblai exécuté.

Art. 4. — KANTARA.

La Compagnie demande sur le côté d'Asie une superficie totale de 64 hectares, se répartissant ainsi qu'il suit :

Création d'une gare de 1,000 mètres de longueur sur 200 mètres de largeur, avec terre-plein de 200 mètres à l'entour pour les établissements destinés au service de la gare : 28 hectares.. 28 hectares
Emplacement pour le campement de la Compagnie et de l'entreprise trente-six hectares.... 36 hectares
Total 64 hectares............'..... 64 hectares

Cette demande est admise par la Commission.

ART. 5. — D'EL FERDANE AU LAC TIMSAH.

Pour cette partie du canal qui comprend la traversée du

seuil d'El-Guisr, la Compagnie demande 200 mètres du côté d'Asie et 1,000 mètres du côté d'Afrique.

Cette demande est motivée, en ce qui concerne le côté d'Afrique, sur ce qu'il est nécessaire d'avoir une grande étendue de terrain pour déposer les déblais provenant d'une tranchée qui atteint à son point culminant une hauteur de 19 mètres, non compris la profondeur du canal qui est de 8 mètres, ce qui porte le total des déblais à 27 mètres, et, en outre, sur la nécessité d'exécuter des travaux pour fixer les sables mobiles qui pourraient sur certains points envahir la tranchée.

Par ces motifs, la Commission admet la demande de la Compagnie.

ART. 6. — CANAL DE JONCTION AVEC LE CANAL D'EAU DOUCE.

La Compagnie ayant à faire des travaux importants pour fixer les sables mobiles et empêcher l'envahissement du canal de jonction et du canal maritime avec le canal d'eau douce, une superficie de 160 hectares lui est accordée par la Commission.

Cette superficie est indiquée sur le plan d'ensemble d'Ismaïlia coté sous le n° 2, signé, parafé et annexé au présent procès-verbal. Aucune construction autre que les postes des gardiens, travaux d'éclairage des deux canaux, et logement des préposés de ce service, ne pourra être faite par la Compagnie sur une surface de 1,500 mètres de rayon, dont le centre sera le point d'intersection de l'axe du bief actuel de jonction avec le canal d'eau douce et de l'axe du canal maritime.

ART. 7. ISMAÏLIA.

Le plan d'Ismaïlia ci-dessus énoncé indique également le périmètre des terrains nécessaires pour les établissements de la Compagnie dans la ville d'Ismaïlia ; d'après ce plan, une surface de 193 hect. s'étendant au nord du canal d'eau douce serait nécessaire ; la Compagnie demande donc cette superficie, laquelle lui est accordée par la commission.

ART. 8.— PORT D'ISMAÏLIA. TRAVERSÉE DU LAC TIMSAH. CANAL DE SERVICE.

Le port d'Ismaïlia, sur le lac Timsah, indiqué sur le plan

coté n° 2, est séparé de la ville par le canal d'eau douce ; les communications entre la ville et le port sont établies par des ponts-levis construits sur les deux écluses. Ces deux ponts doivent être conservés. La Commission décide, en outre, que le long du canal d'eau douce, entre les deux écluses, jusqu'à la gare des ateliers de réparations que se propose de construire la Compagnie, il sera réservé pour les besoins dudit canal, une bande de 60 mètres de largeur comptée à partir de l'axe. Le gouvernement pourra faire construire sur cette bande tout bâtiment de service qu'il jugera nécessaire, en laissant un passage libre, le long du canal, de 20 mètres de largeur.

Dans l'étendue de la gare, la digue du canal sera continuée par la Compagnie et aura au sommet 10 mètres de largeur. Au passage des canaux de communication, entre le canal et la gare, il sera établi pour l'usage du public des ponts mobiles ayant une largeur de 4 mètres. Le long du quai du port, sur le lac Timsah, on laissera un espace libre de 50 mètres de largeur. Une bande de terrain de 500 mètres de largeur sur 1,500 mètres de longueur, soit 75 hectares, à l'ouest du lac, est distraite de la concession demandée, pour les besoins du gouvernement égyptien, qui pourra, s'il le juge convenable, établir sur le lac Timsah, un port dont les quais seront en retour d'équerre par rapport à ceux de la Compagnie. La superficie des terrains accordés pour l'établissement du port d'Ismaïlia du côté d'Afrique est fixée, par suite de la réduction ci-dessus, à 508 hectares. Il est en outre, accordé pour l'ouverture du canal dans la traversée du lac Timsah, une zone de 200 mètres de chaque côté de l'axe.

Un canal de service conduisant à une carrière située à l'est du canal maritime, ainsi que la carrière elle-même, restent réservés à la Compagnie conformément à la concession qui lui en a été faite. Le tout comporte une superficie de 74 hectares.

ART. 9. — DU LAC TIMSAH AUX LACS AMERS.

Cette portion du canal de 17 kilomètres de longueur comprend la tranchée du Sérapéum, un peu moins profonde que celle d'El-Guisr, mais présentant les mêmes difficultés. Pour les motifs indiqués à l'article 5, la Compagnie demande, du côté d'Afrique, une largeur de 800 mètres, et de 200 mètres du côté d'Asie. Cette demande lui est accordée par la Commission.

Art. — 10. Traversée des lacs Amers.

M. le directeur général des travaux, appelé à donner des explications sur le projet de la Compagnie, fait connaître qu'elle a l'intention de s'établir dans les lacs mêmes, en opérant, s'il y a lieu, les dragages nécessaires ; cependant il prévoit le cas où il y aurait dans la nappe d'eau des lacs une agitation ou des courants gênants pour la navigation ; on se reporterait alors à la limite des lacs du côté d'Asie, et on les contournerait en établissant une voie séparée des lacs et protégée contre l'action des vents et de la marée. La superficie à occuper dans l'un ou dans l'autre cas serait sensiblement la même, et la zone concédée peut être calculée à raison de 200 mètres de chaque côté de l'axe de la voie suivie par la navigation. Quand la Compagnie sera complétement fixée sur la ligne à adopter, la concession se bornera aux terrains situés sur cette ligne.

La Commission accorde donc la zone de 200 mètres de chaque côté de l'axe de la voie adoptée par la Compagnie. De plus, la Commission accorde à la Compagnie une surface supplémentaire de 20 hectares au seuil de séparation des deux lacs, pour divers travaux ayant pour objet de diriger les eaux sur ces points et d'empêcher, au moyen d'épis ou d'enrochements, la transmission des lames et les dégradations que les courants pourraient occasionner.

Art. 11. — Des lacs Amers aux lagunes de Suez.

La Compagnie demande 200 mètres de largeur de chaque côte de l'axe, plus pour le campement de Chalouf une zone supplémentaire de 300 mètres de largeur sur une longueur de 1,000 mètres, soit 30 hectares. Elle réclame aussi une superficie égale pour le campement de la plaine comprenant des bassins et un canal de service pour l'alimentation du campement.

La Commission accorde ces différents chefs de demande à la Compagnie.

Art. 12. Traversée des lagunes de Suez.

Aucune objection n'étant faite à la demande de la Compagnie, qui réclame 200 mètres de chaque côté de l'axe du canal, et, en outre, une zone supplémentaire de 27 hectares pour le campement de la quarantaine et la voie d'accès qui y conduit ; plus 13 hectares pour le petit établissement à former à l'entrée du canal, à son point de jonction avec le chenal conduisant à la rade de Suez ; en conséquence ces différents chefs sont également accordés..

Art. 13. — Port de Suez.

Après une discussion approfondie sur les moyens d'assurer l'exploitation facile et complète du canal maritime, la Commission accorde à la Compagnie la superficie des terrains qu'elle demande, tels qu'ils sont figurés au plan coté sous le n° 3 signé, parafé et annexé au présent procès-verbal. Cette allocation est faite sous les réserves et sous les conditions suivantes :

1° Le chenal, faisant partie du port de Suez n'est pas compris dans les terrains réservés à la Compagnie ; toutefois, il demeure bien entendu que, conformément à la concession, la Compagnie a le droit de faire dans le chenal tous les travaux que comporte l'exécution de ses projets, sous la réserve de laisser toujours un passage libre à la navigation entre le fond du port et la rade, de sorte que la navigation ne soit jamais arrêtée ni entravée.

2° Le halage sera libre sur les quais que doit construire la Compagnie. Toutefois, le droit de haler ne devra pas gêner la formation des trains.

La formation des trains est interdite le long de la jetée extérieure et sur une longueur de 100 mètres à l'extrémité du terre-plein. La portion du quai suivante, jusqu'au petit bassin, est affectée à la formation des trains ; en dehors des navires destinés à entrer dans le canal, aucun navire ne pourra y stationner ni s'y amarrer.

La circulation pour le public sera constamment libre sur les quais. Si la Compagnie prolonge la levée au delà de l'extrémité du terre-plein, en vue de former une jetée d'abri, cette jetée extérieure sera et restera consacrée au public pour les besoins généraux du halage.

3° La chaîne de touage que doit établir la Compagnie sera placée à 100 mètres au moins de distance de la levée, mesure prise au niveau moyen des eaux, et la Compagnie aura la faculté de la prolonger en ligne droite jusqu'aux fonds naturels de 9 mètres. La Compagnie sera tenue d'élargir le chenal, si les besoins de la navigation locale le rendent nécessaire, et elle reculera alors en même temps la chaîne de touage.

4° Le chenal devant rester libre pour tous les navires, aucun bâtiment n'y pourra mouiller.

5° La moitié de la largeur du terre-plein à créer entre la levée formant la rive nord du chenal d'avant-port et le quai du bassin de radoub, sera comprise dans les zones réservées à l'exploitation du canal maritime, sous la condition, pour la Compagnie, de laisser au quai, le long de la levée, une largeur de 40 mètres.

La Compagnie n'aura à sa charge que la dépense afférente à l'exécution des travaux dans la largeur de la zone qui lui est réservée.

L'enrochement qui doit protéger le terre-plein du côté de la rade, sera construit simultanément par le gouvernement et par la Compagnie.

6° Les fortifications qui pourront être construites à l'extrémité sud-ouest du terre-plein, seront disposées de manière à ce que l'on puisse communiquer entre ce terre-plein et la rade.

La partie extérieure correspondant à la bande réservée à la Compagnie sera affectée à l'accostage et au stationnement de ses embarcations de service, et à l'établissement de ses embarcadères.

7° La partie du terre-plein réservée à la Compagnie le long du chenal du port de Suez, en retour vers le nord, aura une longueur de 1,000 mètres, à partir de l'entrée du petit bassin projeté pour le remisage du matériel d'exploitation du canal maritime. Le terre-plein s'étendra en largeur jusqu'à une ligne parallèle au chemin de fer à 50 mètres en arrière de l'axe de la voie. Les navires étrangers à l'exploitation du canal maritime pourront se haler, mais non décharger ni s'amarrer le long de ce terre-plein.

8° Les constructions qui seront élevées par la Compagnie dans l'étendue de la zone réservée à l'exploitation du canal maritime, seront soumises en cas de guerre aux servitudes militaires.

Une zone de 100 mètres de largeur est réservée à l'extrémité du terre-plein pour les besoins du gouvernement. Aucune construction ne pourra être érigée sur cette zone de terrain par la Compagnie.

Aucune des énonciations du présent procès-verbal ne pourra être prise ou considérée par la Compagnie comme l'affranchissant des règlements de port; en conséquence, tous les navires généralement quelconques se dirigeant dans le canal maritime resteront, à l'instar des autres navires, soumis aux règlements faits ou à faire par le gouvernement égyptien pour assurer la libre circulation dans les ports de son territoire.

En conséquence, et se résumant, les commissaires soussignés arrêtent ainsi qu'il suit l'état des terrains concédés à la Compagnie pour l'établissement, l'exploitation et la conservation du canal maritime de Suez. (Voir le plan général du canal, pièce annexe n° 4.)

Le présent état de superficie montant, savoir :

Pour le côté Afrique, à. . . . . 6,665 hectares.
Pour le côté Asie, à. . . . . 3,549 —
Total général de la superficie des terrains concédés, dix mille deux cent quatorze hectares. . . . . 10,214 hectares.

Fait au Caire, en quadruple expédition, le dix-neuf février mil huit cent soixante-six de l'ère chrétienne, soit le cinq chatwal mil deux cent quatre vingt-deux de l'hégire.

Signé LEBASTEUR.   SERVER.

ALY-MOUBARECK-BEY.   MALLET.

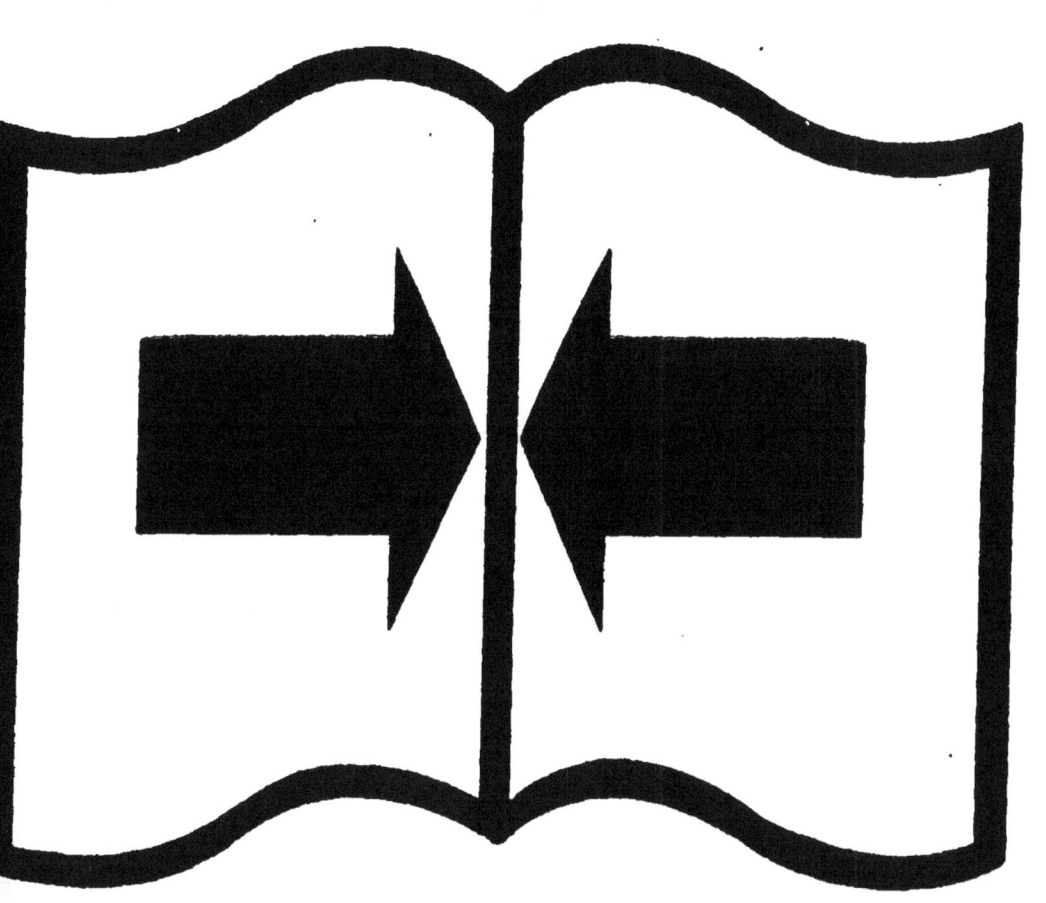

Reliure serrée

ÉTAT DES TERRAINS NÉCESSAIRES A L'ÉTABLISSEMENT, L'EXPLOITATION ET LA CONSERVATION DU CANAL MARITIME DE SUEZ.

N° d'ordre.	DÉSIGNATION des parties du canal, des ports et des établissements.	Longueurs en kilomètres.	LARGEUR mesurée à partir de l'axe du canal.		SUPERFICIE.	
			Côté Afrique.	Côté Asie.	Côté Afrique.	Côté Asie.
		kilom.	m.	m.	h.	h.
1	*Port-Saïd.*					
	Le périmètre des terrains réservés à la Compagnie est figuré par un liséré vermillon sur le plan joint au présent état (pièce annexe n° 1).	5 »	»	»	319	111
2	*De Port-Saïd à El Ferdane.*					
	Du kilomètre 3 au kilomètre 62 du canal maritime.	59 »	200	200	1180	1180
3	*Raz-el-Ech.*					
	Zone supplémentaire, côté Afrique, d'une largeur de 500 mètres sur une longueur de 500 mètres.	»	»	»	15	»
4	*Kantara.*					
	Le périmètre des terrains réservés est figuré par un liséré vermillon sur le plan joint au présent état (pièce annexe n° 1 bis).	»	»	»	»	64
5	*D'El Ferdane au lac Timsah.*					
	Du kilomètre 62 au point kilométrique 75 k. 5 du canal maritime. . . .	13 5	1000	200	1350	270
6	*Canal de jonction avec le canal d'eau douce.*					
	Le périmètre des terrains réservés est figuré par un liséré vermillon sur la même pièce (annexe n° 2).	»	»	»	195	»
8	*Port d'Ismaïlia, traversée du lac Timsah, canal de service.*					
	Le périmètre des terrains réservés est figuré par un liséré vermillon sur la pièce annexe n° 2 :					
	Port d'Ismaïlia.	»	»	»	508	»
	Traversée du lac Timsah, du kilomètre 75,5 au kilomètre 81.	5 5 »	200	200	110	110
	Canal de service.	»	»	»	»	74
9	*Du lac Timsah aux lacs Amers.*					
	Du kilomètre 81 au kilomètre 98.	17 »	800	200	1360	340
10	*Traversée des lacs Amers.*					
	Du kilomètre 98 au kilomètre 133.	35 »	200	200	700	700
	Campement du seuil de séparation des deux bassins, 500 mètres sur 400.	»	»	»	20	»
11	*Des lacs Amers aux lagunes de Suez.*					
	Du kilomètre 133 au kilomètre 151.	18 »	200	200	360	360
	Campement de Chalouf, zone supplémentaire de 500 mètres de largeur sur une longueur de 1.000 mètres.	»	»	»	50	»
	Campement de la plaine, bassins et canal de service.	»	»	»	50	»
12	*Traversée des lagunes de Suez.*					
	Du kilomètre 151 au kilomètre 159.	8 »	200	200	160	160
	Campement de la Quarantaine et chemin d'accès.	»	»	»	27	»
	Etablissement à l'entrée du canal.	»	»	»	15	»
13	*Port de Suez.*					
	Le périmètre des terrains réservés est figuré par un liséré vermillon sur le plan joint au présent état (pièces annexes n° 3).	2 »	»	»	150	180
	Totaux.	161 »	»	»	6665	3549

CONVENTION DU 22 FÉVRIER 1866.

Entre S. A. Ismaïl-Pacha, vice-roi d'Égypte, d'une part ;

Et la Compagnie universelle du canal maritime de Suez, représentée par M. Ferdinand de Lesseps, son président-fondateur, autorisé à cet effet par les assemblées générales des actionnaires des 1er mars et 6 août 1864 et par décision spéciale du Conseil d'administration de ladite Compagnie, en date du 13 septembre 1864, d'autre part;

A été exposé et stipulé ce qui suit :

Un premier acte de concession provisoire, en date du 30 novembre 1854, a autorisé M. de Lesseps à former une Compagnie financière pour l'exécution du canal maritime de Suez.

Un second acte de concession, en date du 5 janvier 1856, a déterminé le cahier des charges pour procéder à la formation de la Compagnie financière chargée d'exécuter les travaux du canal, et a donné l'autorisation d'exécuter les travaux du percement de l'isthme dès que la ratification de la Sublime Porte serait obtenue. A cet acte étaient annexés les statuts de la Compagnie universelle, revêtus de l'approbation du vice-roi.

Un décret-règlement, en date du 20 juillet 1856, a déterminé l'emploi des ouvriers fellahs aux travaux du canal de Suez.

Une convention intervenue entre le vice-roi et la Compagnie, le 18 mars 1863, a rétrocédé au gouvernement égyptien la première section du canal d'eau douce, entre le Caire et le Ouady.

Une autre convention, datée du 20 mars 1863, a réglé la participation financière du gouvernement égyptien dans l'entreprise.

Enfin, une dernière convention, en date du 30 janvier 1866, a réglé :

1° L'usage des terrains réservés à la Compagnie comme dépendances du canal maritime;

2° La cession du canal d'eau douce, des terrains, ouvrages d'art et constructions en dépendant et la reprise par le gouvernement de l'entretien dudit canal.

3° La vente du domaine du Ouady, au prix de 10 millions de francs;

4° Les échéances des termes fixés pour le payement des sommes dues à la Compagnie.

La Sublime Porte sollicitée, conformément à l'acte de concession du 5 janvier 1856, de donner sa ratification à la concession de l'entreprise du canal, a formulé, par une note en date du 6 avril 1863, les conditions auxquelles cette ratification était subordonnée.

Pour donner pleine satisfaction à cet égard à la Sublime Porte, il s'est établi entre le vice-roi et la Compagnie une entente qu'ils ont consacrée et formulée dans la convention dont les clauses et stipulations suivent :

Art. 1er. Est et demeure abrogé, dans son entier, le règlement en date du 20 juillet 1856 relatif à l'emploi des fellahs aux travaux du canal de Suez.

Est, en conséquence, déclarée nulle et caduque la disposition de l'article 2 de l'acte de concession du 5 janvier 1856, ainsi conçu : « Dans tous les cas, les quatre cinquièmes au moins des ouvriers employés aux travaux seront Égyptiens. »

Le gouvernement égyptien payera à la Compagnie, à titre d'indemnité et en raison de l'annulation du règlement du 20 juillet 1856 et des avantages qu'il comportait, une somme de 38 millions de francs.

La Compagnie se procurera désormais, suivant le droit commun, sans priviléges comme sans entraves, les ouvriers nécessaires aux travaux de l'entreprise.

Art. 2. La Compagnie renonce au bénéfice des articles 7 et 8 de l'acte de concession du 30 novembre 1854 et des articles 10, 11 et 12 de celui du 5 janvier 1856.

L'étendue des terrains susceptibles d'irrigation concédés à la Compagnie par ces mêmes actes de 1854 et 1856 et rétrocédés au gouvernement, a été reconnue et fixée d'un commun accord à 63,000 hectares, sur lesquels doivent être déduits 3,000 hectares qui font partie des emplacements affectés aux besoins du canal maritime.

Art. 3. Les articles 7 et 8 de l'acte de concession de 1854 et les articles 10, 11 et 12 de celui de 1856, demeurant abrogés, comme il est dit dans l'article 2, l'indemnité due à la Compagnie par le gouvernement égyptien, par suite de la rétrocession des terrains, s'élève à la somme de 30 millions de francs, le prix de l'hectare étant fixé à 500 fr.

Art. 4. Considérant qu'il est nécessaire de déterminer, pour le canal maritime, l'étendue des terrains qu'exigent son établissement et son exploitation, dans des conditions propres à assurer la prospérité de l'entreprise ; que cette étendue ne doit pas être restreinte à l'espace qui sera matériellement occupé par le canal même, par ses francs-bords et par les chemins de halage ; considérant que pour donner aux besoins de l'exploitation une entière et complète satisfaction, il faut que la Compagnie puisse établir, à proximité du canal maritime, des dépôts, des magasins, des ateliers, des ports dans les lieux où leur utilité sera reconnue, et enfin des habitations convenables pour les gardiens, surveillants, les ouvriers chargés des travaux d'entretien et pour tous les préposés à l'administration ; qu'il est, en outre, convenable d'accorder, comme accessoires des habitations, des terrains qui puissent être cultivés en jardins et fournir quelques approvisionnements dans des lieux privés de toute ressource de ce genre ; qu'enfin il est indispensable que la Compagnie puisse disposer de terrains suffisants pour y faire les plantations et les travaux destinés à protéger le canal maritime contre l'invasion des sables et assurer sa conservation ; mais qu'il ne doit rien être alloué au delà de ce qui est nécessaire pour pourvoir amplement aux divers services qui viennent d'être indiqués ; que la Compagnie ne peut avoir la prétention d'obtenir, dans des vues de spéculation, une étendue quelconque de terrains, soit pour les livrer à la culture, soit pour y élever des constructions, soit pour les céder lorsque la population aura augmenté ;

Les deux parties intéressées se renfermant dans ces limites pour déterminer, sur tout le parcours du canal maritime, le périmètre des terrains dont la jouissance, pendant la durée de la concession, est nécessaire à l'établissement, à l'exploitation et à la conservation de ce canal ;

Sont, d'un commun accord, convenues que la quantité de terrains nécessaires à l'établissement, l'exploitation et la conservation dudit canal, est fixée, conformément aux plans et tableaux dressés, arrêtés, signés et annexés à cet effet aux présentes.

Art. 5. La Compagnie rétrocède au gouvernement égyptien la seconde partie du canal d'eau douce située entre le Ouady, Ismaïlia et Suez, ainsi qu'elle lui avait déjà rétrocédé la première partie du canal située entre le Caire et le domaine du Ouady, par la convention du 18 mars 1863.

La rétrocession de cette seconde partie du canal d'eau douce est faite dans les termes et sous les conditions qui suivent :

1° La Compagnie est tenue de terminer les travaux restant à faire pour mettre le canal du Ouady, Ismaïlia et Suez dans les dimensions convenues et en état de réception.

2° Le gouvernement égyptien prendra possession du canal d'eau douce, des travaux d'art et des terrains qui en dépendent, aussitôt que la Compagnie se croira en mesure de livrer ledit canal dans les conditions ci-dessus indiquées. Cette livraison, qui impliquera réception de la part du gouvernement égyptien, sera opérée contradictoirement entre les ingénieurs du gouvernement et ceux de la Compagnie, et constatée dans un procès-verbal relatant en détail les points par lesquels l'état du canal s'écartera des conditions qu'il devait réaliser ;

3° Le gouvernement égyptien demeurera, à partir de la livraison, chargé de l'entretien dudit canal, soit :

I. — De faire dans le délai possible toutes plantations, cultures et travaux de défense nécessaires pour empêcher la dégradation des berges et l'envahissement des sables, et de maintenir l'alimentation du canal par celui de Zagazig, jusqu'à ce que cette alimentation soit assurée directement par la prise d'eau du Caire ;

II. — D'exécuter les travaux de la partie qui lui a été rétrocédée par la convention du 18 mars 1863 et de mettre cette première section en communication avec la seconde, au point de jonction du Ouady ;

III. — D'assurer en toute saison la navigation en maintenant dans le canal une hauteur d'eau de 2 mètres 50 centimètres dans les hautes eaux du Nil, de 2 mètres à l'étiage moyen et de 1 mètre au minimum au plus bas étiage ;

IV. — De fournir, en outre, à la Compagnie, un volume de 70,000 mètres cubes d'eau par jour pour l'alimentation des populations établies sur le parcours du canal maritime, l'arrosage des jardins, le fonctionnement des machines destinées à l'entretien du canal maritime et de celles des établissements industriels se rattachant à son exploitation; l'irrigation des semis et des plantations pratiqués sur les dunes et autres terrains non naturellement irrigables compris dans les dépendances du canal maritime ; enfin l'approvisionnement des navires qui passent par ledit canal ;

V. — De faire tout curage et travaux nécessaires pour entretenir le canal d'eau douce et ses ouvrages d'art en parfait état. Le gouvernement égyptien sera de ce chef substitué à la Compagnie en toutes les charges et obligations qui résulteraient pour elle d'un entretien insuffisant, étant tenu compte de l'état dans lequel le canal aura été livré, et du délai nécessaire aux travaux que cet état aura pu exiger.

Art. 6. La Compagnie aura la servitude de passage sur les terrains que devront traverser les rigoles et conduites d'eau nécessaires au prélèvement des 70,000 mètres cubes d'eau dont il s'agit ci-dessus.

Art. 7. Aussitôt après la livraison du canal d'eau douce, le gouvernement en aura la jouissance et disposera de la faculté d'y établir des prises d'eau; la Compagnie, de son côté, aura pendant la durée des travaux de construction du canal maritime et, au besoin, jusqu'à la fin de 1869, la faculté d'établir sur le canal d'eau douce des services de remorqueurs à hélice ou de toueurs pour les besoins de ses transports ou de ceux de ses entrepreneurs, et l'exploitation exclusive du transit des marchandises de Port-Saïd à Suez, et *vice versâ*.

Après 1869, la Compagnie rentrera dans le droit commun pour l'usage du canal d'eau douce; elle n'aura plus sur ce canal que la jouissance appartenant aux Égyptiens, sans toutefois que jamais ses barques et bâtiments puissent être soumis à aucun droit de navigation.

L'alimentation d'eau douce en ligne directe à Port-Saïd sera toujours amenée par les moyens que la Compagnie jugera convenable d'employer à ses frais.

La Compagnie cesse d'avoir le droit de cession de prise d'eau, de navigation, de pilotage, de remorquage, de halage ou stationnement à elle accordés sur le canal d'eau douce par les articles 8 et 17 de l'acte de concession du 5 janvier 1856.

Les bâtiments construits par la Compagnie pour ses services sur le parcours du canal d'eau douce de Zagazig à Suez sont cédés au gouvernement égyptien au prix de revient; ceux de ces bâtiments et dépendances qui seront nécessaires à la Compagnie pendant la période ci-dessus indiquée lui seront loués par le gouvernement au taux de 5 p. 100 l'an du capital remboursé.

Le canal d'eau douce ayant été ainsi complétement rétrocédé au gouvernement égyptien, son entretien étant à la charge dudit gouvernement, il pourra établir sur ledit canal et ses dépendances tels ouvrages fixes ou mobiles qu'il jugera convenables; d'un autre côté il devient inutile de déterminer ainsi qu'on l'a fait pour le canal maritime, aucune étendue de terrain pour son entretien et pour sa conservation.

Art. 8. L'indemnité totale due à la Compagnie s'élevant à la somme de 84,000,000 de francs, lui sera payée par le gouvernement égyptien, ensemble avec le restant du montant des actions du gouvernement au cas où la Compagnie ferait un appel de fonds la présente année, et les 10,000,000 de francs, prix de la vente du Ouady, de la manière indiquée au tableau dressé à cet effet, signé et annexé aux présentes.

Art. 9. Le canal maritime et toutes ses dépendances restent soumis à la police égyptienne, qui s'exercera librement comme sur tout autre point du territoire, de façon à assurer le bon ordre, la sécurité publique et l'exécution des lois et règlements du pays.

Le gouvernement égyptien jouira de la servitude de passage à travers le canal maritime sur les points qu'il jugera nécessaires, tant pour ses propres communications que pour la libre circulation du commerce et du public, sans que la Compagnie puisse percevoir aucun droit de péage ou autre redevance sous quelque prétexte que ce soit.

Art. 10. Le gouvernement égyptien occupera dans le périmètre des terrains réservés comme dépendance du canal maritime, toute position ou tout point stratégique qu'il jugera nécessaire à la défense du pays. Cette occupation ne devra pas faire obstacle à la navigation et respectera les servitudes attachées aux francs-bords du canal.

Art. 11. Le gouvernement égyptien, sous les mêmes réserves, pourra occuper pour ses services administratifs (poste, douane, caserne, etc.), tout emplacement disponible qu'il jugera convenable, en tenant compte des nécessités de l'exploitation des services de la Compagnie; dans ce cas, le gouvernement remboursera, quand il y aura lieu, à la Compagnie les sommes que celle-ci aura dépensées pour créer ou approprier les terrains dont il voudra disposer.

Art. 12. Dans l'intérêt du commerce, de l'industrie ou de la prospère exploitation du canal, tout particulier aura la faculté, moyennant l'autorisation préalable du gouvernement et en se soumettant aux règlements administratifs ou municipaux de l'autorité locale, ainsi qu'aux lois, usages et impôts du pays, de s'établir, soit le long du canal maritime, soit dans les villes élevées sur son parcours, réserve faite des francs-bords, berges et chemins de halage ; ces derniers devant rester ouverts à la libre circulation, sous l'empire des règlements qui en détermineront l'usage.

Ces établissements, du reste, ne pourront avoir lieu que sur les emplacements que les ingénieurs de la Compagnie reconnaîtront n'être pas nécessaires aux services de l'exploitation, et à charge par les bénéficiaires de rembourser à la Compagnie, les sommes dépensées par elle pour la création et l'appropriation desdits emplacements.

Art. 13. Il est entendu que l'établissement des services de douane ne devra porter aucune atteinte aux franchises douanières dont doit jouir le transit général s'effectuant à travers le canal pour les bâtiments de toutes les nations sans aucune distinction, exclusion ni préférence de personne ou de nationalité.

Art. 14. Le gouvernement égyptien, pour assurer la fidèle exécution des conventions mutuelles entre lui et la Compagnie, aura le droit d'entretenir à ses frais, auprès de la Compagnie et sur le lieu des travaux, un commissaire spécial.

Art. 15. Il est déclaré, à titre d'interprétation, qu'à l'expiration des quatre-vingt-dix-neuf ans de la concession du canal de Suez et à défaut de nouvelle entente entre le gouvernement égyptien et la Compagnie, la concession prendra fin de plein droit.

Art. 16. La Compagnie universelle du canal maritime de Suez étant égyptienne, elle est régie par les lois et usages du pays ; toutefois, en ce qui regarde sa constitution comme Société et les rapports des associés entre eux, elle est, par une convention spéciale, réglée par les lois qui, en France, régissent les Sociétés anonymes. Il est convenu que toutes les contestations de ce chef seront jugées en France par des arbitres avec appel comme sur arbitre à la Cour impériale de Paris.

Les différends en Égypte entre la Compagnie et les particuliers, à quelque nationalité qu'ils appartiennent, seront jugés par les tribunaux locaux suivant les formes consacrées par les lois et usages du pays et les traités.

Les contestations qui viendraient à surgir entre le gouvernement égyptien et la Compagnie seront également soumises aux tribunaux locaux et résolues suivant les lois du pays.

Les préposés, ouvriers et autres personnes appartenant à l'administration de la Compagnie, seront jugés par les tribunaux locaux, suivant les lois locales et les traités, pour tous délits et contestations dans lesquels les parties ou l'une d'elles seraient indigènes.

Si toutes les parties sont étrangères, il sera procédé entre elles conformément aux règles établies.

Toute signification à la Compagnie par une partie intéressée quelconque en Égypte sera valablement faite au siège de l'administration à Alexandrie.

Art. 17. Tous les actes antérieurs, concessions, conventions et statuts sont maintenus dans toutes celles de leurs dispositions qui ne sont point en contradiction avec la présente convention.

Fait double au Caire le vingt-deux février mil huit cent soixante-six.

Signé Ismaïl.

Signé Ferdinand de Lesseps.

FIRMAN CONCERNANT LE CANAL DE SUEZ.

Mon illustre vizir, Ismaïl-Pacha, vice-roi d'Égypte, ayant rang de grand vizir, décoré de l'Osmanié et du Medjidieh de première classe, en brillants :

La réalisation du grand œuvre destiné à donner de nouvelles facilités au commerce et à la navigation par le percement d'un canal entre la Méditerranée et la mer Rouge étant l'un des événements les plus désirables de ce siècle de science et de progrès, des conférences ont eu lieu depuis un certain temps avec la Compagnie qui demande à exécuter ce travail, et elles viennent d'aboutir d'une façon conforme, pour le présent et pour l'avenir, aux droits sacrés de la Porte, comme à ceux du gouvernement égyptien.

Le contrat, dont ci-après le teneur des articles en traduction, a été dressé et signé par le gouvernement égyptien conjointement avec le représentant de la Compagnie; il a été soumis à notre sanction impériale, et après l'avoir lu, nous lui avons donné notre acceptation.

(Suit le contrat *in extenso*.) Voir ci-avant page 348.

Le présent firman, émané de notre divan impérial, est rendu à cet effet que nous donnons notre autorisation souveraine à l'exécution du canal par ladite Compagnie, aux conditions stipulées dans ce contrat, comme aussi au règlement de tous les accessoires selon ce contrat et les actes et conventions y inscrits et désignés qui en font partie intégrante.

Donné le 2 zilgyde 1282.

19 mars 1866.

A la suite de ces arrangements, qu'on doit regarder comme définitifs, le vice-roi d'Égypte, d'accord avec le sultan, décerne la décoration ottomane du Midjidied de deuxième classe (grand officier) à M. Ferdinand de Lesseps; celle de troisième classe (commandeur) à MM. Le Basteur, inspecteur général des ponts et chaussées, délégué par le gouvernement français pour faire partie de la Commission de délimitation; Mallet, sénateur, délégué de la Compagnie dans la même commission; de Chancel, administrateur, et le comte Sala, inspecteur général de la Compagnie;

Celle de quatrième classe (officier) à MM. Aubert Roche, médecin en chef de la Compagnie, et Guichard, régisseur du Ouady.

M. Voisin, directeur général des travaux, reçoit le titre de Bey.

MM. le duc d'Albuféra et Ruyssenaërs, vice-présidents de la Compagnie, sont nommés commandeurs du Medjidieh.

L'empereur Napoléon nomme commandeurs de l'ordre impérial de la Légion d'honneur M. Ferdinand de Lesseps; Cherif-Pacha, président du conseil des ministres, et Nubar-Pacha, ministre des affaires étrangères.

M. Ruyssenaërs, consul général des Pays-Bas, est nommé officier de la Légion d'honneur.

Du 1ᵉʳ au 15 juillet, le versement du dernier cinquième des actions, appelé par la Compagnie, est effectué.

Le 1ᵉ août, l'Assemblée générale annuelle des actionnaires de la Compagnie, se tient dans la salle Herz, à Paris.

Elle est présidée par M. Ferdinand de Lesseps. Il annonce :

Que la Compagnie touchera du gouvernement égyptien en trois années (jusqu'au 31 décembre 1869), c'est-à-dire pendant le temps où les travaux doivent être payés, l'indemnité de 84 millions, dont les versements étaient répartis sur quatorze années, aux termes de la sentence arbitrale de l'empereur Napoléon III;

Que les travailleurs arrivent en grand nombre de la Syrie, de l'Arabie, de tous les points du littoral méditerranéen. La population sédentaire de l'isthme, qui était l'année dernière de 10,000 individus, s'est élevée cette année à 18,800;

Que les ressources financières actuellement à la disposition de la Compagnie, pour la poursuite de ses opérations, s'élèvent à la somme de 150,079,982 fr. 16 cent., y compris 98,500,000 fr. dus par le gouvernement égyptien, et dont les payements sont échelonnés du 1" juillet de cette année au 31 décembre 1869;

Que suivant le projet adopté de M. Pascal, ingénieur en chef des ports de Marseille, la jetée de l'est, à Port-Saïd, partira de terre à 1,400 mètres de la jetée de l'ouest, et, se dirigeant obliquement vers cette dernière, s'arrêtera de façon à laisser entre elles une entrée d'environ 400 mètres. On obtiendra ainsi, entre les deux jetées, au lieu d'un long chenal, une vaste nappe d'eau abritée de 230 hectares environ, en forme d'éventail, qui va s'agrandissant à mesure qu'elle approche du littoral. Les dragues y creusent, en ce moment, le chenal qui donne accès dans le bassin de Port-Saïd, et qui présente, dès aujourd'hui, une ligne d'eau de plus de 5 mètres de profondeur, sur une largeur variant de 60 à 100 mètres;

Que MM. Dussaud, entrepreneurs des jetées à Port-Saïd, jettent trente blocs artificiels par jour; que la jetée ouest avance rapidement en mer et a dépassé les fonds de 6 mètres;

Que sur la proposition de MM. Borel et Lavalley, le plan d'eau du canal maritime recevrait, partout ailleurs que dans la traversée des seuils, une largeur de 100 mètres, au lieu de 58 mètres précédemment fixée. Cet élargissement du plan d'eau permettra de donner aux bords du canal l'inclinaison d'une plage douce sur laquelle les lames que produit le passage des bateaux s'étaleront sans ronger les berges;

Que les installations de ces entrepreneurs sont maintenant complètes, et que 32 dragues, tant anciennes que nouvelles, creusent actuellement le canal entre la Méditerranée et le lac Timsah;

Que la tranchée du seuil d'El-Guisr est élargie et approfondie par le chantier en régie de l'ingénieur M. Gioia, et, sur 10 kilomètres, par l'entrepreneur M. Couvreux;

Qu'une seconde conduite d'eau douce, qui vient d'être achevée, apporte à l'alimentation des chantiers d'Ismaïlia à Port-Saïd, une moyenne journalière de 1,500 mètres d'eau;

Que la première partie du canal d'eau douce, du Caire au Ouady, à la charge du gouvernement égyptien, n'est pas encore terminée; il reste 2 millions de mètres cubes de terrassements à exécuter;

Que la portion de ce canal, de Tell-el-Kébir à Gassassine, sur environ 15 kilomètres de longueur, à la charge de la Compagnie, n'exigeait plus que l'enlèvement de 40,000 mètres cubes de terre;

Qu'enfin, en vue du service des transports et du transit, on travaillait à l'organisation du système de touage, dans le chenal du canal maritime et le canal d'eau douce, pour donner satisfaction aux besoins les plus urgents du commerce, en attendant la livraison définitive des travaux du canal maritime.

Le vice-roi d'Égypte fait continuer le chemin de fer de Zagazig jusqu'à Ismaïlia.

L'Égypte, si cruellement frappée par le choléra en 1865, n'a ressenti cette année aucune atteinte de ce fléau. Les ouvriers nouveaux, attirés par des salaires élevés sur les chantiers de l'isthme de Suez, n'ont éprouvé aucun des effets de l'épidémie passée. Il est cependant reconnu qu'une contrée, récemment ravagée par le choléra, est souvent fatale aux nouveaux arrivants. Mais les travailleurs, rassurés sur la salubrité des campements, s'y sont rendus en grand nombre.

Le choléra s'est néanmoins encore développé cette année sur plusieurs points de la mer Rouge, à Djeddah, à Jambo; mais les mesures prises par l'intendance générale sanitaire, et les moyens préventifs et curatifs employés avec une intelligence, un zèle et un dévouement éprouvés par le service de santé de la Compagnie, ont empêché l'épidémie de revenir visiter l'isthme et d'y faire de nouvelles victimes.

Dieu veuille que les précautions continuent à être suscitées par la plus active vigilance et que cet horrible fléau n'apparaisse plus dans cette belle et salubre Égypte !

Voici en résumé ce que rapporte le docteur Aubert Roche, médecin en chef de la Compagnie, de la salubrité des diverses parties de l'isthme.

Port-Saïd, situé sur le littoral de la Méditerranée, presque au niveau de l'eau, offre une atmosphère saturée d'humidité. Pendant l'été, les vents soufflent constamment du nord et la chaleur est très-supportable. L'expérience a prouvé que le voisinage du lac Menzaleh n'engendrait aucune fièvre intermittente et que les craintes soulevées à cet égard étaient sans fondement. Port-Saïd peut être considéré comme l'endroit de l'isthme le plus favorable à la santé et à l'acclimatation.

Kantara et Ferdane se trouvent dans les mêmes conditions de salubrité que Port-Saïd.

Au seuil d'El-Guisr, à Timsah, à Toussoum-ville, dans le centre de l'isthme enfin, le terrain est sec, l'air pur, mais les variations de température sont plus fréquentes, plus tranchées, et obligent à plus de précautions pour en éviter les effets.

Les fièvres pernicieuses n'attaquent pas les travailleurs. Les maladies auxquelles les Européens se trouvent le plus exposés sont : les ophthalmies, les diarrhées, les dyssenteries, les affections gastriques, les insolations, l'hépatite et les rhumatismes.

Le climat a toujours particulièrement convenu aux vieillards. Ils jouissent à la fois dans ce pays d'un air salubre et de la considération, du respect des jeunes gens.

Le canal maritime, en donnant un grand essor à la navigation, ouvrira une plus large sortie aux productions de l'agriculture européenne pour l'approvisionnement des nombreux bâtiments qui naîtront de la facilité et de la rapidité des voyages en Orient. La consommation des vins, eaux-de-vie, viandes salées, légumes, huiles, beurres, fromages, etc., etc., y trouvera un développement considérable, et n'aura pas à redouter la concurrence des Indes ni de la Chine, contrées peu riches en substances alimentaires au goût des Européens.

Dans une communication faite, au mois de septembre, à la Société des ingénieurs civils de Paris, M. Lavalley décrit longuement et savamment les moyens imaginés par lui et son associé M. Borel dans le but de remplacer par des machines le travail manuel. Il entre dans les détails de l'emploi des dragues à long couloir de leur invention, devant offrir plus de facilité pour l'enlèvement des terres du canal maritime.

Il ajoute que leurs ouvriers manœuvres sont des Arabes, des Grecs, des Syriens, des Égyptiens ; que les salaires se sont élevés ; que leur matériel, lorsqu'il sera complété avant peu de temps, se composera de :

18 petites dragues ;

58 grandes dragues, dont 20 à couloir de 70 mètres ; les autres sont desservies par :

37 grands porteurs de vase, à vapeur, pouvant tenir la mer ;

42 gabares à clapets de fond ;

30 gabares à clapets latéraux, de 75 mètres cubes, munies, les unes et les autres, de machines à vapeur ;

18 élévateurs avec leurs 90 chalands flotteurs et leurs 700 caisses ;

20 grues à vapeur ;

10 chalands-citernes à vapeur ;

150 bateaux en fer pour le transport des charbons et des approvisionnements de toute sorte ;

15 canots à vapeur de différentes grandeurs ;

30 locomobiles employées à des travaux divers ;

Que l'ensemble des machines à vapeur forme un total d'environ 10,000 chevaux-vapeur ;

Que lorsque tous leurs appareils seront en ligne, les dispositions qu'ils ont prises leur permettront d'enlever 1,500,000 mètres cubes par mois ;

Qu'il reste à faire de 45 à 50 millions de mètres cubes, les deux tiers environ du cube total, et que l'achèvement du canal est en conséquence une affaire de trente mois de travail effectif.

Le 11 octobre, le bassin de radoub construit à Suez, par M. Dussaud, pour le compte du gouvernement égyptien, est pompeusement inauguré. Le vice-roi, retenu au Caire, se fait remplacer à cette cérémonie par Chérif-Pacha. Ce ministre, accompagné du ministre de la marine égyptienne, des consuls des nations étrangères, de M. Mouchelet-Bey, ingénieur de l'entreprise, etc., préside à la réception du bassin ; et à la suite d'un banquet splendide, il donne à M. Dussaud le titre de Bey, et le décore, ainsi que M. Mouchelet-Bey, des insignes d'officier de l'ordre du Medjidieh. La ville de Suez est en fête.

CONCLUSION

Dans cette relation, nous nous sommes borné au récit de ce qui a été fait jusqu'à présent ; nous avons peu parlé de ce qui reste encore à exécuter. Nous aurions bien pu dire quels sont les travaux projetés, quels moyens d'exécution seront employés, quelle sera l'étendue des premiers, quelle sera l'efficacité des seconds. Mais tous les projets, même ceux qui semblent le plus arrêtés, sont presque toujours sujets à être modifiés, non-seulement par la volonté de ceux qui les ont enfantés, mais encore par des obstacles qui ne peuvent être prévus de prime abord.

L'imprévu joue un grand rôle en matière de travaux, et surtout de ceux si multipliés qui concernent le canal maritime de Suez.

La narration de tout ce qui doit être fait, et ne le sera peut-être pas dans les conditions présumées, nous eût fait dévier de notre esprit de positivisme. Nous n'avons exposé que des faits accomplis ; nous avons voulu ne pas sortir de la vérité, et la présentation d'une expectative magnifique, prompte et lucrative aurait pu la compromettre dans une certaine mesure.

Pour ceux qui, comme nous, ont vu l'isthme et les travaux exécutés, il ne saurait y avoir de doute que l'ouverture d'un canal d'une mer à l'autre ne puisse se faire. Il ne se présente pas de difficultés réelles à surmonter, les plus grandes l'ont été, l'art des ingénieurs est arrivé d'ailleurs à un tel point que c'est un jeu pour lui de les aplanir toutes.

Dans l'histoire des grandes entreprises, en est-il une seule contre laquelle ont ait vu s'édifier tant d'obstacles, s'accumuler autant d'opposition de toutes natures que celle du canal maritime de Suez? Et ces difficultés, présentées même comme des impossibilités, empruntaient un caractère capable de conduire à l'incertitude un grand nombre de ceux doués dès le principe d'une foi robuste dans le succès. Émises, affirmées par des hommes placés dans une sphère d'où l'on doit être écouté et entourés du prestige d'une haute position et d'un grand savoir, elles devaient ébranler les esprits.

Cependant la patience, le travail intelligent, l'énergie persistante les ont surmontées, et l'on peut espérer que dans peu d'années le canal sera ouvert à la grande navigation. Que sont quelques années dans la vie des peuples? A l'heure où nous écrivons ces lignes, les travaux se poursuivent sans relâche et chaque jour qui s'écoule en rapproche le terme. On peut dire dès à présent que cette œuvre extraordinaire plusieurs fois tentée sans résultat complet et durable, utile au monde entier, et véritablement merveilleuse, le percement de l'isthme de Suez, est effectué.

Ne se réduit-il pas désormais à une question de temps et surtout d'argent? car celui-ci abrégera celui-là.

Gloire à Ferdinand de Lesseps!

Gloire aux hommes qui se sont dévoués à son œuvre de leurs personnes ou de leurs capitaux!

Gloire à la France!

FIN.

TABLEAU DE LA TEMPÉRATURE DE L'ISTHME DE SUEZ.

Thermomètre.

DÉSIGNATION.	HEURES.	Janvier.	Février.	Mars.	Avril.	Mai.	Juin.	Juillet.	Août.	Septembre	Octobre.	Novembre	Décembre
A Port-Saïd, Nord de l'Isthme.	Matin.	9 à 13	12 à 15	15 à 20	15 à 22	16 à 24	22 à 25	23 à 26	24 à 26	24 à 25	20 à 25	18 à 22	15 à 18
	2 heures.	12 à 17	14 à 19	19 à 27	20 à 27	24 à 27	27 à 30	27 à 32	30 à 33	29 à 34	24 à 30	22 à 24	15 à 26
	Soir.	11 à 15	15 à 18	17 à 24	18 à 25	21 à 25	24 à 27	26 à 29	27 à 29	27 à 30	21 à 28	20 à 23	14 à 25
A Ismaïlia, centre de l'Isthme.	Matin.	7 à 9	10 à 12	14 à 15	15 à 17	19 à 22	20 à 24	23 à 25	23 à 25	21 à 22	18 à 20	13 à 19	
	2 heures.	16 à 25	20 à 25	26 à 31	27 à 29	30 à 31	31 à 36	36 à 38	35 à 37	32 à 35	32 à 33	27 à 28	21 à 27
	Soir.	11 à 15	15 à 16	17 à 19	18 à 19	21 à 22	24 à 26	27 à 28	26 à 27	24 à 25	21 à 24	18 à 19	14 à 17
A Suez, Sud de l'Isthme.	Matin.	6 à 8	8 à 9	10 à 12	14 à 16	16 à 20	20 à 24	22 à 26	24 à 28	22 à 26	18 à 21	14 à 16	10 à 12
	2 heures.	16 à 18	17 à 20	18 à 22	20 à 24	25 à 28	27 à 30	29 à 33	30 à 35	28 à 33	26 à 29	24 à 26	20 à 22
	Soir.	16	17	22	21	24	26	30	32	28	27	22	17

La température de Port-Saïd est la même qu'à Alexandrie, et celle de Suez ressemble à la température du Caire.

TABLE DES MATIÈRES.

	Pages.
L'Égypte	3
La religion	7
Les Coptes	10
Chronologie égyptienne	11
La famille de Méhémet-Ali	16
Les merveilles de l'Égypte	17
Les pyramides de Gizeh	19
La justice ancienne	24
Les Mamelouks	26
L'état militaire	30
Le monopole sous Méhémet-Ali	32
Le gouvernement actuel	36
Les Postes	38
Les Monnaies	39
Les Poids et mesures	41
Le Delta	42
Alexandrie	43
Le lac Maréotis	45
Les courses de chevaux	46
Le Caire	48
Le vieux Caire	53
Les Étrangers	54
Le salut des Égyptiens	57
Les jeunes filles	58
Les Chiens	64

	Pages.
Les saints.	66
Les moustiques.	67
Le Khamsin.	69
La peste.	71
Le choléra.	74
Les médecins.	77
Les chemins de fer.	78
La corvée.	82
Les impôts.	85
L'agriculture.	89
Le Nil.	92
Les canaux.	92
Le barrage du Nil.	96
Les irrigations.	98
Les instruments aratoires.	101
Le blé.	105
L'orge.	107
Le Doura.	107
Les fèves.	108
Le riz.	108
Le trèfle blanc.	109
Le coton.	111
La canne à sucre.	118
Le tabac.	118
Le henné.	118
Le lin.	119
L'indigo.	120
Les plantes potagères.	121
Les pastèques.	123
Les plantes d'assaisonnement.	124
Le sésame.	125
Le chanvre.	125
Le lupin.	125
Plantes particulières.	125
Les moulins.	127
Les oliviers.	128

TABLE DES MATIÈRES.

	Pages.
La vigne.	128
Le palmier.	129
Le sycomore.	132
Le sant.	132
Le lebah.	133
La soie.	133
Les abeilles.	134
Les animaux nuisibles.	135
Les serpents.	135
Les psylles.	136
Le cheval.	136
L'âne.	138
Le buffle.	139
Le chameau.	140
Les brebis.	141
Le bœuf.	142
Le chauffage.	143
Les engrais.	143
Le porc.	144
Les volailles.	145
L'incubation.	145
Le gibier.	146
Le fellah.	146
La nourriture.	147
Le climat.	149
Le service militaire.	150
Les vêtements.	152
Les fellahines.	152
Le caractère.	156
Les maisons.	157
Les cimetières.	159
Considérations sur l'agriculture.	160
Percement de l'isthme de Suez.	167
L'ancien canal.	168
Le nouveau canal.	171

1852.

Abbas-Pacha. 172

1854.

Saïd-Pacha. 174
Acte de concession. 176

1855.

Opposition anglaise. 179
Commission internationale. 180

1856.

2ᵉ acte de concession. 182
Statuts de la Compagnie. 189
Journal l'*Isthme de Suez*. 207

1858.

Souscription des actions. 210
Conseil supérieur des travaux. ... 213
Chemin de fer du Caire à Suez. ... 214
Organisation de la Compagnie. 215

1859.

Traité Hardon. 220
Intrigue anglaise. 221
Lord Palmerston. 222
Le premier coup de pioche. 223
Port Saïd. 224
Obstacles aux travaux. 225
Suspension des travaux. 226
L'empereur Napoléon III. 227
Études et explorations. 229
Le lac Menzaleh. 229

1860.

Première assemblée des actionnaires. ... 231
Travaux d'installation. 233

TABLE DES MATIÈRES. 375

Pages.

Le lac Maxama. 234
Damiette. 235

1861.

Tranchée d'El-Guisr. 236
La corvée pour la Compagnie. 339
Acquisition du Ouady. 240
Société artistique. 241
Le comte de Chambord. 241

1862.

La rigole de service. 242
Le canal d'eau douce de Timsah. 243
Les carrières de Mex. 243
Les carrières de Généflé. 244
Ilot en mer. 244
Magasins de Boulak. 244
Commission consultative. 245
Village d'El-Guisr. 246
Timsah. 246
Saïd-Pacha à Paris. 246
Les sables. 247
Contingents d'ouvriers égyptiens. 248
Habitations, magasins, etc. 248
La santé dans l'isthme. 248
Les actions cotées à la Bourse. 249
Ligne télégraphique. 249
La Méditerranée à Timsah. 249

1863.

Mort de Saïd-Pacha. 251
Ismaïl-Pacha. 251
Traité Hardon résilié. 252
Ville d'Ismaïlia. 252
Ismaïlia, centre de la direction des travaux. . . 252
Musée égyptien à Boulak. 252

Nouvelles conventions du 18 mars.	253
Le sultan Abdul-Aziz, en Égypte.	254
Le prince Napoléon.	254
Note turque du 6 avril.	255
Mortalité dans l'isthme.	257
Traité Lasseron.	257
Traité Couvreux.	258
Traité Dussand frères.	258
Accroissement des travaux.	258
Consultation d'avocats.	260
L'eau douce à Suez.	260

1864.

Traité Aiton.	262
Banquet au Palais de l'Industrie.	263
Discours du prince Napoléon.	263
Arbitrage de Napoléon III.	264
Traité Borel et Lavalley.	264
Eau douce à Port-Saïd.	264
Retrait des contingents égyptiens.	265
Sentence arbitrale de Napoléon III.	266
Acquisition de deux hôtels à Paris.	267
Résiliation du traité Aiton.	268
Nouveau traité Borel et Lavalley.	268

1865.

Les délégués du commerce.	269
Itinéraire de la visite des travaux.	272
Alexandrie, le Caire, Choubrah, etc.	274
Découvertes, Mariette.	274
Liste des délégués.	276
Parcours du canal d'eau douce, de Zagazig à Tell-el-Kébir et Ismaïlia.	280
Rhamsès.	285
Ismaïlia.	286
Écluses sur le canal d'eau douce.	289

TABLE DES MATIÈRES.

	Pages.
Visite aux travaux du Sérapéum.	290
Bir-Abou-Ballah.	290
Chalet du vice-roi.	292
Visite de la tranchée d'El-Guisr.	293
Parcours du canal maritime d'Ismaïlia à Port-Saïd.	295
Campement d'El-Ferdane.	295
Le lac Ballah.	295
Kantara-el-Krasné.	295
La ville de Port-Saïd.	298
Village arabe.	299
Les almées.	299
Ateliers et matériel.	299
Blocs artificiels.	299
Conférences sur le canal maritime.	301
Retour à Ismaïlia.	314
Parcours du canal d'eau douce d'Ismaïlia à Suez.	315
Le désert.	315
Gébel-Géneffé.	315
Les lacs Amers.	316
Chalouf-el-Terraba.	317
La ville de Suez.	317
Le mont Attaka.	318
La rade de Suez.	319
Le bassin de radoub.	319
L'écluse de Suez.	320
Retour au Caire.	320
Médaille commémorative.	321
Voyage à Saccarah.	321
Statue colossale de Sésostris.	322
Les cryptes antiques.	323
Les tombes des bœufs Apis.	323
L'opposition anglaise ravivée.	325
Le choléra.	326
Les effets du choléra dans l'isthme.	327
Service de bateaux entre Zagazig et Port-Saïd.	329
Navigation continue de Port-Saïd à Suez.	329

État d'avancement des travaux. 330

1866.

Service sanitaire.	330
Convention entre le vice-roi et le président de la Compagnie.	333
Délimitation de terrains.	336
Seconde convention.	348
Firman de la Sublime Porte.	355
Dernier versement des actionnaires.	357
Situation financière de la Compagnie.	357
État des travaux.	357
Élargissement du canal maritime.	359
Organisation du système de touage.	360
Chemin de fer de Zagazig à Ismaïlia.	360
Salubrité de l'isthme.	361
Dragues de l'invention des ingénieurs Borel et Lavalley.	362
Nomenclature de leur matériel.	362
Conclusion.	365
Tableau de la température de l'isthme de Suez. . .	369
Carte de l'isthme de Suez.	379

FIN DE LA TABLE.

Paris. — Imprimé par E. Thunot et Cⁱᵉ, rue Racine, 26.

PLAN GÉNÉRAL DU CANAL MARITIME DE SUEZ
Dressé d'après les opérations de la commission chargée de la délimitation des terrains de la Compagnie

Terrains appartenant à la Compagnie

Échelle de 0,0025 pour 1 kilomètre

www.ingramcontent.com/pod-product-compliance
Lightning Source LLC
Chambersburg PA
CBHW060615170426
43201CB00009B/1029